금융 / 도급 / 신탁 계약과 부동산 역사

부동산 개발사업 시행원리

최필주 지음

드림디벨롭

차례

서문 006

들어가는 말

시행은 왜 어떻게 누가 하는 것일까? 010
딜 클로저 022

부동산 금융

부동산 금융 기초 030
은행의 역사 038
증권사의 역사 040
자산운용사의 역사 042
보험사의 역사 044
여신 전문 금융 회사의 역사 046
금융사 책임과 역할 048
PF 역사 052
금융의 3요소 066

대출 금리 구성 요소	**070**
금융 기관별 대출 금리 산정 방식 차이	**075**
투자와 대출	**082**
부동산 금융 구조와 수수료	**086**
자산 건전성	**093**
금융사별 자산 건전성(보험, 증권, 은행 등)	**097**
자산 건전성의 역사	**101**

이해관계자 책임과 역할

부동산 개발업 책임과 역할	**122**
신탁사 책임과 역할	**128**
대주 책임과 역할	**132**
시행사 책임과 역할	**137**
건설사 책임과 역할	**144**
분양불과 기성불	**153**

경영 전략

경쟁 전략	**160**
NET + WORK	**166**
용역사 선정	**168**
지구 단위와 인허가	**175**

법률

부동산 공법 개론 … 194

국토계획법 … 201

도시개발법 … 204

도시 및 주거 환경 정비법 … 208

건축법 … 212

주택법 … 216

분양과 마케팅

분양 개론(판촉 방법) … 224

조직 분양과 MGM … 231

미분양 판촉 … 237

유튜브 분양 … 240

계약

계약 관계 개론 … 248

부동산 매매 계약 … 253

도급 계약 … 272

신탁 계약 … 280

투자 계약 … 296

금융 자문 계약 … 317

브릿지 계약 … 325

PF 계약 329

선매각/선임차 계약 344

분양 계약서 356

NPL

NPL 기본 개념과 유동화 구조 372

대부업체를 통한 부실 채권 투자 377

경매와 공매 384

인수 및 평가 389

유동화 구조 391

노인 복지 주택(일본과 미국 그리고 한국) 398

딜아고라 질의 응답 실사례 모음 418

서문

《이해하기 쉬운 부동산 개발사업》을 출간한 이후, 개정·증보판인 《쉽게 익히는 부동산 개발사업》을 선보이기까지 꽤 오랜 시간이 흘렀습니다. 이 책은 업계 베스트셀러로 자리 잡았습니다. 덕분에 많은 업무 기회를 얻게 되었습니다. 또한 금융투자협회, 서울대학교, 새마을금고, 대명건설 등 다양한 기관에서 강의를 진행하는 영광도 누릴 수 있었습니다.

이 과정에서 독자 분들로부터 "조금 더 쉬운 도서가 있으면 좋겠다"는 의견을 들었습니다. 이번 도서는 업계에 새롭게 진입하시는 분들이 **부동산 개발 사업의 전반적인 시행 구조를 쉽게 이해**할 수 있도록 구성하였습니다. 내용은 업계의 전반적인 구도가 탄생한 배경과 기존 도서에 없는 점에 대해서 기입하였습니다.

부동산 개발 사업은 다양한 이해관계자가 협력하여 완성하는 종합 예술과 같습니다. 이번 도서에서는 **이해관계자 간의 계약 구조**를 상세히 설명하여 각자의 책임과 역할을 명확히 파악할 수 있도록 했습니다. 업무가 바빠서 계약 내용을 깊이 고찰할 시간이 없었던 분들에게도 훌륭한 지침서가 될 것입니다.

부동산 개발 사업은 막대한 자금이 움직이는 분야로, 잘못된 판단은 단순한 실패를 넘어 누군가의 삶에 심각한 영향을 미칠 수 있습니다. 그렇기에 이 분야에 종사하는 책임감 있는 사람이라면 매사에 신중하고 철저할 수밖에 없습니다. 《부동산 개발사업 시행원리》가 그러한 책임감 있는 전문가분들께 실질적인 도움을 제공할 수 있기를 바랍니다. 또한 각 분야의 전문가들이 칼럼을 기재하는 딜아고라, 현직자 강의를 제공하는 딜아고라 클래스, 업계 이야기를 편하게 풀어내는 유튜브 부낌까지 다양한 매체를 통해 개발 사업 문화를 만들어 가는 데 기여하고자 하오니 많은 응원 부탁드립니다.

시행은 왜 어떻게 누가 하는 것일까?
딜 클로저

CHAPTER STORY

들어가는 말

시행은 왜 어떻게 누가 하는 것일까?

부동산 개발 사업이란 토지나 건축물을 개발하여 제3자에게 공급하는 일련의 과정을 말한다. 법령에서는 타인에게 공급할 목적으로 토지를 건설 공사의 수행 또는 형질 변경의 방법으로 조성하거나 건축물 등을 건축·대수선·리모델링·용도 변경 등을 통해 판매 또는 임대하는 행위로 정의하고 있다. 여기서 말하는 공급은 부동산 자체의 판매 또는 임대를 포함하며, 단순히 건설 공사만 수행하는 시공 행위는 부동산 개발 사업에 포함되지 않는다.

부동산 디벨로퍼개발업자는 사업 기획부터 인허가, 자금 조달, 시공 관리, 분양에 이르는 프로젝트의 전 과정을 총괄하며, 최종적으로 완성된 부동산을 소비자에게 공급하는 역할을 수행한다. 이러한 부동산 개발 사업은 주택, 상업 시설, 산업 단지, 도시 개발 등 다양한 분야에서 진행되며, 개발 대상 및 방식에 따라 구체적인 절차와 사업 범위는 달라질 수 있다.

특히 부동산 개발 사업은 사업 기간이 수년에 걸쳐 장기적으로 진행되고, 다수의 이해관계자가 참여하기 때문에 철저한 사업 구조 설계와 위험 관리가 필수적이다. 따라서 부동산 개발 사업을 성공적으로 수행하려면 개발 사업의 원리를 체계적으로 이해하고, 이를 통해 위험 관리 능력을 키우는 것이 매우 중요하다.

부동산 개발 사업을 왜 하는 걸까? 정답은 명확하다. 바로 돈이 되기 때문이다. 부동산의 실질적 가치는 수익률에 따라 결정된다. 예를 들어, 연간 기대 수익률이 2%인 상가의 가치는 약 3억 2,800만 원이다. 하지만 기대 수익률이 5%로 높아지면 상가의 가격은 1억 3,100만 원으로 내려간다. 이는 투자자가 더 낮은 가격으로 매입할수록 더 높은 수익률을 기대할 수 있기 때문이다. 만약 기대 수익률이 10%라면 상가의 매수 가격은 더욱 떨어진다. 이러한 개념을 대표적으로 보여 주는 것이 바로 '캡 레이트Cap Rate'다. 캡 레이트는 연간 순영업 소득NOI을 부동산 가격으로 나눈 값으로, 상가뿐만 아니라 물류 센터와 같은 수익형 부동산 투자에서 중요한 기준으로 활용된다.

Cap Rate = 순영업 소득/건물 가치

캡 레이트가 높아질수록 부동산 매매가는 낮아진다. 물론 순영업 소득NOI이 증가하면 캡 레이트가 상승할 수도 있지만, 임대료 등 수익성 요소는 이미 시장에서 형성된 수준이 있어 급격한 변동은 어렵다. 따라서 부동산 가치는 주로 캡 레이트의 변화에 따라 더 큰 영향을 받게 된다.

항목	금액(만 원)	비고
보증금	8,000	
월 임대료	500	
보증금 투자 수익	560	7%
년간 임대료	6,000	
년간 총수익률	6,560	
투자자 기대 수익률	2%	
상가 매수가	328,000	

항목	금액(만 원)	비고
보증금	8,000	
월 임대료	500	
보증금 투자 수익	560	7%
년간 임대료	6,000	
년간 총수익률	6,560	
투자자 기대 수익률	5%	
상가 매수가	131,200	

항목	금액(만 원)	비고
보증금	8,000	
월 임대료	500	
보증금 투자 수익	560	7%
년간 임대료	6,000	
년간 총수익률	6,560	
투자자 기대 수익률	10%	
상가 매수가	65,600	

하지만 부동산 개발 사업에서 가치 형성의 기준은 조금 다르다. 일반적으로 부동산의 가치는 원가 방식으로 결정되며, 건축비와 토지비 등 투입 원가의 합이 곧 부동산의 가치가 된다. 즉, 주변 임대료가 높더라도 원가를 효율적으로 낮추면 낮은 비용으로 높은 수익률을 지닌 부동산을 만들 수 있다.

쉽게 말해 부동산 개발 사업에서는 임대료를 고정 변수로 건축비와 같은 원가를 독립 변수로 설정하고, 수익률을 종속 변수로 보는 것이다. 만약 상가를 6천5백만 원이라는 낮은 비용으로 지을 수 있다면 10%라는 높은 수익률을 달성할 수도 있다. 이것이 부동산 개발 사업이 가진 마법 같은 매력이다.

게다가 정상적인 시장 환경이라면 최종 건축주 역시 판매 관련 비용과 시행사의 이익이 제외된 순수한 원가에 가까운 금액으로 부동산을 취득할 수 있기 때문에 매력적이다. 결국 부동산 개발 사업은 원가와 시장 가격 사이에서 수익을 확보할 수 있는 사업인 것이다.

   부동산 개발 사업은 크게 사업 기획, 토지 확보, 인허가, 자금 조달, 시공 및 분양, 준공 및 정산의 순서로 진행되며, 일반적으로 1년에서 5년 정도의 시간이 소요된다. 가장 먼저 이루어지는 사업 기획 및 타당성 검토 단계에서는 개발 아이디어를 구체화하고, 대상 부지의 입지 조건, 시장 수요, 관련 법규 및 규제를 조사하여 사업의 실현 가능성을 분석한다. 이 과정에서 인허가 가능 여부, 지구 단위 계획과 같은 법적 요건, 사업 필수 조건 등을 초기 단계에서 면밀히 확인하고, 예상 사업비와 수익성도 함께 평가하게 된다. 사업 타당성 분석 단계에서는 주변 부동산 시장 현황을 조사하고, 예상 분양 가격을 산정하며, 건축 기본 계획을 수립하여 프로젝트의 방향과 규모를 명확히 설정하는 것이 핵심이다. 이처럼 체계적이고 철저한 초기 검토는 부동산 개발 사업의 성공 여부를 결정하는 중요한 단계라고 할 수 있다.

   토지 확보 단계는 개발 사업에 필수적인 토지 또는 기존 건물을 확보하는 단계다. 부동산 개발 사업의 근간은 토지이므로 부지 확보의 성패가 사업 전체의 성공을 좌우하며 토지 매입 비용과 조건은 사업 수지에 결정적 영향을 미친다. 일반적으로는 계약 체결 후 계약금을 지급해 권리를 확보하고 잔금 납부 후 소유권을 취득하는 방식을 따른다. 한편 현금 흐름을 개선하기 위한 방안으로는 계약 이후 토지 사용 승낙서를 받아 인허가 절차를 선진행하는 방법이 있다. 경우에 따라 토지 소유자와 공동 개발을 진행하거나 계약금 없이 일정 조건 충족 시 계약을 이행하는 조건부 약정을 통해 사업을 개시하기도 한다.

인허가 취득은 부동산 개발 사업의 3대 리스크 중 하나로 사업 착수 전 선계획 후 개발 원칙에 따라 지자체로부터 개발에 대한 허가를 얻는 단계다. 사업 유형에 따라 도시 계획 변경·건축허가·교통 영향 평가·환경 영향 평가 등 필수 승인 절차를 거쳐야 하며 이 과정에서 계획안이 관련 법규 및 지자체 요구 사항에 부합하는지 검토받게 된다. 계획상 미비점이나 조건부 사항이 발생할 경우 설계를 수정하거나 조건을 충족한 뒤 최종 허가를 받는다. 인허가 절차는 상당한 시간과 노력이 필요하기 때문에 담당 건축사 사무소 외에도 지역 건축사·행정사 등과의 협력도 실무상 빈번히 이루어진다.

자금 조달과 금융 구조 수립은 시기에 민감한 특성을 가지며 자기 자본·토지 잔금·초기 사업비·공사비 등 사업 전반에 걸쳐 필요한 자금을 확보하는 단계다. 일부 건설사는 분양 이후 분양 수입을 활용해 자체적으로 자금을 조달하기도 하나, 일반적으로는 프로젝트 파이낸싱을 통해 자금을 조달한다. 금융 기관들은 개발 사업의 미래 현금 흐름을 담보로 자금을 대출하며, 대출 상환 재원 확보를 위해 사업 부지 및 건물에 담보 설정이나 신탁 구조를 활용한다. 필요에 따라 시행사는 별도의 사업 전용 법인SPC을 설립하여 자금 운용의 투명성과 위험 관리를 강화하며, 신탁 구조를 통해 채권자가 사업 부동산을 직접 집행하지 못하도록 보호 장치를 마련하기도 한다. 금융 구조 설계 단계에서는 자기 자본과 타인 자본의 비율·금리·담보 조건 등을 결정하고 사업의 재무적 안정성을 분석하여 PF 가능 여부를 최종 판단 한다.

인허가와 자금 조달이 완료되면 건설 공사가 시작된다. 시공 단계에서는 공정 관리·공사비 관리·품질 및 안전 관리와 같은 기술적 관리뿐 아니라 사업비 지출 관리 및 허가 사항 이행 여부 등 사업 관리 전반을 엄격히 통제해야 한다. 관리 과정에서 필요 시 시공사 또는 현장 소장 교체·공정 조정·분쟁 해결과 같은 조치를 취하기도 한다.

분양 사업은 통상 착공과 동시에 시작되며 선매각 상품의 경우 프로젝트 파이낸싱 자금 조달 이전부터 마케팅을 진행한다. 마케팅 전략 수립 및 사전 준비 작업은 보통 토지 확보와 인허가 완료 후 본격화되지만 사업 초기 단계부터 시장 소구점 확보 전략을 고려하는 것이 중요하다. 물류 센터·데이터 센터·오피스 등은 계약을 통한 임차인 유치나 준공 후 통매각 전략을 채택하는 경우가 많다. 이 단계에서는 시장 상황을 반영한 분양가 책정·홍보 전략 수립·계약 관리 및 중도금 수금 등이 핵심 과업이다. 분양 성과는 사업 수익성에 직접적인 영향을 미치므로 미분양 위험에 대해서는 사전 관리가 필수적이다.

준공 및 정산 단계는 긴 부동산 개발 여정의 최종 단계다. 프로젝트 완료 후 사용 승인을 취득하면 소유권 이전이나 임차인 인도를 진행하며 사업을 마무리할 수 있다. 주택 분양의 경우 입주자 소유권 이전과 입주 지원 업무를 수행하고, 임대 사업의 경우 임차인이 안정적으로 입주할 수 있도록 초반 임대 관리를 수행한다. 이와 동시에 금융 기관 대출을 최종 상환하고 투자자에게 수익을 배분한다. 또한 준공 후 일정 기간 동안 발생하는 하자 보수 책임을 이행하고 필요에 따라 임대 관리·시설 유지 보수 등 운영 업무에 참여하기도 한다. 마지막으로 사업 실적을 정리하고 투자 수익을 확정 지으면서 개발 사업이 완전히 종료된다.

부동산 개발 사업에는 다양한 이해관계자가 참여한다. 그중 시행자는 사업의 기획부터 완료까지 전체 과정을 총괄하는 핵심 주체다. 시행자는 토지 매입과 인허가 추진, 자금 조달, 시공사 선정, 분양 등 주요 의사 결정을 수행하며 사업의 리스크와 수익을 직접적으로 부담한다. 일반적으로 시행자는 특정 프로젝트를 위해 설립한 프로젝트 법인SPC 형태로 사업에 참여하며, 자기 자본과 금융권 차입 또는 투자 유치를 통해 사업비를 조달한다. 정부는 일정 규모 이상의 개발 사업에 대해서는 개발업 등록제를 도입하여, 시행자의 전문성과 신용도를 관리하고 자격 요건을 갖춘 업체만 사업을 수행할 수 있도록 규제하고 있다. 이러한 시행 주체는 프로젝트 성격에 따라 위탁자·차주·시행사·조합·PFV·리츠 등 다양한 명칭과 형태로 존재한다.

토지 소유자 및 권리자는 개발 대상 부지의 소유권자 또는 지상권자와 같이 토지에 대한 법적 권리를 보유한 주체를 말한다. 이들은 시행자와 직접 토지 매매 계약을 체결하거나 토지를 제공한 후 사업의 수익을 공유하는 지주 공동 사업 형태로 참여하기도 한다. 토지 소유자는 인허가 단계에서 동의 주체로서 중요한 역할을 수행하며 보상 수준이나 수익 배분 조건 등에 민감하게 반응한다. 경우에 따라 토지 소유자가 직접 시행자로 나서기도 하지만 전문성이 부족할 경우 PM을 선정하여 사업을 위탁하기도 한다.

금융 기관 및 투자자는 부동산 개발 사업에 필수적인 자금을 공급하는 주체다. 시중 은행·증권사·자산운용사·저축 은행 등으로 구성된 PF 대주단은 대출 실행 및 자금 관리 업무를 담당하며, 사업성 평가를 거쳐 금리·대출 한도·상환 기간·담보 조건 등 구체적인 대출 조건을 결정하고 대출 약정을 체결한다. 사모 펀드·리츠REITs·신탁 회사·개인 투자자 등은 지분 투자 또는 메자닌 투자 형태로 참여하여 사업 성과에 따른 수익을 공유한다.

투자자들의 요구 수익률은 부담하는 위험 수준에 따라 차이가 있다. 일반적으로 고위험-고수익High Risk-High Return, 저위험-저수익Low Risk-Low Return이 기본 원칙이나 금융 구조화를 통해 중위험-고수익Middle Risk-High Return, 저위험-중수익Low Risk-Middle Return의 구조를 설계할 수도 있다. 선순위 대출은 상대적으로 낮은 금리로 큰 규모의 자금을 조달하여 사업의 시장 경쟁력을 높이고, 메자닌 투자나 자기 자본 투자는 높은 리스크를 감수하는 대신 높은 수익률을 기대한다. 이 과정에서 추가 담보 설정, 일정 비율 이상의 선분양 또는 선매각 조건 부여 등을 통해 리스크를 관리할 수 있다.

　건설사는 개발 사업에서 건축물의 실제 시공을 담당하는 주체다. 시행자는 일반적으로 건설사와 일괄 도급 또는 분할 도급 방식으로 도급 계약을 체결하여 공사를 수행하게 한다. 시공사는 설계 도서 및 관련 기술 기준에 따라 공사를 진행하며 공정 관리·품질 관리·안전 관리를 책임진다. 공사비 지급 방식은 고정 가격 계약Fixed Price이나 실비 정산 방식 Cost&Fee으로 이루어질 수 있다. 프로젝트의 규모가 특정 시공사의 신용 한도를 초과하는 경우 여러 건설사가 컨소시엄을 구성하거나 신용 보강이 가능한 회사와 협력하여 공동으로 참여하기도 한다.

　건설업은 부동산업과 긴밀하게 연결된 업종으로 역량 있는 건설사는 신용 공여를 통한 자금 조달 지원이나 지분 투자 형태로 시행자와 공동 사업자로 참여할 수도 있다. 현장 관리에서 종합 건설사는 모든 공정을 직접 수행하기보다는 전문성을 갖춘 하수급 업체와 계약하여 실질적인 공사를 맡기고, 종합 건설사는 주로 현장의 공정 및 품질 관리 역할에 집중한다.

　건축사 및 자문사는 건축물의 설계와 엔지니어링 업무를 담당한다. 이들은 사업 초기 단계부터 참여하여 마스터 플랜 수립과 건축·토목·조경 분야의 설계 도면 작성, 인허가 관련 서류 준비 및 기술적 검토를 수행한다. 또한 공사 단계에서도 설계 변경과 현장 문제 해결에 대한 전문적인 자문을 제공한다. 건축사와 자문사는 프로젝트의 기술적 완성도와 법적 적합성을 보장하는 핵심적인 역할을 한다. 이들은 시행사와의 용역 계약을 통해 업무 범위와 보수 조건을 명확히 하여 프로젝트의 주요 단계마다 설계 도서를 제출할 의무를 지닌다.

분양 대행사 및 마케팅 전문 회사는 개발 사업의 분양 및 임대 단계에서 마케팅 전략 수립과 실행을 담당하는 주체다. 부동산 시장 분석, 광고 기획, 모델 하우스 운영, 청약 접수 등 고객 유치와 계약 체결에 이르는 실질적인 업무를 수행한다. 이들은 프로젝트의 특성에 맞춰 분양가 전략과 프로모션 방안을 제안하며 고객 관리CS를 통해 계약 성사율을 높이는 데 집중한다. 분양 성과에 따라 일정한 수수료나 인센티브를 지급받는다. 많은 시행자가 분양 대행사의 역할을 간과하기도 하지만 개발 사업의 핵심은 결국 판매이며, 현금 흐름을 관리하는 측면에서 가장 중요한 이해관계자 중 하나다.

정부 및 공공 기관은 인허가 심사·승인 및 사업 감독을 수행하는 주체다. 지방 자치 단체 내 도시 계획 부서, 건축 부서, 교통·환경 관련 부서 등이 이에 해당하며, 사업 계획이 공익성 및 법규 기준에 부합하는지를 심사하고 조건부 허가를 부여하기도 한다. 때로는 공익 시설 설치나 기부 채납을 요구하며, 개발 부담금 부과나 분양가 상한제 등 규제 조치를 통해 공익성을 추구한다. 특히 명확한 허가 기준이 없는 경우 시행자는 이를 문서화하여 명확한 행정 기준을 요구해야 한다. 불명확한 기준으로 인해 허가 단계에서 사업성이 현저히 악화되어 프로젝트가 무산될 수 있기 때문이다. 경우에 따라 LH나 지방 도시 공사 등 공기업이 공동 시행자로 참여하여 공공성과 수익성을 동시에 추구하기도 한다. 또한 정부는 부동산 개발업 등록제, 소비자 보호 장치 마련, 금융 당국의 PF 관리 등을 통해 시장 질서를 유지하고 투명성을 제고하는 역할도 수행한다.

이처럼 부동산 개발 사업은 여러 이해관계자가 유기적으로 협력하여 부동산 상품을 만들어 가는 과정이다. 각 참여자는 저마다의 목표와 이해관계를 가지고 있는데, 이는 특히 불황기일수록 상호 간 갈등 가능성을 높일 수 있다. 예를 들어 금융 기관은 투자 선택지가 다양하지만, 건설사는 본업이 건설이므로 불경기일수록 선택지가 제한적이다. 이로 인해 건설사의 책임 준공, 연대 보증, 미분양 리스크와 같은 사업 위험이 특정 주체에게 집중될 수 있다. 착공 후에도 장기간 지속되는 사업 특성상 참여자 간 갈등은 필연적으로 발생할 수 있다. 따라서 이해관계자 간 갈등을 최소화하기 위한 명확한 계약서 작성과 이를 기반으로 한 원활한 갈등 관리가 부동산 개발 사업의 성패를 좌우하는 핵심이라 할 수 있다.

딜 클로저

부동산 개발 사업에서 건설사는 우선수익권에서 뒤로 밀려 있다. 대부분의 사업에서 1순위 수익권자는 금융 기관이며 건설사는 2순위다. 그러나 금융사와 건설사의 리스크 분배 구조는 공사비 수금 방식에 따라 결정된다. 공사비 수금 방식에는 분양금을 통해 사업비를 확보하는 분양불과 금융사의 대출금을 통해 공사비를 지급하는 기성불 방식이 있다. 기성불인지 분양불인지에 따라 리스크의 무게 중심이 달라지는 것이다. 분양불 방식은 건설사가 분양 성과에 따라 리스크를 감수하는 구조이기 때문에 금융 기관이 프로젝트 파이낸싱을 진행할 때 이를 인정해 줘야 한다. 일반적으로 프로젝트 규모가 1,000억 원을 넘어서면 금융 기관은 신용 등급 A 이상의 건설사가 참여한 분양불 방식만을 실무적으로 허용하는 경향이 있다.

금융사의 경우 부동산 경기가 악화되었을 때 전통 자산 등 다른 자산군으로의 투자 전환이 가능하지만, 건설사는 건설업 자체가 목적이므로 선택지가 제한적이다. 결국 실제 프로젝트의 딜을 마무리 짓는 역할을 맡게 되는 경우가 많아질 수밖에 없는 구조다.

건설사 직원이 업계에서 갑이라고 칭해지는 또 다른 이유는 담당 직원들의 보수 체계라고 생각한다. 인센티브 비율이 금융사나 시행사에 비하여 건설사가 현격히 적다. 배경은 그들이 가지는 원자재와 브랜드 가치를 보면 알 수 있다. 건설사는 재료에 인력을 투입하여 가치를 창출한다. 여기에 브랜드라는 무형의 가치가 더해지며, 공학의 영역에서 기술력에 따라 품질과 원가가 현격히 변동하기도 한다. 또한 담당자 한두 명의 역량이라기보다는 하나의 건물을 짓기 위해 적게는 수백 명에서 많게는 수십만 명이 동원되는 곳이 건설사이다. 사람 한 명이 중요하기보다는 조직의 힘과 기술력이 중요한 업종이다.

이에 반하여 금융사는 "돈"이라는 단일 재료에 금융 노동이 결합하여 가치를 창출한다. 부동산 금융 기법은 벤치마킹이 공학보다는 쉽게 적용된다. 오죽하면 "금융 업계는 특허가 없다. 새로운 기법을 적용하였을 때 돈을 벌 수 있는 것은 1년이다."라는 말이 공공연한 비밀이 되었다. 또한 대내외적 여건에 따라 투자 의사 결정자의 시각이 변할 수 있는데, 이에 따라 회사 전체의 기조가 바뀌기도 한다. 기술보다는 판단이 중요한 영역인 것이다. 많은 이들이 하나의 프로젝트를 위해 움직이기보다는 소수의 인원이 투자 판단을 진행하게 되는 구조다. 이때 중요한 것은 담당자의 영업력과 정보력이다. 이를 바탕으로 어떤 이들은 회사의 북_{회사자금으로}

대여하는것을 사용하여 사업을 진행시키고 또 누군가는 금융을 주선하여 업무를 진행한다. 어떠한 방식이든 소수의 담당자 역량이 사업의 성패를 좌우한다. 또한 회사의 기술력을 통하여 사업을 진행하는 것이 아니기 때문에 이동이 자유로운 편이므로, 높은 성과를 보이는 직원에게 영업 인센티브를 할당하여 지속적인 동기 부여를 할 수밖에 없다.

인센티브가 강한 조직과 인센티브가 일정한 수준으로 배급되는 조직이 만나면 당연히 동기 부여가 많이 된 조직원이 더 열심히 사업지를 살펴볼 수밖에 없다. 언급한 이유 말고도 다양한 견해가 있을 수 있지만 담당자들의 적극성이 바뀌는 근본적인 이유는 자본주의 사회에서는 돈이라고 생각한다.

부동산 개발 사업에서 건설사의 영향력이 강력하다고 평가되는 이유는 프로젝트의 실질적 진행을 좌우하는 책임 준공 능력, 공사비의 현금 흐름 통제력과 더불어 금융사와의 인센티브 체계 차이에 따른 업무 적극성의 차이 때문이다.

책임 준공이 부동산 개발 사업을 진행할 때 핵심 요소인 이유는 금융구조 때문이다. PF가 될 때 토지의 가치에 완공될 건물의 가치를 더하여 최종 가치를 산정하게 된다. 그 가치는 LTV의 기준이 된다. 완공될 건물의 가치를 더하여 대출을 진행했는데, 건물이 완공되지 못하면 그 가치의 합이 바뀌게 된다. LTV를 통해 대출을 진행했는데, 그 모수가 바뀌는 것이다. 일반적으로 중도에 정지된 공사는 후속 건설사가 시공을 이어 나

갈 경우 더 많은 원가가 투입되게 된다. 그렇게 되면 LTV 40%의 안전한 프로젝트가 위험한 대출로 바뀌게 되는 것이다. 경매나 공매로 사업지가 매각될 때 공사 진행 중인 물건은 낙찰가율이 떨어지고, 후순위부터 중순위 순으로 금융 기관의 손실로 이어지게 된다.

책임 준공은 과거에는 원금과 이자 전체에 대한 채무 인수를 책임 준공 기한 준수를 못한 것에 대한 위약벌로 규정하였다. 때로는 각종 수수료에 대한 중첩적 인수도 포함되었다. 하지만 경기가 나빠졌을 때 신용 등급이 낮은 건설사부터 위기를 맞았고, 이 위기는 쌓이고 쌓여 신탁사에 전이되었다. 이로 인해 해당 방식이 도미노와 같은 연쇄 부도의 시초라는 인식이 생겼다. 그 결과 현재는 책임 준공 기한을 설정하고, 이를 어길 경우 실질적으로 발생한 손해에 대한 배상을 요구하는 방식으로 변화하거나 기한에 단계를 두어 위약금의 범위를 변경하는 것이 고려되고 있다.

NPL 물건이 진행될 때는 기투입된 자기 자본은 손실 처리하고, 후순위와 중순위 자금 역시 자기 자본으로 변경되는 경우가 많다. 따라서 LTV의 근간인 준공을 제공하는 건설사의 신용도가 매우 중요한 요소로 작용하게 되는 것이다. 물론 300억 이하의 소규모 사업에서는 리스크의 규모가 줄어들어 건설사의 책임 준공과 일정 이상의 자기 자본으로 사업 시행이 가능하다. 이때는 시중 은행 혹은 저축 은행에서 PF 대주로서의 역할을 진행하는데, 대주별로 선호하는 건설사나 신용 등급 기준이 존재한다. 또한 아래와 같이 신용 등급은 시공 능력 평가와 일맥상통하다는 것을 알 수 있다. 그 이유는 시공 능력 평가 산정 방식이 실적 평가액, 경영 평가액, 기술 능력 평가액, 신인도 평가액의 합산으로 산정되기 때문이다.

시공 능력 평가 산정 방식

- 평가액 산정: 시공 능력 평가액은 실적 평가액, 경영 평가액, 기술 능력 평가액 및 신인도 평가액으로 구성.
- 실적 평가액: 최근 3년간 연차별 가중 평균 공사 실적×70%
- 경영 평가액: 실질 자본금×경영 평점×80%
- 기술 능력 평가액: 기술 능력 생산액＋퇴직 공제 납입금×10＋최근 3년간 기술 개발 투자액.
- 신인도 평가액: 신기술 지정, 영업 정지 등을 감안하여 산정.

책임 준공은 불황기에 많은 문제를 만들고 있다. 이를 방지하고자 금융 감독원에서는 책임 준공 확약 토지 신탁 업무 처리 모범 규준을 제정했는데, 주요 내용은 다음과 같다.

A (준공 관련 필수 사업비 확보) 신탁 계약 체결 시 **준공 관련 필수 사업비*를 확보하였는지 여부를 사업성 심의 절차 시 점검**.

  * 토지 취득, 공사, 인허가, 분양, 제세 공과금, 금융 관련 비용 등.

Ⓑ **(손해 배상 범위 한정) 책임 준공 의무 미이행**으로 대출 금융 기관의 **대출 원리금 회수가 지연**됨으로써 **직접적**으로 입게 된 **실제 손해액***
으로 한정.

  * 대출 원리금 상환금 약정, 대출 금융 기관의 기회 비용 배상 등은 금지.

Ⓒ **(책임 준공 의무 이행 기간 합리화) 이행 기간 명확화**(+6개월 또는 공사 기간의 100분의 20 중 긴 기간), **불가피한 경우** 협의를 통해 연장, **시공사 책준 기한 연장 시 신탁사도 동시에 연장.**

Ⓓ **(시공사 교체) 원활한 시공사 교체가 가능**하도록 관련 필요 사항*을 신탁 계약서 등에 명시.

  * 시공사 포기 각서 징구, 대출 금융 기관 협조, 신탁사 판단에 따른 추가 공사비 집행.

Ⓔ **(공사비 지급 관리) 신탁사의 공사비 지급과 관련한 의무 사항*** 명시.

  * 기성 확인 후 지급, 공사비는 공사 관련 비용의 지급 재원으로 사용, 공사 관련 보험금 및 이행 보증금은 공사비에 투입된 신탁사의 고유 자금 상환에 우선 사용.

Ⓕ **(분양 가격 조정)** 필요 시 대출 금융 기관과 신탁업자는 상호 동의 하에 분양 가격 조정할 수 있다는 내용을 신탁 계약서 등에 명시.

Ⓖ **(사업성 평가 절차)** 일반 토지 신탁과 구분되는 **별도의 내부 사업성 심의 기준** 마련 및 운용.

부동산 금융 기초	금융 3요소
은행의 역사	대출 금리 구성 요소
증권사의 역사	금융 기관별 대출 금리 산정 방식 차이
자산운용사의 역사	투자와 대출
보험사의 역사	부동산 금융 구조와 수수료
여신 전문 금융 회사의 역사	자산 건전성
금융사 책임과 역할	금융사별 자산 건전성(보험, 증권, 은행 등)
PF 역사	자산 건전성의 역사

CHAPTER STORY

부동산 금융

부동산 금융

부동산 금융 기초

금융은 돈의 융통, 자금의 조달과 운용을 의미한다. 돈이 필요한 사람과 돈을 빌려줄 수 있는 사람을 연결하는 활동이 금융이다. 자금에 여유가 있는 주체가계나 기업 등가 자금이 부족한 주체에게 돈을 빌려주고, 그 대가로 차후에 돌려받을 권리채권를 갖게 되면서 금융 거래가 이루어진다. 이러한 금융 거래를 통해 경제 주체들 사이에 채권·채무 관계가 형성되고, 이때 발생하는 돈을 돌려받을 권리를 금융 자산이라고 한다. 금융은 한쪽의 여유 자금을 다른 쪽에 공급함으로써 경제 전반에 자금이 순환하게 하는 역할을 한다.

금융은 단순히 돈을 주고받는 것을 넘어 경제 시스템에서 여러 가지 중요한 기능을 수행한다. 주요 기능을 정리하면 자금 중개 기능, 위험 관리 기능, 지급 결제 기능이다.

금융 시스템은 가계, 기업, 정부 등 경제 주체의 여유 자금이 필요한 주체에게 이동하도록 돕는다. 이를 통해 소비나 투자가 원활히 이루어지게 지원한다. 예를 들어 어느 가정이 저축을 하면 그 돈이 은행 등을 통해 자금이 필요한 기업의 투자 자금으로 쓰일 수 있다. 이렇게 금융은 저축된 자금이 투자와 소비로 연결되도록 중개하는 역할을 한다. 그 결과 경제 전체적으로 자원이 더 생산적인 곳에 배분되어 효율성이 높아진다.

금융은 다양한 상품을 통해 경제 주체들이 위험을 분산하거나 대비할 수 있게 한다. 대표적으로 보험은 질병, 사고, 화재 등 생활 속 위험에 대비할 수 있는 수단을 제공한다. 또한 주식, 채권, 파생 상품 등을 활용하면 한 곳에 돈을 몰아 두는 위험을 줄이고 분산 투자할 수 있다. 현대 금융 시장에서는 파생 상품 등 복잡한 금융 공학 기법도 등장하여, 가격 변동 위험이나 채무 불이행 위험 신용 위험까지 관리할 수 있게 되었다. 이처럼 금융 시스템을 통해 개인과 기업은 예기치 못한 위험에 대비하고 재무 안정성을 높일 수 있다.

금융 시스템은 지급 결제를 가능하게 함으로써 경제 활동을 뒷받침한다. 은행 계좌 이체, 카드 결제, 인터넷 뱅킹 등은 모두 금융 기관이 제공하는 지급 결제 서비스다. 이러한 기능 덕분에 물건을 사고팔 때 현금 없이도 거래를 마무리할 수 있고, 이는 경제 활동의 속도와 신뢰성을 획기적으로 향상시켰다. 예컨대 우리가 급여를 받고 공과금을 내는 일상적인 과정에도 금융 기관의 결제망이 작동하고 있는 것이다. 지급 결제 기능이 원활할수록 경제 주체들이 안심하고 거래할 수 있으므로, 금융은 경제의 혈관 역할을 한다고 볼 수 있다.

금융을 통해 자금을 조달하는 방식에는 여러 가지가 있다. 큰 틀에서 보면 직접 금융과 간접 금융으로 나눌 수 있는데, 이는 돈을 빌리는 측 자금수요자이 직접 투자자에게서 조달하느냐 또는 은행 같은 금융 중개 기관을 거치느냐의 차이이다. 직접 금융은 기업이 주식이나 채권을 발행하여 투자자들로부터 직접 돈을 모으는 방식으로 증권 시장자본 시장을 통한 자금 조달이 이에 해당한다. 반면 간접 금융은 은행, 보험사 등 금융 기관이 중개 역할을 해서 돈을 빌려주는 방식으로 예금자가 은행에 돈을 맡기면 은행이 그 돈을 다시 필요한 기업에게 대출해 주는 형태가 대표적이다. 가령 주식·회사채 발행은 직접 금융, 은행 예금과 대출은 간접 금융의 사례다. 우리나라의 경우 과거에는 은행 등 금융 기관을 통한 간접 금융이 주된 자금 조달 수단이었다. 산업화 시기 정부 주도의 경제 발전 과정에서 기업들은 주로 은행 대출에 의존했고, 주식 시장 등 자본 시장은 미성숙했기 때문이다. 그러나 1980년대 이후 증권 시장이 발달하고 기업 공개IPO와 채권 발행이 활발해지면서 직접 금융의 비중도 점차 커졌다. 오늘날 기업들은 은행 대출뿐만 아니라 주식·채권 발행, 회사채 발행 등의 다양한 자금 조달 방법을 활용하고 있으며, 간접 금융과 직접 금융이 균형을 이루어 가고 있다. 요약하면 금융 시스템은 이러한 다양한 방식으로 자금을 필요한 곳에 흐르게 함으로써 경제를 움직이는 윤활유 역할을 한다.

금융 회사들은 경제의 중추로서 막대한 영향력을 가지고 있기 때문에 영리 추구뿐만 아니라 사회적 역할과 책임이 중요하다. 은행, 증권사, 보험사 등 금융사의 핵심 역할은 고객의 자금을 안전하게 맡아 운용하고 필요한 곳에 공급함으로써 경제 발전을 지원하는 것이다. 이를 제대로 수행하기 위해서는 금융사는 내부적으로 건전한 경영을 유지하고 외부적으로는 사회적 책임을 다해야 한다. 이를 통제하기 위해서 특정 경제 범죄 가중 처벌 등에 관한 법률을 제정하여 금융인, 기업 임원 등 경제적 지위를 이용하여 금융 사기, 횡령, 배임, 사기, 뇌물 등 경제 범죄를 저지른 자를 일반 형법보다 더 강력하게 처벌하고 있다. 예를 들어 금융 기관 직원이 횡령을 저지를 때는 특경가법 제5조에 따라 형을 50% 더 높게 받을 수 있다. 이를 통해 경제적 신뢰를 보호하고 금융 질서를 유지하려 한다. 또한 금융감독원에서는 금융 회사를 면밀히 감독하고 있다.

　금융사는 국민의 자산을 다루고 금융 시장의 안정에 직결되는 만큼 높은 수준의 윤리 의식과 투명성이 요구된다. 예금자나 투자자는 금융사를 신뢰하고 돈을 맡기는데, 만약 금융사가 부실해져서 예금을 돌려주지 못하는 사태가 발생하면 경제 전체에 충격이 전파될 수 있다. 따라서 금융사는 법과 규정을 준수하고, 부당한 영업 행위나 도덕적 해이가 없도록 내부 통제를 강화하는 등 책임 있는 경영을 하고 있다. 예를 들어 고객에게 투자 상품을 판매할 때는 충분한 설명과 적합성 원칙을 지켜 금융 소비자를 보호하는 것이 중요하다. 최근에는 ESG 경영환경·사회·지배 구조 관점에서 금융사의 사회 공헌, 친환경 투자, 지배 구조 개선 등이 강조되면서 금융사의 사회적 책임 범위가 더욱 넓어지고 있다. 정부도 금융권에 포용 금융을 장려하여 취약 계층에 대한 금융 지원, 서민 금융 상품 공급 등을 독려하고 있다. 요컨대 금융사는 공익과 사익의 균형을 고려하여 건전한 금융 생태계를 유지할 책임이 있다.

금융 회사는 영업 특성상 여러 종류의 리스크에 노출된다. 은행을 예로 들면 돈을 빌려 간 채무자가 파산할 수 있는 신용 위험, 금리나 환율 변동으로 손실이 생길 수 있는 시장 위험, 예금 인출 사태에 대비한 유동성 위험 등이 있다. 이러한 위험을 방치하면 금융사는 부실해질 수 있으므로 체계적인 리스크 관리가 필수다. 대부분의 금융사에는 리스크 관리 부서가 있어 대출 심사에서부터 자산 운용, 지급 준비 등에 이르기까지 다양한 위험 요소를 모니터링하고 통제한다. 특히 은행의 경우 국제적으로 통용되는 건전성 지표인 BIS 자기 자본 비율 등 여러 규정을 준수해야 한다. BIS 비율이란 은행의 자기 자본을 대출 등 위험 가중 자산으로 나눈 비율로, 은행이 얼마나 손실을 견딜 자기 자본을 보유하고 있는지를 나타낸다. 은행은 이 비율을 일정 수준국제 기준으로 8% 이상으로 유지하도록 감독받으며, 이를 지키지 못하면 경영 개선 명령 등 제재를 받는다. 이러한 규제는 은행이 수익에 대한 욕심으로 과도한 위험을 지는 것을 방지하여 예금주를 보호하려는 목적이다. 증권사나 보험사도 각각 자기 자본 비율, 지급 여력 비율RBC 등의 건전성 지표 기준을 충족해야 한다. 더 나아가 금융사들은 스트레스 테스트가상의 위기 상황에서 재무 건전성 평가 등을 통해 잠재 위험 요인을 사전에 점검하고 대비책을 마련한다. 금융사의 리스크 관리는 단순한 내부 절차가 아니라 사회적 안정망의 역할을 하며, 이를 소홀히 하면 금융 위기와 같은 대규모 사태로 번질 수 있다는 점에서 그 중요성이 크다고 할 수 있다.

금융사의 사회적 책임과 리스크 관리가 제대로 이루어지도록 하기 위해 국가 차원에서 금융 규제와 감독이 이루어진다. 금융은 자유 시장 원리에만 맡겨 두기에는 파급력이 크기 때문에 각국 정부는 법률과 감독 기관을 통해 금융 산업을 관리한다. 한국의 경우 1997년 외환 위기 이후 금융 감독 체계를 전면 개편하여, 현재는 금융 위원회정책 및 의사 결정 기구와 금융감독원집행 및 검사 기구으로 양분된 감독 체제를 갖추고 있다. 금융 위원회는 금융 정책 수립과 주요 인가·제재 등의 권한을 가지며 금융 산업 전체의 건전한 발전을 도모한다. 금융감독원은 개별 금융 회사들을 상시 감시·검사하여 불건전 영업이나 법규 위반을 적발하고 시정하도록 지도한다. 예를 들어 금융감독원은 은행의 대출 건전성, 증권사의 고객 자산 관리 실태, 보험사의 지급 여력 등을 주기적으로 검사하며, 문제가 발견되면 제재나 개선 명령을 내린다. 또한 한국은행도 금융 안정을 위한 역할을 담당하는데, 금융 기관에 대한 여신 지원, 금융 시장의 유동성 공급, 필요시 최종 대부자 기능 등을 통해 금융 시스템을 뒷받침한다. 아울러 예금자 보호 제도도 금융사의 책임을 강화하는 중요한 장치다. 우리나라에서는 예금 보험 공사가 예금 보험 제도를 운영하여, 만약 은행 등이 파산할 경우 고객 예금 일정 한도 내을 대신 지급해 준다. 이로써 예금자들은 어느 정도 보호를 받고 금융 시스템에 대한 신뢰를 유지할 수 있다. 이처럼 정부의 규제와 감독, 중앙은행과 예금 보험 등의 제도적 장치는 금융사가 사적 이익만 추구하다가 시스템을 위협하는 일을 방지하고, 금융업이 공공의 신뢰 속에서 안정적으로 기능하도록 만들어 준다. 금융사는 자율과 책임의 균형 하에 사업을 영위해야 하며, 이는 금융 산업 전체의 지속 가능성과 직결된다.

자본주의가 빠른 속도로 가동될 수 있도록 해 주는 동력은 신용 창조다. 신용이란 말 그대로 신뢰를 바탕으로 돈을 빌려주고 빌리는 것을 의미한다. 금융 체제에서 신용 창조란 은행이 예금과 대출을 반복하면서 새로운 예금 형태의 돈을 만들어 내는 현상을 말한다. 쉽게 말해 은행이 고객의 예금보다 더 많은 돈을 대출해 장부상 새로운 돈이 생겨나는 것을 신용 창조라고 한다. 겉보기에는 사기처럼 보여질 수 있지만 이는 금융 체계에 대한 신뢰가 있기 때문에 가능한 일이다. 은행에 돈을 맡긴 사람 모두가 동시에 돈을 찾는 뱅크런 사태가 있지 않는다는 전제 하에 은행은 예금된 돈의 일부만 손실 없이 보관하고 나머지는 필요로 하는 사람에게 빌려줄 수 있는 것이다. 신용 창조의 원리는 지급 준비금이다. 지급 준비금이란 현금 인출에 대비한 안전 비지급 비율이다. 예를 들어 지급 준비율이 10%면 100만 원을 예금하면 그 중 10만 원만 금고에 남겨 두고 90만 원을 누군가에게 빌려줄 수 있다. 90만 원을 빌려 간 사람은 그 돈으로 물건을 사고, 그 돈을 받은 가게 주인은 다시 그 90만 원을 예금하게 된다. 처음 예금한 사람은 100만 원이 여전히 은행에 있다고 믿고 있고, 새로 예금된 90만 원도 통장에 존재하므로 총 190만 원의 예금이 생겨난 것이다. 이렇게 예금과 대출이 반복되면 은행에 들어온 돈보다 훨씬 많은 금액이 장부상으로 창조되고 통화량이 늘어나 자본주의가 더 빠르게 성장할 수 있게 된다.

부동산 금융

은행의 역사

메소포타미아 지역의 바빌로니아에는 기원전 2000년경 신전이 곡물이나 귀금속을 안전하게 보관하고 대출해 주는 역할을 했다는 기록이 있다. 고대 그리스와 로마에서도 신전이나 사원들이 금전 보관과 환전, 대출을 수행하여 당시 도시의 금융 중심지로 기능했다. 한편 고대 중국과 인도에서도 이 시기 상인과 고리대금업자를 통한 대출 등의 금융 활동 흔적이 나타나 지역을 막론하고 원시적인 은행 기능이 존재했음을 보여준다. 중세 유럽에서는 금세공업자들이 초기 은행업자의 역할을 맡았다. 금세공인들은 귀금속을 보관할 수 있는 안전한 금고를 갖추고 있었기 때문에 상인들과 귀족들은 금을 이들에게 맡기고 보관증을 받았다. 시간이 지나면서 사람들은 상품 거래 시 금 자체를 찾지 않고 이 보관증을 양도하여 결제에 사용하기 시작했고, 금세공인들은 예금된 금의 일부를 기반으로 어음보관증을 발행하여 대출해 주기 시작했다. 이때는 이자를 받기보다는 오히려 보관료를 내고 이용하는 금고 시스템에 가까웠다. 세월이

지나감에 따라 세공업자는 현존하는 금 이상으로 대출을 실행했다. 이는 부분 지급 준비 개념의 효시로 여겨지며 금세공업자가 현대 은행으로 진화하는 계기가 되었다. 이슬람권에서는 중세 시기에 고리대금에 대한 종교적 금기에도 불구하고 발전된 신용 시스템이 발전했다. 이슬람 금융은 이자를 금지하는 샤리아 원칙 하에 무다라바와 같은 이익 공유 투자나 와디아와 같은 안전 예치 방식으로 운영되었다. 특히 오늘날 수표의 전신이 되는 신용 증서가 9세기 아바스 왕조 시기부터 사용되어 상인들이 먼 거리를 현물을 가지고 이동하지 않고 거래할 수 있는 계기가 되었다. 이러한 이슬람권의 무이자 신용 및 결제 시스템은 후에 유럽 상인들에게도 전해져 13세기 이후 유럽 금융 발전에 영향을 주었다.

20세기 들어 은행업은 상업 은행과 투자 은행으로 분화되어 각기 다른 역할을 맡게 되었다. 상업 은행은 일반 대중과 중소기업을 상대로 예금을 받고 대출을 실행하며, 결제 계좌와 지급 결제 서비스를 제공하는 전통적 은행이다. 반면 투자 은행은 대규모 자본을 다루며 기업의 주식·채권 발행을 주선하고 인수 합병M&A 자문, 자산 운용 등 기업 금융 서비스를 전문적으로 제공한다. 예를 들어 씨티은행, HSBC 같은 은행은 상업 은행 부문을 통해 예금·대출을 담당하고, 골드만삭스나 모건스탠리 등은 투자 은행으로서 기업 대상 금융 서비스를 제공한다. 일부 글로벌 대형 은행은 상업과 투자 은행 업무를 모두 영위하지만, 전통적으로 두 은행 유형은 서비스 대상과 수익 구조에서 차이가 뚜렷하다.

부동산 금융

증권사의 역사

　증권사는 기업이나 정부 등이 발행하는 유가증권주식·채권의 발행과 유통을 전문적으로 중개하는 금융 기관이다. 증권사의 등장은 자본 시장의 형성과 맥을 같이 한다. 17세기 초 네덜란드에서 동인도 회사가 최초로 주식을 발행했다. 무역이 돈이 되지만 풍랑에 의해 배가 좌초되자 리스크가 너무 큰 것이 문제였다. 이를 해결하기 위해 탄생한 것이 주식이다. 다수의 선박에 주식을 발행하여 투자하면 리스크를 분산시킬 수 있었다. 불특정 다수의 투자자로부터 자금을 모으는 데 성공하자 이에 참여하지 못한 사람들과 기존 주주들 사이에 주식 매매 수요가 생겨났다. 이러한 2차 시장 거래를 원활히 연결하기 위해 1602년 암스테르담 증권 거래소가 개설되었으며, 이것이 세계 최초의 증권 거래소로 알려져 있다. 암스테르담 증권 거래소의 탄생으로 전문적인 증권 중개인브로커들이 활동하게 되었고, 이것이 증권사의 시초라 할 수 있다. 이후 영국과 프랑스 등지에서도 17~18세기에 주식 및 국채 거래가 활발해지면서 주식 중개업자들이 나타났으며, 1792년 미국 월가의 버튼우드 협정을 통해 24명의 중개인이 공동으로 증권거래 조직NYSE의 전신을 설립한 일은 현대 증권산업의 기반이 되었다. 19세기 산업 혁명기에는 철도, 은행, 보험 등 수많은 기업이 주식과 채권을 발행했고, 이에 따라 영국, 미국, 독일 등의 주요 도시에 증권 회사와 증권 거래소가 속속 설립되었다. 증권사는 애초에는 단순히 매도자와 매수자를 연결해 주는 중개에 집중했지만, 시간이 지나며 증권 인수와 투자 자문 등 역할을 확대해 갔다. 20세기에는 증권사가 투자 은행으로서 기업 공개IPO 주관, 채권 발행 주선, 인수 합병M&A 자문 등의 기업 금융 업무를 본격화하였고, 자기 자본을 활용한 트레이딩 및 자산 운용에도 참여하는 등 종합 금융 투자 회사로 발전하였다. 현대의 증권사는 전통적 브로커리지 업무 외에도 다양한 파생 상품 거래와 글로벌 투자 은행과의 경쟁을 수행하며 금융 시장의 핵심 플레이어로 자리매김하고 있다.

부동산 금융

자산운용사의 역사

자산운용사는 개인 투자자나 기관 투자가의 자금을 모아 펀드 형태로 운용하는 전문 기관으로 그 기원은 18세기로 거슬러 올라간다. 역사상 최초의 뮤추얼 펀드는 1774년 네덜란드의 상인 아드리아안 판 케트위치에 의해 만들어졌다. 그는 여러 투자자의 돈을 모아 하나의 공동 투자 신탁을 결성함으로써 투자 위험을 분산하고 소액 투자자도 참여할 길을 열었다. 이 펀드는 "Eendragt Maakt Magt 단결은 힘"이라는 이름으로 2,000개 지분을 모집하였고, 연 1회 결산 보고서를 제공하는 등 현대 펀드의 기본 구조를 갖추었다. 이후 이러한 공동 투자 형태는 유럽에서 18~19세기 동안 점차 확산되어, 영국과 프랑스에서도 투자 신탁이 등장했다. 미국에서는 1893년 보스턴에서 최초의 폐쇄형 펀드가 설립되었고, 1924년 매사추세츠 투자 신탁이 최초의 공개형 뮤추얼 펀드를 선보여 투자자의 자금 출입이 자유로운 현대적 펀드 모델을 확립했다. 20세기 후반에 들어 전세계적으로 펀드 산업이 급성장하면서 자산운용사는 주식형 펀드,

채권형 펀드, 혼합형 펀드, ETF 등 다양한 상품을 출시하여 대중의 재산 형성 수단을 제공하게 되었다. 한국의 경우도 1998년 투신사들이 자산운용사로 전환되고 공모 펀드 시장이 개방되면서 본격적인 자산 운용 산업이 시작되었다. 오늘날 자산운용사는 연기금, 보험사 등의 거대 기관 자금부터 개인의 소액 투자까지 폭넓게 관리하며, 글로벌 시장에 투자하는 헤지 펀드와 지수 연동 패시브 펀드까지 다양한 전략을 구사하고 있다. 이처럼 자산운용사의 등장은 투자자들에게 전문 운용 역량을 제공함으로써 간접 투자를 가능하게 했고, 금융 시장에는 자금 공급을 원활히 하는 새로운 축으로 자리 잡았다.

부동산 금융

보험사의 역사

　보험은 인간 사회에서 오래전부터 존재해 온 개념이다. 보험의 근본적인 기능은 위험을 분산하고 예상치 못한 재정적 손실을 대비하는 것이다. 역사적으로 상인들은 위험을 분산하기 위해 공동으로 자금을 마련하는 방식을 사용했다. 고대 바빌로니아에서는 "함무라비 법전"기원전 1750년경에 공동 책임제와 비슷한 개념이 포함되어 있었으며, 중국과 인도의 상인들도 위험을 분산하는 방법을 사용했다. 이후 고대 로마에서는 군인과 공무원을 보호하기 위해 장례 보험과 같은 조직적인 보험 시스템이 등장했으며, 중세 유럽에서는 해상 무역의 발달과 함께 보험이 더욱 체계적으로 발전하게 되었다. 19세기에 들어서면서 보험은 생명 보험과 손해 보험으로 분류되었다. 생명 보험은 18세기 중반부터 본격적으로 도입되었으며, 1762년 영국에서 최초의 생명 보험사인 "Equitable Life Assurance Society"가 설립되었다. 이는 오늘날 생명 보험사의 기본적인 운영 모델을 만들었다. 손해 보험은 산업 혁명이 진행되면서 공장과 건물에 대한 화재 보험, 재해 보험, 책임 보험 등이 등장하였고, 기업과 개인이 경제적 위험을 대비할 수 있도록 보험 상품이 다양해졌다. 20세기에는 산업화와 금융화가 가속화 되면서 보험 상품이 더욱 세분화되었다. 자동차, 건강, 재산 등 다양한 분야에서 보험 상품이 개발되었고, 국가 차원에서 사회 보험국민연금, 건강 보험 등이 도입되면서 보험 산업이 본격적으로 성장하게 되었다. 현재 보험사는 개인과 기업의 재정적 안정성을 지원하며 금융 시장 내 대형 투자 기관으로도 활동하고 있다.

부동산 금융

여신 전문 금융 회사의 역사

　여신 전문 금융 회사여전사는 은행과 달리 예금을 받지 않고, 소비자 및 기업에 신용을 제공하는 금융 기관이다. 대표적으로 신용 카드사, 캐피탈사할부금융사, 신기술 금융사, 리스사시설대여 회사 등이 있으며 이들은 소비자 금융과 기업 금융을 지원하는 역할을 한다. 신용 카드사는 카드의 발행과 회원 모집, 가맹점 관리, 카드 결제 대금의 지급 및 정산을 전문으로 하는 회사다. 캐피탈사는 할부 판매에 따른 금융을 제공하는 회사로 고객이 물품이나 서비스를 할부로 구매할 수 있도록 대금을 판매자에게 지급하고 이후 고객으로부터 할부 대금을 회수하는 업무를 한다. 리스사는 시설을 대여하는 업무를 진행하며 기업이나 개인이 필요한 설비와 기기를 구입하여 임대하고 임차인은 일정 기간 사용료를 지급하는 형태의 금융을 제공한다. 신기술 금융사는 신기술 사업 금융업을 수행하는 회사로 기술 혁신형 중소기업 등에 대한 투자와 융자 등을 운영한다. 한 회사가 둘 이상의 업종을 겸영할 수 있다.

여전사가 등장하게 된 배경은 전통적인 은행 시스템이 단기 소비자 금융과 특정 산업 금융을 충분히 제공하지 못했기 때문이다. 은행은 신용평가 절차가 까다롭고 대출 심사가 길기 때문에 일반 소비자의 소액 신용 거래나 기업의 특수한 금융 요구 자동차 할부, 설비 리스 등를 충족하기 어려웠다. 이에 따라 빠르고 유연한 금융 공급이 가능한 기관으로서 여전사가 필요하게 되었다. 신용 카드사는 1950년대 미국에서 시작되었고 한국에서는 1980년대부터 등장했다. 캐피탈사는 자동차 할부 금융, 산업 설비 리스, 기업 금융 등을 담당하는 금융사로 20세기 후반부터 발전하기 시작했다. 1950~60년대 미국과 유럽에서 자동차 판매 확대를 위해 자동차 금융 할부금융, 리스이 활성화되었고, 이를 전문적으로 제공하는 캐피탈사가 설립되었다. 한국에서는 1990년대 이후 자동차 금융 및 설비 리스 수요가 증가하면서 현대캐피탈, 롯데캐피탈 등 다양한 캐피탈사가 등장했다. 여전사는 단순 신용 공급을 넘어 NPL 투자 부실 채권 매입, 기업 금융, 대체 투자 등으로 역할을 확장하고 있다. 모든 여전사가 원칙적으로 부실 채권을 보유하거나 처분할 수 있고 법령에 특별한 금지 규정이 없으면 이를 거래하는 것도 가능하다. 하지만 신용 카드 채권은 여신 전문 금융업법에서 직접 양도를 제한하고 있으므로 카드사는 부실 채권을 타 기관에 바로 팔 수 없고 주로 자산 유동화 등의 방식으로 간접 정리하고 있다.

부동산 금융
금융사 책임과 역할

　금융사는 제공하는 서비스와 역할에 따라 은행, 보험 회사, 증권 회사, 자산운용사, 저축 은행, 캐피탈 회사, 대부 회사, 투자 자문사, 투자 일임사 등으로 구분된다. 은행은 예금 수취, 대출, 외환 거래, 지급 결제 서비스 등을 제공하고 개인과 기업을 대상으로 기본적인 금융 서비스에 초점을 맞춘다. 부동산 금융에서는 허그 보증서가 있는 대출이나 분양이 완료되어 리스크가 줄어든 물건에 대한 투자^{셀다운}, 선매각 혹은 임차 구도로 신용도 높은 기관의 신용 보강이 확보되어 있는 물건을 주로 다룬다. 인센티브의 상한이 정해져 있고, 성격상 많은 딜보다는 안전한 딜 확보가 중요한 기관이다.

　보험 회사는 개인과 기업의 예상치 못한 사고나 손실에 대비해 보상을 제공한다. 이들은 총 자산의 30%^{생명 보험 회사의 경우에는 25%}를 초과하여 부동산에 운용할 수 없다. PF를 통해 지급 여력 비율^{RBC} 하락을 염려하면서 투자를 진행한다. 시중 은행보다는 다소 공격적이지만 증권사나 다른 기관보다는 보수적인 관점에서 투자하는 기관이다. 회사에 따라서 택지 입찰 등을 진행할 때 계약 이행 보증 혹은 하자 보수 증권 등을 발행할 수 있다.

증권 회사는 주식, 채권 등 금융 상품의 매매, 투자 자문 및 자산 관리를 주업으로 진행한다. 주 수입원은 수수료다. 영화에서 전화로 주식 거래를 해 주고 수수료를 받는 것을 생각하면 이해가 쉽다. 부동산 금융에서는 단순히 주선만 진행하며 수수료를 수취하는 기관과 유동화 혹은 직접 대출을 통해 투자를 병행하는 회사가 있다. 후자의 경우 자금 조달이 어려울 경우 보완이 될 수 있기 때문에 차주가 더 선호하는 경향이 있다. 직접 대출이 아니라 신용 유동화를 통해 간접 투자를 더 많이 하는 이유는 종합금융투자 사업자 라이센스자기자본 3조 원 이상 필요가 없는 증권사는 여신 라이선스가 없기 때문이다. 만약 종합금융투자 라이선스가 있으면 여신이 가능하다.

자산운용사는 투자자의 자산을 다양한 방법으로 직접 투자하고 운용한다. 이때 운용 수수료와 성과에 대한 인센티브가 주 수입원이다. 증권사와의 가장 큰 차이점은 직접 자산을 운용해서 성과를 내야 한다는 것이다. 이들은 펀드 상품을 만들어 투자자를 모집한다. 투자자 모집이 상당히 난이도가 높은 편인데, 펀드를 모집한 뒤에는 적절한 상품을 찾아 투자를 진행해야 하는 압박도 동시에 받는다. 만약 투자를 받고 투자 성과를 못 내면 신뢰를 잃기 때문이다. 부동산 대체 투자에 있어서는 실무적으로 최종 투자 전 캐피탈 콜 방식으로 투자자의 의향을 한 번 더 묻고 진행하는 것이 일반적이다.

저축 은행은 시중 은행이나 대형 증권사에서 비해서는 비교적 소규모로 자금을 운용하며 40억 원~150억 원 규모로 투자하고 있다. 선순위 투자를 선호하는데, 단독으로 참여하기에 규모가 크면 컨소시엄을 구성하여 투자를 진행한다. 중순위나 후순위 투자는 가급적 진행하지 않으나 경우에 따라 고려하는 경우가 있다. 저축 은행 여신 라이센스의 발급 요건은 특별시 기준 120억 원, 광역시 80억 원, 도 40억 원이다.

은행	은행법 제8조(은행업의 인가)에 따르면 금융위 인가를 받아 은행업을 경영하려는 자는 1,000억 원 이상 자금 확보 필요
저축 은행	특별시 120억 원, 광역시 80억 원, 도 40억 원 필요
여신 전문 금융 업체	여신 전문 금융업법 제3조에 따라 할부 금융법, 시설 대여법, 신기술 사업 금융법 중 하나의 업무만을 진행하면 200억 원 이상, 모두 하면 400억 원 이상

캐피탈 회사는 특정 상품이나 서비스 구매를 위한 금융을 제공하는 데 주력한다. 자동차 금융, 할부 금융, 리스 등 특화된 대출을 서비스한다. 골프장의 카트, 모듈러 하우스, 컨테이너 하우스 유동화 등에 대해서 논의할 수 있다.

대부 회사는 자금이 필요한 개인이나 기업에게 직접 돈을 빌려준다. 사금융이라고 하는데, 현행법상 NPL 거래는 대부업체만 가능하다. 채권 투자 수요와 거래 시 이자 소득이 종합 소득세에 포함되기 때문에 절세를 위해 설립하기도 한다. 투자 자문사는 투자에 대한 자문을 하고 보수를 받으며 유사한 투자 일임사는 고객의 자산을 직접 운용할 수 있다. 투자 자문사와 일임사 면허를 동시에 취득하여 운영하는 경우를 꽤 많이 볼 수 있다. 해당 회사는 대주에게 수수료를 받지 못하고, 차주에게 수수료를 수령해야 하는 규제가 있다.

구분	투자 자문사	투자 일임사	자산운용사	사모 펀드사
운용 권한	없음. 투자 조언 제공	고객 자산을 위임받아 직접 운용	다수 투자자의 자금을 펀드로 운용	소수 투자자의 자금을 맞춤형으로 운용
고객의 역할	조언을 참고해 직접 매매	자산 운용 전권을 위임	펀드에 투자 후 운용에 직접 관여하지 않음	펀드에 투자 후 운용에 직접 관여하지 않음
투자 대상	제한 없음. 고객 요청에 따라 다양하게 조언	고객 동의 하에 주식, 채권 등 투자	펀드 약관에 따라 주식, 채권, 부동산 등	기업 인수, 벤처 투자, 부동산 개발 등 고수익 대상
법적 제한	운용 권한 없음. 자문만 가능	고객 계약에 따른 범위 내 운용 가능	펀드 약관에 따른 운용	소수의 투자자 제한(49인 이하, 비공개)
수익 모델	자문 수수료	일임 계약 수수료 및 성과 보수	펀드 운용 보수 및 성과 보수	펀드 운용 보수 및 성과 보수
리스크	없음. 투자 결과는 고객 책임	고객 자산 운용 실패 시 계약 종료 가능성	펀드 성과에 따라 운용사 평가 영향	고위험 고수익 구조로 리스크가 높음

부동산 금융

PF 역사

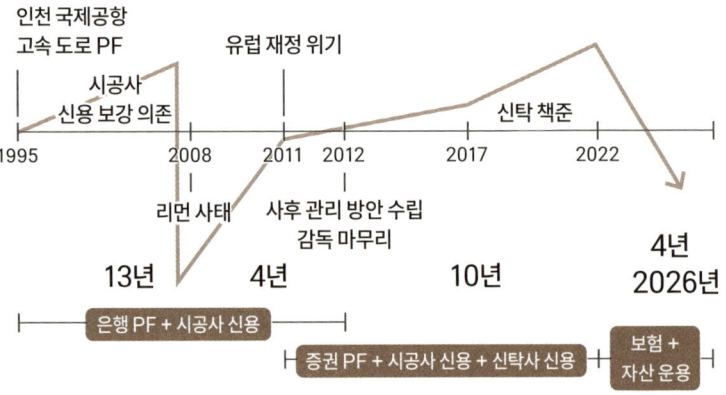

　역사를 알면 현재에 대한 명확한 진단을 함과 동시에 문제의 근본을 이해할 수 있다. 위기에서 기회를 모색할 수 있는 힘을 얻기 위해 부동산 금융의 역사를 살펴보자. 한국 최초의 프로젝트 파이낸싱PF은 산업은행이 주도한 인천 국제공항 고속도로 PF다. 이때부터 IMF 전까지는 대형 건설사가 직접 토지 매입부터 분양까지 사업 전반을 주도하거나 건설사가 세운 SPC가 시행을 겸하는 경우가 많았다. 이는 한 기업에 개발 리스크와 시공 리스크가 모두 집중되는 문제를 안고 있었다. IMF 이후에는 건설사에서 자체 시행 조직을 운영하는 것에 대한 의문점이 제기되었다. 건설사는 부채 비율을 줄이기 위해 시행 조직을 분리했다. 분리된 이후 시행사의 신용도는 개발 사업의 현금 흐름을 감당하기에는 신용도가 낮은 편이었다. 2000년대 초반까지 착공을 위한 금융 조달 즉, PF가 가능했던 기반은 여전히 시공사의 신용 보강과 은행이었다. 점차 국내 경제가 회복되고 부동산 역시 활황을 맞이했다. 하지만 채 10년이 못 가서 2008년 리먼 사태로 부동산 가격이 다시금 폭락했다. 폭락과 함께 건설 경기는 악화되었고, 2007년 부동산 개발 사업의 관리 및 육성에 관한 법률 제정 이후부터 시공사가 직접 시행을 진행하는 빈도는 줄어들었다. 이때부터 무분별한 시행을 방지하기 위해서 연면적 3,000㎡ 이상 건축물, 5,000㎡ 이상 토지 개발은 반드시 부동산 개발업 등록을 한 시행사가 수행하도록 의무화되었다. 새로운 PF의 주역으로 금융권에서는 저축 은행이 부상했다. 저축 은행은 PF 시장에서 대주로서 새롭게 주목받았다. 그러나 이 역시 오래가지는 못했다. 2011년 유럽 재정 위기와 함께 저축 은행 사태가 발생했다. 저축 은행 사태는 부동산 경기 침체 속에 지방 중소형 금융 기관들이 무분별한 프로젝트 파이낸싱PF 대출을 남발한 것이 주요 원인이었다. 여러 저축 은행들이 고위험 해외 부동산 개발 사업에까지 충분한 심사 없이 PF 자금을 투입했고, 부실 채권 누적으로 경영이 악화되었다. 이러한 기조는 호황기면 수익에 대한 욕심으로 반복적으로 등장하는 현상이다. 리스크 심사 혹은 경영 관리 조직은 해당 부분의 교훈을 명심하고 관리해야 한다. 2011년 1월 XX저축은행을 시작으로 2월에 ○○저축은행과 △△저축은행 등 다수의 저축 은행이 금융 당국으로부터 영업 정지 처분을 받으며 사태가 본격화되다. 이후 추가 검사 업무를 거쳐 같은 해 9월까지 영업 정지 된 저축 은행이 속출하였고, 최종적으로 31개 저축 은행이 퇴출되기에 이르렀다. ○○저축은행의 경우만 보더라도 예금으로 모은 자금 중 약 4조6천억 원을 불법 PF 대출로 쏟아붓는 등 법규를 위반한 영업을 일삼았고, 결국 대규모 손실로 지급 불능 상태에 빠졌다.

저축 은행 연쇄 부실은 예금자 불안과 신용 경색으로 이어져 국내 금융 시장에 상당한 충격을 주었다. 다수의 서민과 중소기업이 이용하던 제2 금융권이 붕괴하면서 해당 지역 경제에도 악영향을 미쳤다. 특히 저축 은행에 예금했던 서민들은 예금 보험 한도 5천만 원 초과분에 대해 손실을 보게 되어 큰 피해가 발생했다.

금융 당국은 부실이 확인된 저축 은행들에 대해 영업 정지 및 퇴출 조치를 단행하고, 예금 보험 공사를 통해 정리 절차를 진행했다. 2011~2012년에 걸쳐 영업 정지 된 31개 저축 은행은 신규 자금 지원 없이 파산 정리 또는 인수 합병 방식으로 시장에서 퇴출되었으며 예금 보험 공사는 예금 지급을 위해 특별 계정을 만들어 약 27.2조 원의 자금을 조성해 투입했다. 정리 과정에서 예금 보험 공사는 부실 자산 매각 등을 통해 18.7조

원을 회수했으나 8조 원대의 공적 자금이 미회수 되는 등 상당한 재정 비용이 발생하였다.

　재발 방지를 위해 상호 저축 은행법 개정 등 제도 개선도 추진되었다. 2012년 9월 금융 위원회는 저축 은행의 건전 경영을 위한 제도 개선 방안을 발표하여 대주주 적격성 심사를 대폭 강화하고 임원의 위법 행위에 대한 제재 수준을 상향하는 등 지배 구조 투명성을 높였다. 아울러 동일 차주에 대한 신용 공여 한도를 엄격히 적용하고, 편법 대출로 부실을 은폐하는 행위를 금지하는 규정을 마련했다. 예를 들어 여러 계열 저축 은행 간 교차 대출이나 제3자 명의를 이용한 우회 대출 등을 명시적으로 금지하고 위반 시 형사 처벌하도록 하였다. 또한 부동산 등 비업무용 자산 취득 제한을 강화함과 동시에 부실 징후가 있는 저축 은행에는 경영 지도인을 파견하여 밀착 감독하도록 하는 등 선제적 감독 장치를 도입하였다. 이러한 대출 규제와 감독 강화 조치들은 저축 은행의 PF 대출 남발을 억제하고 건전성을 높이는 효과를 가져왔다. 사태 책임을 묻기 위한 사법 조치도 병행되었는데, 부실 경영과 불법 대출에 연루된 저축 은행 대주주 및 경영진에 대한 검찰 수사와 처벌이 이루어졌다. 아울러 법 개정을 통해 대주주 적격성 상시 심사 제도가 도입되고 내부 고발 포상제 확대 등 내부 통제 장치도 강화되었다. 이를 통해 향후 저축 은행 경영진의 도덕적 해이를 방지하고자 한 것이다. 덕분에 22년도 부동산 금융 위기 때 저축 은행의 부실은 방지할 수 있었지만 유사한 사건이 상호 금융에서 또다시 발생하였다. 사고 이후 해당 금융사가 제지를 받는 것을 감안하면 다음 활황기 때 주역이 누구일지 예측할 수 있으며 해당 금융사의 리스크 또한 대비할 수 있다.

저축 은행 사태 이후 은행권이 부동산 PF 대출에 보수적으로 변하고 건설사들도 직접 금융 부담을 지양하게 되었다. 이때부터 증권사들이 부동산 PF 시장의 새로운 자금 공급자로 부상했다. 증권사의 인센티브 배분 구조는 당시 보수 체계가 열악했던 주니어급 회계사의 이직을 부추겼다. 보수와 생활 환경 등의 이유로 회계사들이 대거 증권사로 이직하였고 20년대 중후반의 증권사 시니어 중에 회계사 출신들이 많이 활동하는 계기가 되었다. 그 이후 이탈을 막고자 회계 법인의 주니어 처우도 개선되었다. 2013년 도입된 종합 금융 투자 사업자초대형 IB 제도는 자기 자본 3조 원 이상이며 충분한 인력과 시스템 구축 평가를 마친 증권사에 한하여 기업 신용 공여 업무를 허용하였다. 본래 취지와 달리 일부 대형 증권사들은 완화된 규제를 활용해 부동산 PF 대출 보증 사업에 집중했다. 또한 중소형 증권사는 여신 라이센스가 없기 때문에 SPC를 활용하여 종합 금융 투자 사업자 라이센스 없이 대출을 진행했다. 이 기조를 기반으로 저금리와 부동산 호황을 배경으로 PF 채무 보증 규모는 급격히 증가했고, 2012년 약 14억 원 수준이던 9개 종합 금융 투자 사업자의 PF 보증 수수료 수익이 2022년에는 1.1조 원에 달할 정도로 10년간 700배 이상 폭증하였다. 그 결과 은행을 대신해 PF 자금 조달의 핵심 역할을 맡게 된 증권사의 부동산 PF 익스포져위험 노출액가 금융권 내에서 차지하는 비중이 크게 높아졌다. 실제로 2022년 기준 일부 대형 증권사의 IB 수익 중 50% 이상이 부동산 금융에서 나올 정도로 편중되기도 했었다.

증권사들은 PF 사업의 자금 중개자로서 여러 형태의 역할을 수행해 왔다. 우선 시공사에 의존하던 종전의 신용 공여 방식시공사 연대 보증 등 외에, 증권사가 직접 브릿지론착공 전 단기 대출을 제공하거나 에쿼티 투자를 통해 초기 자금을 지원하는 사례가 늘어났다. 2010년대 후반에는 텐텐이라는 용어가 등장했다. 수수료 10%, 이자 10%로 에쿼티 대출을 진행하거나 지분을 취득함과 동시에 금융 주선 권한을 요구하는 방식의 투자가 진행되었다. 시행사 입장에서는 초기 현금 흐름을 개선할 수 있었고, 증권사는 금융 주선 수수료를 통하여 투자 금액이 모두 회수되기 때문에 공격적인 투자가 가능했다. 이러한 기조는 레고랜드 PF 사태 이후 손실 처리되는 경우가 많았고 이후에는 에쿼티 투자뿐만 아니라 브릿지 대출도 한동안 찾아보기 어렵게 되는 계기가 되었다.

증권사는 자산 유동화 기법을 활용하여 PF 대출 채권을 기초로 ABCP자산 유동화 기업 어음나 유동화 채권을 발행하고 이를 인수·주선하는 업무도 주도했다. 이에 따라 시행사 및 건설사는 수익을 유동화하여 더 많은 개발 사업을 진행할 수 있었다. 이 과정에서 증권사는 준공 시 미매각분을 매입해 주겠다는 미분양 매입 확약을 제공하기도 하였다. 이는 PF가 힘든 사업장도 PF가 가능하도록 하였다. PF 자금을 조달해 주는 형태의 채무 보증 역할을 수행했기 때문에 해당 증권사는 급성장할 수 있었다. PF 금융 구조는 직접 대출 중심에서 유동화 증권 중심으로 변화하였고, 증권사는 PF 구조화 금융의 핵심 플레이어로 자리매김하게 되었다.

증권사의 PF 채무 보증 행태는 단기 수익을 늘리는 효과가 있었지만 부동산 경기가 악화될 경우 우발 채무가 현실화되어 증권사 자체에 큰 부실을 초래할 위험이 내재하고 있었다. 실제로 2022년 강원도 레고랜드 관련 PF 사업 부도 사태 이후 PF 시장이 경색되자 증권사들이 인수했던 단기 어음이 대규모 미매각으로 돌아와 유동성 위기에 직면하기도 했었다. 이때까지 증권사의 PF 보증은 회계상 부채로 계상되지 않는 우발 채무로 취급되어 순자본 비율NCR 산정 시 위험액 반영이 적었지만 자산을 떠안게 되면 100% 위험 가중으로 반영되어 건전성이 급격히 나빠지는 구조적 문제가 드러났다. 이를 계기로 금융 당국은 증권사의 PF 위험 관리 강화에 나섰다. 2023년부터 PF 관련 채무 보증액의 위험 가중치 상향 등 NCR 산정 기준을 조정하여 증권사가 PF 익스포져에 대비해 충분한 자기 자본을 유지하도록 규제를 강화했다. 아울러 증권사에게 유동화보다 직접 대출을 진행하여 부실 관리를 직접적으로 할 수 있도록 지도하였다. 또한 PF 대출 연체율 등 건전성 지표를 월별 모니터링하고 증권사별로 부동산 PF 취급 한도와 내부 심사 기준을 엄격히 점검하도록 지도하였다.

2022년 말 PF 시장 경색이 금융 시스템 리스크로 비화 되지 않도록 정부는 긴급 유동성 지원과 함께 구조 조정 체계를 가동했다. 금융 위원회와 금융감독원은 2023년 초 부동산 PF 연착륙 대책을 마련하여 증권사·여전사 등 PF 대주단 협약을 재가동하고 부실 우려 사업장은 채권단이 협의를 통해 자율적 채무 재조정을 추진하도록 했다. 또한 캠코자산관리공사 주도의 부동산 PF 정상화 지원 펀드를 2023년 9월에 1조 원 규모로 출범시켜 금융권이 공동 출자 한 기금으로 부실 PF 사업장의 프로젝트를 지원하고 채권을 인수하는 장치를 마련했다. 같은 해 50조 원 규모의 유동성 공급 프로그램을 가동하여 채권 시장 안정 펀드, P-CBO 보증 등으로 증권사들의 자금 경색을 완화시켰다. 2023년 하반기 들어 증권사들의 부동산 PF 연체율은 다소 상승했으나 과거 저축 은행 사태 때에 비하면 낮은 수준이다.

시장이 과열될수록 증권사 주도의 시장을 넘어 시공사의 신용을 활용한 금융 구조가 다시금 확대되었고, 2017년부터는 신탁사가 책임 준공 사업장을 많이 담당하게 되었다. 그러나 2022년 코로나 이후 유동성 증가로 시작된 인플레이션 억제 정책으로 고금리 기조가 지속되면서 PF 시장이 위축되었다. 금리 상승으로 금융 비용이 과다해졌고 보수적인 투자 환경으로 인해 부동산 매매 가격은 하락했으며 동시에 공사비는 급등했다. 2017년부터 2022년까지 실질 공사비는 큰 변화가 없었지만 이후 재료비와 노무비가 급등해 건설사들이 이를 감당할 수 없는 상황이 되었다. 이로 인해 매출은 줄고 원가는 상승하여 역대 최고 수치의 건설사가 파산했다. 도급 계약의 구조 역시 문제가 되었다. 실질 공사비의 차이가 수년간 거의 이루어지지 않자 공사비 인상시 물가 인상률 정도만 증액이 가능하도록 계약을 하는 경우가 많아서 시공사의 피해가 걷잡을 수 없이 커졌다. 시행사 입장에서도 선분양 제도로 인하여 매출액이 고정되어 있는데, 공사비를 인상해 주면 수익이 줄어들거나 사라지기 때문에 협상이 어려웠다. 오죽하면 건설사 대부분이 공사비 증액 TFT를 만들 정도였다. 또한 고금리 기조로 미분양이 많아졌다. 이 때문에 PF가 안 되거나 분양을 진행해도 미분양으로 인하여 지급 보증, 연대 보증과 같은 신용 공여 방식으로 에퀴티 혹은 브릿지 후순위 대출을 진행한 건설사는 추가 손실을 입을 수밖에 없었다.

    부실은 건설사에서 연대 책임 준공을 부담하는 신탁사로 전이되었다. 특히 자체 신용으로 PF가 불가능한 건설사가 신탁사 책임 준공 상품을 활용하였기 때문에 부채의 전이 속도는 더 빨랐다. 불황기에 신용 등급이 낮은 건설사부터 위기를 맞는 것은 당연한 일이다. 자재 파동과 공사비 인상이 주 문제였던 것 만큼 공사 기간을 준수하지 못하여 책임 준공을 어긴 경우도 많이 나타났다. 그 결과 시공사부터 기존의 위약벌 형태 _{책임 준공 미이행 시 PF 원리금 및 수수료 중첩적 채무 인수} 책임 준공에서 실제로 손해를 끼친 위약금 형태의 책임 준공 혹은 기간에 따라 채무 인수의 범위를 달리하는 방식으로 변화하기 시작했다. 신탁사 역시 위약벌에서 위약금 형태로 자체적으로 변경하기 시작했으며 2024년 금융 당국의 권고 사항으로 공고히 되었다.

    2024년에는 책임 준공 제공 방식의 변화, LH를 통한 공급 개선, 금융위 등을 통한 PF 구조 개선 대책이 진행되었다. 불황 초기, 신탁사의 책임 준공이 신규로 진행되지 않자 건설 공제 조합의 책임 준공 보증 상품이 출시되었다. 해당 상품은 전문 인력 부족 및 사업장 판별 등의 문제로 2024년 하반기에 첫 번째 사업이 진행될 수 있었다. LH는 100세대 50세대 이상으로 변경 이상의 공동 주택을 기존 시세 방식이 아닌 공사 원가 연동형으로 매입하겠다는 정책을 발표했다. 부동산은 국민의 기본 삶의 요소인 주거에 영향을 미치므로 공급을 늘리는 정책이 필요했기 때문이다.

    주변 시세 대비 공사 원가가 높은 곳은 공사비를 연동하여 매입해 줄 테니 민간에서 주도적으로 공급하라는 취지였다. 이는 부실화 된 사업장을 정리하는 또 다른 방법이 되었다. 정부의 다양한 노력으로 부동산 개발업은 25년도부터 조금씩 PF가 일어나기 시작했다. 민간의 자생적 PF로는 후순위 채권자가 대출 금액을 손실 처리하기 시작했다. 금융감독원의 지시로 24년 말부터 시작될 것 같은 NPL의 시대는 25년 초 움직였다. 한 발 늦게 민간에서 반응한 이유는 손실에 대한 보장을 정부가 해줄 수는 없었기 때문이다. 유사한 위기를 방지하기 위해 국토교통부·기재부·금융위 등 관계 부처 합동으로 PF 구조 개선 종합 대책을 2024년 말 발표했다. 주요 내용은 시행사의 자기 자본 확충 유인을 위해 PF 대출 시 요구되는 금융사의 자본 규제를 차등화(앞서 언급한 자기 자본 비율별 충당금·위험 가중치 차등 적용 하고, PF 사업에 현물 출자를 활성화하여 토지주가 토지를 출자 형태로 제공하면 세제 혜택양도 차익 과세 이연을 부여하는 것이었다. 또한 상호 금융권의 PF 대출에 대한 자기 자본 비율 20% 요건 도입 검토, 은행 및 보험사의 임대 주택 PF 사업 참여를 위한 법령 해석·정비보험사가 임대 주택을 자회사 등을 통해 직접 보유·임대 사업 영위 허용 등이 주를 이루었다. 점차 해외의 개발처럼 초기 에퀴티 모집 단계에서 금융사의 역할이 강조될 가능성이 높아지고 있다. 일반 법인의 투자는 전문 조직의 부족으로 한계가 있을 것이기 때문에 자산운용사 혹은 자산 보유가 가능한 금융사의 역할이 두드러질 것이다.

2022년부터 이번 위기가 언제 끝날 것 같냐는 이야기는 여의도의 술안주였다. 많은 이들이 내년부터 풀릴 것 같다는 전망을 내놓았다. 필자의 의견은 달랐다. PF의 역사를 살펴보면 경제 위기가 왔을 때 부실 채권을 정리하는 데 평균 4년이 걸린다는 것을 봤기 때문이다. 한 번에 모든 부실 채권을 정리하기에는 체력이 받쳐 주질 못한다. 2026년부터 얼어붙은 경기는 풀리기 시작할 것으로 보인다. 금리 역시 계속 불안정하다. 금리는 하락 기조도 중요하지만 예측 가능한 범위 내에서 움직이는 것도 중요하다. 기준 금리의 큰 차이가 없어도 2024년도부터 PF 금리가 내리게 된 이유다. 건설 및 부동산 업계에 추가 리스크는 없을까? 정답부터 말하면 있다. 바로 하수급인 리스크다. 건설사와 신탁사의 리스크는 2024년 어느 정도 정리되었다. 금융 당국의 권고안대로 진행하면 한동안 부실이 추가로 발생할 가능성은 작다. 하지만 하수급인은 아니다. 건설사가 하수급인을 선정할 때 평균 8개 정도의 업체를 현장에 불러서 설명회를 진행한 뒤에 최저가 입찰로 협력사를 선정한다. 당연히 이익률이 낮을 수밖에 없다. 그리고 종합 건설사의 인력 구성이나 기술력이 하수급인보다 좋은 경우가 많다. 증액에 대해서 하수급인의 협상력이 떨어진다는 뜻이다. 소송을 버틸 수 있는 체력도 없기 때문에 하수급인의 부실이 격화되고 있다. 하수급인이 부도가 났을 때 종합 건설사는 또 다른 위기에 봉착한다. 첫 번째는 소송이나 분쟁이 본격적으로 시작될 수 있다는 것이다. 위기에 빠진 하수급인은 해당 건설사와 일하지 않겠다는 마음으로 소송을 할 수 있다. 두 번째는 부도 난 하수급인의 노무자가 원청사에 유치권을 행사하거나 직불을 청구할 수 있다. 실질 노무자들이 민법 제404조 채권자 대위권을 통해 하도급 업체가 원청사에 대해 가진 공사 대금 채권을 대위하여 행사하거나 유치권을 행사할 수 있다. 또한 건설 산업 기본법 제88조에 의해 직불을 청구할 수 있다. 마지막으로 하도급사를 변경할 때는 원청사를 변경할 때와 마찬가지로 후속 시공사가 더 많은 도급 금액을 요구하게 된다. 그 이유는 공사 규모가 줄어들어 간접비 비중이 높아진 것도 있으며, 기간 손실 등이 발생하기 때문이다. 25년까지가 위에서부터의 부실이었다면 26년부터는 아래로부터의 위기가 본격적으로 발생할 수 있다.

20년대 중반 새로운 트렌드는 외국계 자본이다. 2022년 세미나부터 외국계 자산운용사에서는 멀티 패밀리형 주거 상품에 대해서 깊은 관심을 표했다. 하지만 당시에는 물류 센터로 인한 이득이 더 크다고 판단했기 때문에 물류 위주의 투자 사업이 주를 이루었지만 2024년 들어서면서 분위기는 바뀌기 시작했다. 70개 호실 이상의 오피스텔과 숙박 시설을 매입하여 적극적으로 사업에 뛰어들었다. 1인 가족이 한국의 미래 주거 모델이라는 확신 역시 한 몫 하였을 것이라 생각한다. 이들은 자국에서의 성공 경험과 주거 모델에 대한 확신을 바탕으로 한국 위탁 운영사 및 펀드와 협력해 투자를 확대하고 있다. 외국 자본의 유입은 한국인에게 위험한 상황을 초래할 수 있다. 현재 주거비가 소득의 20%를 차지하고 있지만 외국 자본이 부동산을 대거 소유하면 주거비가 30~50%까지 상승할 가능성이 있다. 주거비가 지속적으로 외국으로 유출된다면 이는 자본 식민지화로 이어질 수 있다. 뿐만 아니라, PF 부실을 방지하기 위한 자기 자본 비율 20% 요구는 외국 자본의 개발 펀드 유입을 가속화하며 부동산 국부 유출을 심화시킬 가능성이 더욱 커질 수 있는 계기가 될 수 있다.

역사를 살펴보면 인간의 욕심은 변하지 않는다. 호황기에 공격적으로 하던 플레이어는 불황이 왔을 때 큰 타격을 입게 된다. 이후 금융 당국의 규제로 인하여 해당 이해관계자의 적극적인 PF 참여는 어려워지며, 학습 효과로 다음 사이클은 조금 더 용이하게 극복할 수 있고 부실의 주체가 변한다는 것을 알 수 있었다. 이해관계자 전원이 리스크가 전이될 수 있다는 사실을 명심하고 처음부터 면밀하게 프로젝트에 대해서 분석할 때 부동산 금융으로 인한 위기는 사라질 것이라 기대해 본다. 그러한 측면에서 이 책을 보고 있는 독자 분들은 부동산 금융의 위기를 방지하는 역할을 하는 파수꾼이라 할 수 있겠다.

부동산 금융

금융 3요소

금융의 3요소는 기초 자산, 현금 흐름, 그리고 신용 보강이다. 기초 자산이란 금융 거래나 금융 상품의 가치 근거가 되는 자산을 말한다. 쉽게 말해 해당 금융 계약의 현금 흐름을 만들어 내는 근본 토대 자산이다. 예를 들어 부동산 프로젝트 파이낸싱에서는 개발될 부동산 자체와 그로부터 생성될 가치가 기초 자산이 되고, 자산 유동화 증권ABS에서는 담보로 묶인 대출 채권이나 매출 채권 등의 자산 풀이 기초 자산이 된다. 파생 상품의 경우 주식·채권·지수·원자재 등 파생 상품의 가치가 연동 되는 대상 자산이 모두 기초 자산에 해당한다.

기초 자산은 해당 금융 상품의 위험과 수익을 결정짓는 핵심 요소이므로 매우 중요하다. 자산 유동화 증권ABS을 사례로 보면 전통적인 채권이 발행 기관의 신용에 기반해 상환 능력이 결정되는 반면 ABS는 발행자가 보유한 자산을 떼어 내서 그 자산에서 발생하는 현금 흐름으로 원리금을 상환하기 때문에 기초 자산의 건전성이 투자금 상환 여부를 좌우한다. 예컨대 주택 담보 대출 채권을 기초 자산으로 발행한 주택 저당 증권MBS의 상환 능력은 해당 담보 대출의 연체율, 조기 상환율 등 기초 자산 풀의 성격에 달려 있다. 또 파생 상품의 경우에도 기초 자산의 가격 변동이 파생 상품의 가치 변동으로 직결되므로 기초 자산의 움직임을 제대로 이해하는 것이 중요하다. 이처럼 기초 자산은 금융 상품의 가치와 리스크를 결정짓는 출발점이며 정확한 평가와 관리가 이루어져야만 해당 금융 거래의 안정성과 수익성이 담보된다.

실무에서 기초 자산은 어음, 매출 채권, 카드 대금 채권, 혹은 분양에 따른 수익금 등이 될 수 있다. 또한 경우에 따라 부동산이나 의제 부동산도 기초 자산으로 간주될 수 있다. 다만 의제 부동산의 경우 일반 은행에서는 담보로 인정받지 못하는 경우가 많다. 반면 캐피탈 회사나 렌탈 회사를 통해 기초 자산으로 인정받아 대출을 받을 수 있는 사례도 존재한다. 예를 들어 컨테이너 하우스를 농막이나 별장 용도로 사용하는 경우 은행에서는 이를 담보로 인정하지 않지만 렌탈 회사에서는 담보로 인정해 해결한 사례도 있다. 기초 자산을 담보로 대출을 진행하더라도 차주의 신용도가 가장 중요하다. A 건설사가 분양이 완료된 현장의 공사 채권을 담보로 대출을 진행한 적이 있다. 건설사는 프로젝트가 담보되어 있어서 ABL 시 금리가 낮을 것이라고 판단했다. 하지만 남은 대출 만기 시점과 공사 진행 정도에 따라서 차이가 있지만 해당 건설사의 평균 금리에서 크게 벗어나지는 못한다. 기성에 따라 채권이 회수되기 때문에 차주 부도 시 해당 자산은 의미가 없기 때문이다.

현금 흐름은 기초 자산에서 발생하는 실질적인 현금 수입과 지출의 흐름으로 모든 금융 계약의 가치 평가와 투자 판단에 직접적인 영향을 준다. 투자자와 금융 기관은 예상 현금 흐름의 규모와 안정성을 바탕으로 해당 금융 상품의 가치를 산정하고 위험성을 평가한다. 예상되는 현금 흐름이 크고 안정적일수록 그 금융 상품의 가치가 높게 평가되고 투자 결정이 용이해지는 반면, 현금 흐름의 변동성이 크거나 불확실하면 투자자들은 더 높은 위험 프리미엄을 요구하거나 추가적인 신용 보강을 필요로 한다. 이러한 사유로 기업 평가 시 EBITDA을 중요시하는 평가사들이 많다. 부동산 개발 사업에서는 현금 흐름이 충분하지 않고 차주의 신용도가 낮을 때 이자 유보 계좌를 개설하여 일정 부분의 이자를 유보하기도 한다. 시행 이익 유동화, 공사비 ABL 등을 진행할 때는 자금 회수 시간이 중요하다. 동일한 총액의 현금 흐름이라도 회수가 빠를수록 현재 가치가 높고 위험이 낮기 때문이다.

신용 보강이란 기초 자산과 현금 흐름만으로 부족한 채무 상환 능력을 제3자의 보증, 담보 제공, 구조 개선 등을 통해 보완하는 것을 뜻한다. 금융 거래에서 신용 보강은 투자자의 신뢰를 높이고 금융 상품의 신용 등급을 상향시키는 효과가 있다. 앞서 언급한 ABS 구조를 다시 보면 기초 자산만으로 발행 증권의 원리금 상환을 충당하기 어려운 경우 발행 절차상 여러 기법들이 동원되는데 기초 자산의 완전 매각, 신용 보강, 여유 자금

재투자 등이 있다. 특히 신용 보강은 ABS 구조의 안정성을 높이는 핵심 요소로 이를 통해 해당 증권이 발행 기관의 신용도보다도 높은 신용 등급을 받을 수 있게 된다. 증권사가 유동화를 위해 진행하는 경우 대부분 증권사가 신용 보강을 진행한 뒤 실차주에게 대출하고 있다. 이렇게 되면 발행 기관의 신용과 무관하게 기초 자산과 신용 보강만으로도 충분한 상환 능력을 갖추게 된다. 신용 보강 방법은 상황에 따라 다양하다. 책임 준공 연대 보증은 대표적인 신용 보강으로 보증 보험사, 신탁사, 정부 기관과 같은 제3자가 채무 이행을 보증함으로써 투자자가 안심하고 자금을 공급하도록 한다. 실제 동일한 그룹 내 다수의 건설사를 보유한 곳은 신용도가 더 높은 건설사가 낮은 건설사를 연대 보증하기도 하며 다른 계열사가 보강하기도 한다. 타사가 제공하는 책임 준공 신용 보강의 대표적인 예는 신탁사의 책임 준공과 건설사의 책임 준공형 PM이다. 책임 준공형 PM은 별도의 장에서 자세히 살펴보도록 하겠다. 사업주에 따라 사옥 건물을 담보로 제공하는 경우도 있는데 추천하는 방식은 아니다. 리스크가 전이되기 때문이다. 이러한 신용 보강을 통해 투자자는 기초 자산 현금 흐름 외에 추가적인 안전장치를 얻으므로 낮은 등급의 기초 자산이라도 신용 보강 수준에 따라 비교적 낮은 금리로 자금 조달이 가능하다.

부동산 금융

대출 금리 구성 요소

금리는 자금 거래에서 돈의 가격을 의미한다. 우리가 상품을 만들 때 재료를 구매하고 이를 가공해 소비자에게 판매하듯 금융에서는 돈 자체가 재료로 사용된다. 금융 기관은 자금을 조달하고 이를 활용해 대출이나 투자 등의 금융 상품을 만들어 수익을 창출한다. 금리가 돈의 가격이라는 의미는 단순하다. 금융 기관이 외부에서 자금을 빌려 오면 이를 사용하기 위해 지불해야 하는 조달 금리가 발생하며, 이 금리가 곧 돈의 가격이 된다. 예를 들어 AA- 등급의 증권사가 현재 약 3~4%의 금리로 자금을 조달한다면 이를 기반으로 대출 상품이나 투자 상품을 설계해 고객에게 제공한다.

금리는 단순히 금융 기관의 조달 비용을 나타낼 뿐만 아니라 경제 활동 전반에 걸쳐 중요한 역할을 한다. 중앙은행이 금리를 인하하면 돈의 가격이 낮아지고, 시장에 자금이 더 많이 유통된다. 이로 인해 소비와 투자가 활성화되며 물가가 상승하게 된다. 반대로 금리를 인상하면 돈의 가격이 높아져 자금 사용이 줄어들고, 물가 상승률인플레이션이 억제된다. 이러한 금리 관련 정책은 경제의 안정성을 유지하고 조정하는 데 중요한 통화 정책 수단이다.

금리를 산정할 때 금융 기관은 단순히 조달 비용만을 고려하지는 않는다. 대출 금리는 자금 조달 원가, 유동성 위험 원가, 신용 프리미엄, 자본 유지 비용, 업무 원가, 법적 부담 비용, 이윤으로 구성된다. 이러한 비용 구조는 요리를 만드는 과정과 비슷하다. 같은 재료라도 요리사의 기술력과 브랜드에 따라 음식의 가치가 달라지듯, 금융에서도 자금을 운용하는 기관의 신용도와 평판에 따라 금리와 상품의 가치가 달라질 수 있다. 특정 금융 기관이 투자한 상품은 그 신뢰성을 바탕으로 다른 투자자들의 관심을 끌 수도 있으며, 담당자에 따라 금융 구조화로 전혀 다른 상품을 만들기도 한다.

자금 조달 원가는 금융 기관이 대출 재원으로 활용하는 자금을 모집할 때 드는 비용이다. 예를 들어 은행의 경우 예금에 지급하는 이자나 채권 발행 금리가 조달 원가이며, 이 비용이 대출 금리의 최저 기준이 된다. 조달 원가가 높으면 대출 금리도 그만큼 상승할 수밖에 없다. ABCP 등의 발행 비용을 관찰하면 PF를 위해 해당 증권사가 얼마의 비용을 지출하는지 알 수 있다.

유동성 위험은 자산이 제때 원하는 가격에 거래되지 못하는 리스크다. 유동성 위험 원가는 시장 유동성 부족으로 인한 매각 손실, 빠르게 자금을 마련해야 할 경우 발생하는 고금리 차입 등 자금 유동성 비용, 유동성 낮은 자산에 대해 요구되는 규제 자본 증가분이다. 이러한 원가는 비상장 채권, 장기 프로젝트 파이낸싱PF 자산, 구조화 증권 등에서 두드러진다. 명목 수익률이 높더라도, 유동성 위험 원가를 내재한 실질 수익률은 크게 낮아질 수 있다. 실제로 2022년 레고랜드 사태로 유동성 위험이 발생하였을 때 역마진으로 조달 자금을 연장한 적이 있다.

신용 프리미엄은 차주의 신용도와 담보의 위험 수준에 따른 예상 손실 비용이다. 차주가 부도가 날 확률, 담보 자산 가치의 변동성, 대출 만기 동안 발생할 수 있는 평균 손실율 등을 추정하여, 기대 손실만큼 금리에 가산한다.

자본 유지 비용은 예상치 못한 손실에 대비해 금융 기관이 별도로 가져가야 하는 자기 자본의 기회 비용이다. 대출은 리스크 자산이기 때문에 은행은 바젤 자기 자본, 증권사는 NCR영업용 순자본 비율 등을 준수하기 위해 일정 자본을 유보해야 한다.

손실 가능성은 NCR Net Credit Ratio로 표현되며, 대출의 부실 가능성을 고려하여 설정된 위험률이다. 프로젝트 파이낸싱PF의 경우 일반적으로 70~80% 수준으로 산정되지만, 이는 기업의 정책과 상황에 따라 변동될 수 있다. 반면 부동산 개발 사업에서 자기 자본 투자의 경우 손실 프리미엄이 100%다. 이는 자기 자본 투자가 부실화 될 가능성이 상대적으로 높기 때문이다. 최근에는 토지 신탁 내실화를 위하여 책임 준공형 토지 신탁의 경우 유형에 상관없이 실질 위험을 영업용 순자산 비율 NCR 산정 기준에 포함시키고 있다. 이로 인해 자기 자본 대비 토지 신탁 위험액의 한도가 형성된다. 이러한 규제를 준수하기 위한 비용을 금리에 반영하는데, 이를 자본 비용이라고 한다. 쉽게 말해 대출 하나가 추가되면 그만큼 자기 자본을 유보해야 하므로 그 자본으로 다른 투자했으면 벌 수 있었을 수익만큼 금리에 더하는 것이다. 이러한 사유로 일부 금융 기관은 투자 시 내부 영업 인원에게 셀 다운을 통한 자본 유지 비용의 감축을 요청한다.

업무 원가는 해당 대출을 취급·관리하는 데 드는 영업 비용이다. 인건비, 점포 운영비, 전산 비용, 사무 관리비 등 직간접적 경비를 모두 고려해야 한다. 수수료 지급이 필요한 경우 중개 브로커 수수료 등 그 비용도 포함된다. 하지만 금융 기관 간의 거래가 아니면 대부분 차주에서 부담하는 것이 일반적이다.

금융 기관은 대출과 관련해 예금 보험 기금 출연료, 신용 보증 기금 출연료, 교육세 등 법적 부담금을 납부하며, 연체 발생 시 대손 충당금 적립 등 회계상 비용도 발생한다. 이러한 재무제표상 불이익 비용도 대출 금리에 반영된다. 예를 들어 대출이 늘어나면 은행은 예금 보험료를 더 내야 한다. 또한 연체율이 높아질 조짐이 발생하면 미리 충당금을 쌓는데 이를 보완하기 위해 금리를 다소 높게 책정할 수 있다.

마지막으로 기술된 원가에 이윤을 더하면 최종 금리가 산출된다. 이윤은 여타의 사업처럼 경쟁 환경과 경영 목표에 따라 결정된다. 하지만 금융 당국 가이드라인에 따라 한 회계 연도 중 과도한 목표 이익률 인상은 제한되는 등 무분별한 이익에 대한 견제는 존재한다. 대출을 받을 때 타 계약과 달리 차주들이 무조건 수용하는 경우가 많다. 금리의 산정 요소와 금융사의 사고 논리를 이해했을 때 차주와 대주가 치우치지 않는 금융 계약을 진행할 수 있을 것이다.

부동산 금융

금융 기관별 대출 금리 산정 방식 차이

은행, 저축 은행, 증권사, 캐피탈 등 금융 기관별로 대출 금리 산정의 기본 원리는 전 장과 유사하지만 조달 구조와 고객군, 규제 환경의 차이로 인해 세부 방식과 금리 수준에 차이가 있다. 은행은 낮은 비용의 예금을 주된 자금원으로 사용하므로 조달 금리가 낮은 편이다. 은행 대출 금리는 통상 기준 금리와 가산 금리로 표시되는데, 여기서 기준 금리로는 코픽스COFIX 금리나 금융채 금리 등을 활용한다. 코픽스 금리는 전국 은행 연합회가 주요 시중 은행국민, 신한, 우리, 하나, 농협 등 8개 은행이 예금, 적금, 은행채, CD 등 다양한 수신 상품을 통해 실제로 조달한 자금의 비용을 가중 평균하여 매월 공시하는 것이다. 코픽스가 도입되기 전 국내 은행들은 주택 담보 대출 등 변동 금리 대출 상품의 기준으로 CD양도성 예금 증서 금리를 기준으로 사용했다. CD 금리는 금융 투자 협회에서 증권사 등 금융 기관들 사이에서 이루어지는 CD 거래 내역을 수집하여 그 결과를 바탕으로 평균적인 금리를 발표하는 것인데, 시장에서 상대적으로 소수 금융 기관의 거래에 의해 결정되어 조작 가능성이 문제가 되었다. 또한 CD 거래 규모가 줄어들면서 시장 상황과도 괴리가 생겨 2010년 2월부터 코픽스로 바뀌게 되었다.

가산 금리에는 앞서 살펴본 운영비 및 신용 위험, 마진이 모두 포함된다. 은행은 바젤 자본 규제BIS 비율를 지키면서 대출을 운용하고 있어 자본과 레버리지 그리고 유동성 규제 등을 고려하여 대출한다. 우량 차주 위주로 대출을 진행하여 평균 예상 손실율이 낮고 신용 프리미엄도 작다. 또한 높은 신용도와 규모의 경제로 업무 원가는 비교적 낮은 편이다. 법적 비용으로는 예금 보험 기금과 각종 기금 출연이 있다. PF 시장에서 은행은 안전한 딜에만 큰 규모로 참여하는 것이 일반적이다. 정책에 따라 투자하는 경우도 있지만 분양이 완료된 사업장의 PF 혹은 EXIT 분양율이 확보된 프로젝트의 대출을 기존 대주보다 낮은 금리로 인수하는 것을 선호한다. 은행은 이익에 따라 임직원의 보수 체계에 큰 영향을 미치지 않는다. 반대로 부실이 발생했을 때는 인사 고과에 악영향을 줄 수 있어 승진이 중요한 조직에서는 부실이 없는 투자가 더 중요하다 할 수 있겠다. 이러한 점이 종합적으로 현재 은행의 문화를 형성하였다.

저축 은행은 지역 또는 특정 고객군을 대상으로 하는 2 금융권 예금 취급 기관으로 자금 조달 비용이 은행보다 높다. 통상적으로 저축 은행은 시중 은행 예금 금리보다 0.5~1.5%p 높은 금리를 제공해야 자금을 유치할 수 있으므로 그만큼 대출 금리에 전가되는 조달 원가가 크다. 또한 은행에서 대출받기 어려운 중·저신용자신용 등급 7등급 이하 등를 주 고객으로 삼기 때문에 예상 손실율이 높아 신용 프리미엄이 크게 붙는다. 실제로 저축 은행은 은행 대비 높은 금리를 적용하고 있다. 저축 은행도 기본적인 금리 산정 요소는 은행과 유사하나 영업 규모가 작아 업무 원가 비율과 조달 금리가 높다. 그 결과 저축 은행 PF 평균 금리가 8~15% 대로 책정되곤 한다. 리스크 관리 측면에서 저축 은행은 충분한 이자 마진으로 손실 흡수 여력을 확보하고, 동시에 정부 보증 상품햇살론 등 활용이나 채무 보전 보험 가입 등으로 손실 위험을 완화하는 전략을 취하고 있다. 저축 은행 역시 증권사보다는 안전한 프로젝트 위주로 PF를 진행한다. 현재 각 저축 은행별 단일 참여 금액은 100억 미만인 경우가 많고 더 큰 금액이 필요할 때는 타 저축 은행과 공동 선순위로 연합하여 참여한다.

보험사의 부동산 PF 대출은 은행에 비해 금리 변동성이 낮고, 장기적인 자금 조달이 가능하다는 특징이 있다. 이는 보험사가 고객으로부터 장기 보험료를 수취하여 자산을 장기적으로 운용할 수 있기 때문이다. 이로 인해 PF 대출 금리는 장기 회사채나 국고채 등 장기물 시장 금리를 기준으로 삼고, 여기에 사업 리스크, 시행사의 신용도, 담보 가치, 목표 수익률 등을 종합적으로 고려해 가산 금리를 적용하여 산정한다. 다만 보험사는 보험업법에 따른 자산 운용 규제를 엄격히 준수해야 하며, PF 대출 등 위험 자산에 대한 운용 한도가 제한된다. 또한 RBC 비율지급 여력 비율을 통해 금융 당국의 지속적인 감독을 받고 있으며, LTV담보 인정 비율, DSR총

부채 원리금 상환 비율 등 대출 규제도 강력하게 적용된다. 따라서 보험사의 PF 대출은 금리 측면에서는 안정적이고 장기적인 운용이 가능하지만, 건전성 기준과 리스크 관리 기준을 철저히 충족해야만 운용 가능한 구조이다.

증권사는 은행과 달리 예금 기반이 아니라 자기 자본 또는 회사채·CP 발행으로 자금을 조달한다. 일부 대형 증권사는 종합 금융 투자 사업자로서 발행 어음 등 비교적 저렴한 조달 수단이 있으나 전반적으로 조달 금리는 은행보다 높고 기간이 짧은 편이다. 증권사의 대출은 주로 신용 거래 융자 주식 매입 자금 대출, 부동산 PF 대출, 기업 대상 대출 등 특정 분야에 집중되어 있다. 신용 거래 융자의 경우 고객이 맡긴 주식 등을 담보로 단기 자금을 빌려주는 것으로 담보 유지 비율을 설정하여 비교적 안정적이지만 담보 주식 가격 변동 위험을 고려해 금리를 책정한다. 주식과 부동산을 비교할 때 부동산이 레버리지를 이용한 투자가 용이한 이유이기도 하다. 부동산 PF 대출은 증권사의 주 대체 투자 상품으로 성장 중이나 위험성이 큰 자산이므로 NCR 영업용 순자본 비율 규제가 엄격하게 적용된다. 증권사는 PF 대출 취급 시 해당 익스포저에 대해 높은 위험액 산정치를 NCR에 반영해야 하므로 자본 비용과 신용 프리미엄을 크게 가산하여 금리를 결정한다. 예컨대 증권사의 부동산 PF 대출 금리가 연 10% 내외로 높은 편인데 이는 프로젝트 위험 및 자본 비용을 충분히 반영한 결과다. 증권사의 업무 원가는 지점망이 적고 인력을 본사에서 효율적으로 운영하여 비교적 낮지만 목표 이익률은 타 업권보다 높게 설정하는 경향이 있다.

이는 위험 자산에 투자하는 만큼 높은 수익을 요구하기 때문이다. 증권사는 규모에 따라 초대형, 대형, 중소형 증권사로 구분되며 초대형 증권사는 선순위에 투자하는 비율이 높다. 이에 반하여 중소형 증권사는 시장이 좋았을 때는 후순위나 자기 자본 투자에 적극적이었으나 불황기에는 높은 리스크로 인하여 금융 주선 위주로 활동하고 있다.

여신 전문 금융사캐피탈사는 자동차 할부, 리스, 신용 대출 등 소비자 및 기업 대출을 전문으로 하며 주로 회사채 발행이나 여신 자산 유동화로 자금을 조달한다. 조달 금리는 신용 등급에 따라 다르나 은행보다는 높고 저축 은행과 비슷한 수준이다. 캐피탈사의 대출 금리는 취급 상품군마다 다른데 자동차 할부/리스의 경우 차량이 담보이므로 비교적 낮은 금리가 적용되고 신용 대출이나 렌터카론 등은 담보가 약해 높은 금리가 책정된다. 은행과 대비하여 부동산뿐 아니라 동산에도 프로젝트 대출이 되는 것이 두드러진 특징이다. 캐피탈사는 법적으로 레버리지 비율 규제와 최소 자기 자본 요건 등을 지키면서 사업을 영위하므로 자본 비용을 고려하긴 하지만 은행만큼 엄격한 자기 자본 비율 규제를 받지는 않는다. 대신 사업 특성상 부도율이 높은 차주 층도 포함해야 하므로 신용 프리미엄을 크게 반영하고 일부는 신용 보험에 가입하거나 자산 유동화로 위험을 분산하는 방식으로 리스크를 관리한다. 평균 대출 금리 수준은 은행과 저축 은행의 중간 정도로 부동산 PF 기준 약 8~12% 범위에 형성되는 경우가 많다.

국민연금 공단이나 군인 공제회 같은 정책 금융 기관은 영리 목적보다 정책적 목적을 우선한다. 국민연금은 주로 연기금으로서 채권·주식에 투자하지만 경우에 따라 연금 가입자들에게 생활 자금 대출_{예전 연금 담보 대출}제도 등을 제공해 왔다. 이러한 대출은 엄밀히 말하면 금융 상품이라기보다 복지 성격이 강하므로 금리 산정 시 시중 금리 수준과 정책적 목적을 함께 고려한다. 연금 기금은 정부 보증에 의해 조달 금리가 낮다. 또한, 운영 비용을 최소화하고 영리 목적이 아니기 때문에 가산 금리 역시 매우 낮게 설정된다. 비슷하게 군인 공제회 대출은 회원인 군인들에게 주택 구입 자금 등을 빌려주는데 시중 은행 금리보다 저렴하게 책정하여 회원 혜택을 제공한다. 예를 들어 군인 공제회의 주택 대출 금리는 기준 금리에 최소한의 위험 프리미엄만 붙여 연 3~4%_{대 시중보다 낮은 수준}로 운영되기도 한다. 이러한 기관들은 공공성 때문에 금리 결정에서 시장 요인보다는 정책 목표를 중시하며 손실 발생 시에도 자체 기금으로 충당하는 방식을 취한다. 정책 금융 기관은 직접 부동산 프로젝트에 투자하기보다는 자산운용사의 펀드 가입자로서 수익을 수취한다. 공모 등을 통하여 펀드 제안을 받기도 하며, 제안된 펀드에 가입하기도 한다. 자산운용사는 수익률, 기간, 특징 등을 설명하여 LP를 모집하는 것이 일반적이다.

각 업권별 평균 대출 금리 수준은 은행≤보험사≤캐피탈≤저축 은행≤증권사의 순서로 높아지는 경향이 있으며, 각 기관은 정책에 따라 투자 기조가 변동될 수 있다.

결국 각 금융 기관은 자금 조달 방식, 고객군의 특성, 자산 운용 전략, 내부 리스크 관리 기준 등 고유의 경영 환경과 철학에 따라 대출 금리를 산정한다. 은행, 보험사, 연기금, 캐피탈사 등은 각기 다른 감독 규제를 적용받으며, 자본 구조와 수익 목표 역시 상이하다. 따라서 같은 대출 상품이라 하더라도 금리는 기관에 따라 다르게 제시되며, 이는 단순한 숫자의 차이를 넘어 각 기관이 리스크를 어떻게 인식하고 통제하느냐의 결과물이다.

이러한 차이를 이해하는 것은 금융 소비자에게 중요한 의미를 가진다. 단순히 금리 수치만 비교하는 것이 아니라, 그 금리가 산정된 배경과 구조적 특성을 이해함으로써 자신에게 가장 적합한 금융 기관을 선택할 수 있는 기반이 마련되기 때문이다. 특히 장기적인 금융 계약이 수반되는 대출의 경우, 기관의 안정성과 리스크 철학은 금리 이상으로 중요한 고려 요소가 될 수 있다.

금융 기관의 금리 산정 방식은 그들의 전략과 리스크 관리 역량이 투영된 결과다. 이를 이해하는 노력은 금융 소비자의 정보 비대칭을 줄이고, 보다 합리적이고 유리한 금융 선택을 가능하게 해 준다.

부동산 금융

투자와 대출

부동산 개발 금융은 다양한 형태와 구조로 구성된다. 투자와 대출, 금융 주선 과정, 선순위·후순위 대출 구조 등이 대표적이며 이들은 수익률 구조나 상환 방식, 법적 책임의 성격에 따라 구분된다. 일반적으로 투자와 대출은 수익률의 고정 여부나 만기 구조에 따라 나뉘지만, 가장 본질적인 차이는 상환 강제력의 유무에 있다.

대출은 일정한 이자율이 적용되며, 채권자는 담보 실행이나 강제 집행을 통해 법적으로 상환을 요구할 수 있다. 특히 이자 제한법에 따라 연 20%를 초과하는 이자는 받을 수 없다. 반면 투자자는 사업 성과에 따라 이익을 분배받는 구조로 원금이나 수익에 대해 법적 강제 집행 권한을 갖지 않는다.

시장 상황이 좋을 때는 모든 이해관계자가 수익을 얻기 때문에 분쟁은 드물다. 프로젝트 종료 후 동일한 관계자들이 다시 협력하는 경우도 많으며, 수익을 공유한 경험이 협업을 지속하는 기반이 되기도 한다. 또한 PF 수수료나 수익 배분에서 다투기보다는 새로운 프로젝트를 진행하는 것이 더 나은 선택이라는 인식이 자리 잡으면서 일정 수준의 관행도 형성되어 왔다.

그러나 수익성이 악화되면 상황은 달라진다. 수수료 구조나 손실 분담 문제를 둘러싼 분쟁이 빈번해지고, 이는 종종 소송으로 이어진다. 사업 성과와 무관하게 수익을 요구하는 구조는 법적 문제로 비화되기 쉽다. 특히 대출인지 투자인지 불분명한 계약은 금융 소비자 보호법, 이자제한법, 대부업법의 적용 대상이 될 수 있다.

대법원은 형식보다 실질을 우선하는 태도를 견지하고 있다. 한 사례에서 대부업자가 특정 회사에 20억 원을 빌려주며 연 10% 이자와 함께 1억 원의 자문 수수료를 받기로 하였다. 동시에 해당 회사의 우선주를 매입하고 일정 수익을 보장받는 구조였으며, 계약 불이행 시 위약벌로 80억 원을 청구하도록 설계된 '우선주 매매 예약 계약'이 포함돼 있었다.

대법원은 이 구조를 투자가 아닌 실질적 대출로 판단했고, 자문 수수료는 이자에 포함되는 것으로 간주하였다. 법정 최고 이자율을 초과하는 부분은 무효이며, 이 계약은 초과 이자를 편법적으로 수취하려는 시도로 보았다. 결국 투자자로서 청구한 초과 수익은 전혀 인정되지 않았고, 투자로 위장한 대출 계약에 대해 법원이 매우 엄정하게 판단하고 있음을 보여 준 사례다.

이러한 분쟁은 소송 이전 단계에서도 발생한다. 금융감독원에 민원이 접수되면 감사가 시작되고, 증권사 등 금융사는 자체적으로 수수료 반환을 결정하는 경우도 있다. 감사가 장기화되면 업무 차질과 평판 리스크가 커지기 때문에 수수료를 고수하기보다는 자발적으로 조정하는 경우가 많다. 이처럼 지배적 지위를 이용한 과도한 수익 구조는 결과적으로 더 큰 리스크로 이어질 수 있다.

투자가 아닌 대출로 간주되지 않기 위해서는 자금 제공자가 이익뿐 아니라 손실 부담까지 함께 책임지는 구조여야 한다. 계약서에 원금 보전 조항이 명시되어 있고, 일정한 수익이 무조건 지급되는 구조라면 이는 실질적으로 대출로 판단된다. 또한 담보가 존재할 경우, 그 자체로 확정적 반환 구조를 의미하기 때문에 투자로 인정받기 어렵다.

문제가 되는 또 다른 영역은 PF 수수료와 약정 이익의 법적 성격이다. 형식상 자문 수수료나 투자 수익으로 명시되더라도 실제로는 자금 제공 대가로 약정된 일정 비율의 금전이라면 이는 이자로 간주될 수 있다. 특히 자문 업무가 실질적으로 제공되지 않은 경우, 법원은 이를 단순한 대출의 대가로 판단해 무효 처리한 전례가 있다. 이 같은 판단은 금융사가 선·중·후순위 구조로 공동 투자하면서 복수의 자문 수수료를 수취할 경우, 차주시행사의 이의 제기에 따라 수익금이 반환될 수 있음을 시사한다.

구분	대출	투자
상환 의무	원금과 이자 상환 의무 있음	상환 의무 없음, 사업 성과에 따라 수익 결정
수익률	고정적, 법정 이자 제한법 준수	변동적, 높은 수익 가능성
리스크	낮음 (담보 제공 등으로 회수 가능)	높음 (사업 실패 시 투자금 손실 가능)
법적 구조	대출 계약(강제 상환 가능)	투자 계약(지분 참여, 이익 분배)
담보	담보 제공 가능	담보 없음
목적	안정적 이자 수익	높은 수익 기대

부동산 금융
부동산 금융 구조와 수수료

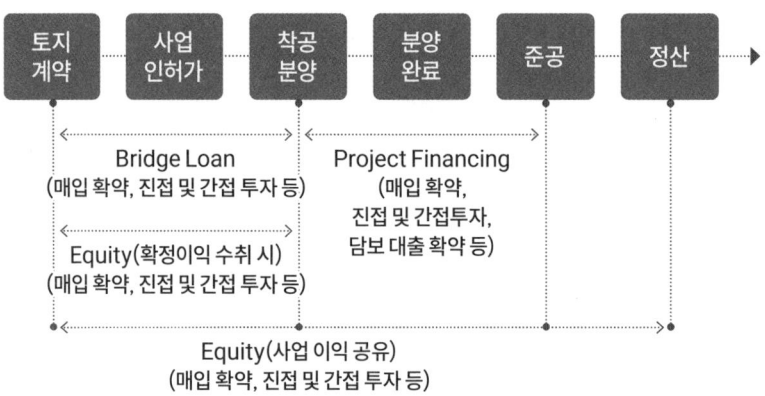

부동산 개발은 일반적으로 토지 계약, 사업 인허가, 분양, 분양 완료, 준공 정산의 단계로 진행된다. 토지 계약 때는 필요에 따라 에쿼티 투자가 진행될 수 있다. 투자자는 타 사업장 수익 담보 제공 같은 신용 보강이 없으면 사업 이익의 일정 부분을 할당받는 조건을 요구하는 경우가 많다. 브릿지론Bridge Loan은 초기 자금으로 토지 잔금, 설계 비용, 사업 초기 비용 등을 충당하며 PF프로젝트 파이낸싱 이전 단계에서 활용된다. 착공이 가시권에 들어오면 본격적으로 PF가 진행되며, 이를 통해 공사비를 확보하고, 초기 브릿지론을 상환한다. 브릿지론과 PF는 초기 비용 조달과 상환 구조에서 차이를 보이며, 브릿지론의 금리는 PF보다 높고 단기 자금으로 활용된다.

선순위, 중순위, 후순위 자금은 각기 다른 리스크와 수익률을 지니며 구조화된다고 볼 수 있다. 선순위 투자자는 PF 진행 시 LTV 기준 40-50% 규모로 투자하는 경우가 많다. 담보 물건 처분 시 LTV가 낮은 범위 투자자순으로 상환이 이루어지기 때문에 리스크가 가장 낮고, 이에 따른 이자율도 낮다. 하지만 LTV 50% 규모의 큰 금액이 투자돼서 대부분 초대형 증권사, 은행, 보험사 등과 같은 대형 금융 기관이 담당하고 있다.

중순위 자금은 50-60%의 LTV를 구성하며 선순위와 후순위의 중간 위험도로 금리가 상대적으로 높다. 후순위 자금은 60-70% 수준의 LTV를 구성하여 가장 리스크가 크지만 고수익을 기대할 수 있는 구조로 자금 규모는 작게 설정된다. 메자닌 투자는 건물의 1층과 2층 상이의 중간층을 말하는 이탈리아어에서 유래한 것으로 채권과 주식의 중간 성격을 지닌 자산에 투자하는 것이다. PF에서는 에쿼티는 아니지만 채권 중에는 위험한 중순위와 후순위 자금에 대출하는 것을 메자닌 투자라고 부르기도 한다. 불경기 혹은 예측이 어려운 시기에는 리스크가 높은 후순위 대출 기관부터 더 보수적으로 자금 집행을 운용하게 되는 편이다. 금융 주선은 프로젝트의 자금을 구조화하고 배치하는 과정이다. 시행사가 금융 기관에 단독 금융 주선권맨데이트을 부여하면, 금융 기관은 투자 설명서를 작성해 투자자를 유치한다. 선순위, 중순위, 후순위 자금을 모집하는데, 이 과정에서 기관이 금융 주선 수수료의 배분을 요청하기도 한다. 이 때문에 전문성을 갖고 있는 기관 혹은 직접 대출이 가능한 기관의 투입이 선호되고 있다. PM격으로 모든 프로젝트를 자문해 줄 수 있는 것이 아니라면 직접 대출이 가능한 금융사를 주선사로 선정할 경우 수수료가 줄어들 여지가 있기 때문이다.

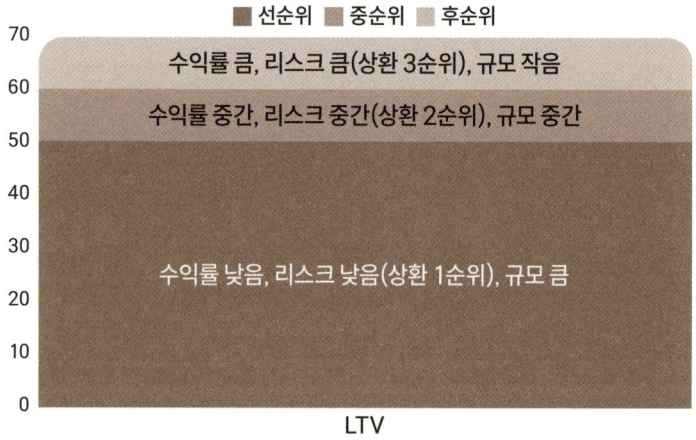

또한 금융사에 따라서 지점은 대출이 어려워 주선만 진행하는 경우가 있다. 심지어 해당 회사의 자금을 이용할 때도 본사 영업 부서에 접수하여 제3자가 주선하듯이 진행되기도 한다. 대출 실행 후 셀 다운Sell-Down 과정을 통해 자산을 매각 후 자금을 회수하는 경우도 있다. 금융 기관은 자산과 부채 비율이 관리되기 때문에 적극적인 셀 다운을 통한 수수료 영업을 전략적으로 진행하기도 한다. 셀 다운은 분양이 성공적으로 진행될 경우 PF 시점보다 낮은 금리로 진행되어 매각하는 금융 기관이 수수료를 확보하면서 자금을 회수할 수 있다. 반면 분양이 부진하거나 약속된 기간 내 매각 실패 시 체결 금리보다 높은 금리로 셀 다운을 하는 경우도 있다. 이는 금융사 내부 인센티브 및 사내 규정으로 발생한다. 약속된 시간 내에 셀 다운을 진행하지 못하면 회사에서 해당 본부의 수익을 차감한다. 이 차감 범위가 금리를 올려서라도 판매하는 것보다 피해가 클 경우 역마진이 나더라도 셀 다운을 진행하게 되는 것이다.

    셀 다운은 기본적으로 채권을 파는 행위다. 자산 양도는 매매 또는 교환의 형태로 이루어져야 한다. 이때 양도인이 우선 매수권을 갖는 것은 용인되나 양수인은 자산에 대한 수익권과 처분권을 가져야 한다. 또한 양도인은 자산에 대한 반환 청구권을 가지지 않아야 하며, 양수인 또한 대가의 반환 청구권을 가지지 않아야 한다. 양수인은 자산에 대한 모든 위험을 인수해야 한다. 하지만 해당 유동화 자산에 대해서 양도인이 일정 기간 그 위험을 부담하거나 하자 담보 책임, 채무자의 지급 능력을 담보하는 경우는 제외한다. 이를 충족하였을 때 해당 거래는 담보권의 설정이 아닌 자산의 소유권 이전으로 해석된다. 물론 심각한 하자가 있는 경우에는 계약이 취소될 수 있지만 이를 근거로 반환 청구권을 가진다고는 할 수 없다.

금융사는 회사보다는 팀이 중요하고, 팀보다는 담당자가 중요하다. 같은 팀에 접수되더라도 누구한테 접수하였는가에 따라 결과는 다를 수 있다. 일 잘하는 담당자를 찾고 싶어서 주변에 있는 이들에게 부탁하는 것도 사실 큰 의미는 없다. 대부분 본인과 가깝거나 일을 같이 하고 있는 담당자를 소개시켜 주기 때문이다. 금융은 돈과 회사 기준이라는 재료로 사람이 요리를 하는 과정이다. 요리사가 누군지가 중요할 수밖에 없다. 심지어 누군가 회사 기준이라는 재료를 먼저 사용하였을 때 재료 부족으로 더 이상 다른 요리사가 요리를 할 수 없을 수도 있다. 이것을 업계에서는 딜에 스크래치가 났다고 표현한다. 회사에서 부정적으로 인식하였기 때문에 조건 변경이 없으면 재심의를 상신하기가 쉽지 않은 것이다. 그렇기 때문에 차주는 의뢰한 물건을 다룬 경험이 있는 담당자를 선별하는 것이 중요하다. 우수한 금융사 영업 직원은 회사 내부 심사 기조에 대해서 파악하고 있고, 물건에 대한 리스크를 분석하여 헷지할 줄 안다. 예를 들어 대표 차주 변경, 매출 채권 약관 대출을 통한 유동화, 선매입 혹은 임차사 확보, 상품 개선을 통한 수익 구조 변경 등으로 심의를 통과시키고 딜을 클로징한다.

부동산 개발 금융에서 발생하는 주요 비용은 금융 주선 수수료, 대리 금융 기관 수수료 등이 있으며, 보통 주선 수수료는 1~3% 수준이다. 최근 금융사의 수수료 수취 등이 문제가 되어 금융감독원에서는 PF 수수료 항목 통합 및 표준화 지침을 발표했다. 이에 따르면 주선, 자문 등 PF

금융 취급 시 금융 회사가 제공하는 용역에 대한 대가로 수수료를 부과하는 것은 타당하며 이는 수수료의 기본 성격에 부합한다. 그러나 PF 금융 실행 및 만기 연장에 따른 신용 위험 증가분을 대출 금리 대신 수수료로 부과하는 것은 대출 금리에 반영해야 할 요소이므로 적절하지 않으며, 이러한 수수료 부과는 제한되어야 한다고 보고 있다. 일부 증권사 등 금융사는 고위험 사업에 참여하여 수수료를 통해 개발 이익을 공유하는 사례가 있는데, 앞서 말했듯이 소송 혹은 금융감독원 신고를 통해 환수되는 것 역시 심심치 않게 찾아볼 수 있다. PF 제도 개선에 맞춰 금융권의 지분 참여를 확대하는 방향으로 유도하는 것이 건전한 부동산 개발 시장을 형성하는데 적합하다 할 수 있겠다. 현재 당국에서 요청하는 자기 자본 비율 20%는 금융권의 리스크 공동 부담이 없으면 불가능할 수 있다. 물론 시장에 공급이 없으면 수요와 공급의 법칙 아래 수익률이 올라가고 이에 따라 결국에는 금융권이 투입이 될 것이라는 것은 자명하다.

수수료 관련 금융 당국 발표에는 분양률 미달 등 특정 이벤트 발생 시 부과되는 패널티 수수료와 별도의 용역 수행 없이 부과되는 만기 연장 수수료는 폐지해야 하며, 만기 연장 시마다 추가 용역 제공 없이 반복적으로 부과되는 주선/자문 수수료 역시 부과를 제한해야 한다고 주장하고 있다. 즉 용역 수행에 대한 정당한 대가 외에 신용 위험 부담이나 개발 이익 공유 등의 목적으로 수수료를 부과하는 것은 제한되어야 하며, 특히 패널티 수수료, 만기 연장 수수료, 반복적인 주선/자문 수수료 등은 폐지 또는 부과가 제한되는 것이 현재 기조라고 할 수 있다. 확실히 브릿지 만기 연장 시 큰 노력을 기울이지 않고 수억 원의 연장 수수료를 수취하는 것은 정당하지 않아 보이기도 한다. 이러한 지침이 업계에 어디까지 적용될지는 모르나 차주가 이러한 사항을 숙지하고 주도적으로 금융 계약을 진행했을 때 더 나은 부동산 개발 사업 문화가 자리 잡을 것이다.

부동산 금융

자산 건전성

금융사에서 자산 건정성은 중요한 지표다. 지피지기면 백전불태라고 금융 담당자가 어떤 지표와 기준으로 회의를 개최하고 거래를 하는지 알 수 있다면 위태로움이 없을 것이다. 금융사의 자산 건전성이란 은행, 보험사, 증권사 등 금융 기관이 보유한 자산의 품질과 건전함을 의미한다. 자산에는 대출 채권, 유가 증권, 부동산 등이 포함되며 자산 건전성이 높다는 것은 부실화 될 가능성이 낮고 제때 회수 가능한 자산이 많다는 뜻이다. 예를 들어 은행의 대출 자산이 대부분 정상적으로 이자와 원금이 상환되고 있다면 자산 건전성이 우수한 것으로 평가된다. 반대로 연체나 부도 등으로 회수가 어렵거나 손실이 예상되는 자산 부실 채권이 많다면 자산 건전성이 떨어진다고 볼 수 있다. 금융감독원 등 감독 당국은 대출이 3개월 이상 연체되거나 회수가 불확실한 경우 해당 대출을 고정 이하 여신으로 규정하며, 총대출에서 부실 채권이 차지하는 비율은 금융 기관 건전성의 핵심 지표로 활용된다. 자산 건전성은 금융사의 재무적 건강 상태를 보여 주는 중요한 척도이다.

 자산 건전성이 중요한 이유는 금융 기관의 안정성과 신뢰도에 직접적인 영향을 미치기 때문이다. 금융사는 고객의 예금이나 보험료 등을 기반으로 자금을 운용하기 때문에 운용 자산에서 손실이 발생하면 자기 자본이 훼손되고 예금자나 계약자에게 위험이 전가될 수 있다. 예를 들어 금융사의 대출 부실이 커지면 대손 충당금 적립과 손실 처리로 인해 이익이 감소하고, 심하면 자본 잠식으로 이어져 파산 위험이 높아진다. 이는 금융 시스템의 안정성을 위협할 수 있기 때문에 개별 금융사뿐 아니라, 금융 시스템 전반의 리스크로 이어질 가능성이 크다.

 실제로 1997년 외환 위기 당시 여러 금융 기관들이 대규모 부실 자산을 드러내면서 금융 위기가 증폭되었고, 국가적인 구제 금융이 필요해졌다. 당시 은행들의 부실 채권 비율이 두 자릿수까지 치솟아 1998년 3월에는 국내 은행 대출의 약 16.8%가 회수가 어려운 부실 채권으로 분류되었다. 이러한 경험 때문에 자산 건전성 관리는 금융 기관 경영의 최우선 과제 중 하나로 인식되고 있다. 건전성이 높으면 외부 충격이 와도 버틸 여력이 커지고, 금융 거래 상대방의 신뢰도를 확보할 수 있다. 반대로 건전성이 악화되면 금융사의 신용 등급 하락, 자금 조달 비용 상승, 고객 신뢰 이탈 등이 발생하여 악순환에 빠질 수 있다. 따라서 선제적인 관리와 감독이 필수적이다.

 자산 건전성 지표는 회사마다 측정하는 방식이 다르다. 일반적으로 개별 평가와 집합 평가로 이루어진다. 개별 평가는 개별적으로 중요한 대출 채권에 대하여 개별 Discounted cash flow 방식에 의하여 대손 충당금을 측정한다. 대손 충당금은 채권의 장부 금액과 예상되는 미래 현금 흐름의 현재 가치 간의 차액손상 차손을 반영하여 설정하는 회계적 준비금이다. 이때 예상되는 미래 현금 흐름은 최초 채권 인식 시 적용된 유효 이자율을 이용해 현재 가치로 할인하여 계산하며, 담보부 대출 채권인 경우에는 담보권 실행 시 회수될 것으로 예상되는 현금 흐름을 사용한다. 집합 평가는 개별적으로 중요하지 않은 대출 채권과 개별적으로 평가했으나 객관적 손상의 증거가 발견되지 않은 대출 채권에 대하여 집합적으로 손상을 평가하는 것이다. 또한 정상 채권에 대해서 발생됐으나 보고되지 않은 손실을 측정해야 하며, 장부 가액과 미래 추정 현금 흐름의 현재 가치의 차이로 측정되는 원칙에는 변함이 없다.

금융 감독 개론 행정 규칙상 여신은 3개월 이상 연체 시 고정 이하로 분류된다. 그러나 PF의 경우 사업장별 별개의 현금 흐름표 작성 및 사업비의 신탁 계좌 관리 등의 특수성을 감안하여, 연체가 3개월 미만이더라도 고정 이하 여신으로 분류하는 사례가 있다. 고정 이하 여신으로 분류 시 해당 사업장은 개별 평가를 진행하며, 인센티브 위주로 돌아가는 증권사에서는 본부 단위로 손실을 반영하여 실적을 차감하게 된다. 이것이 대리 금융 기관에서 연체에 민감하게 반응하며, 사업장에 따라 이자 유보금 계좌를 별도로 지정하는 이유이다.

금융 감독 개론 행정 규칙(금융 투자업법)

| 연체 기간에 따른 건전성 분류 |

구분	기업 및 일반 가계 여신	가계 신용 카드 채권
정상	1월 미만	좌동
요주의	1월 이상 3월 미만	
고정	3월 이상 (회수 예상 가액 해당 부분)	
회수 의문	3월 이상 12월 미만 (회수 예상 가액 초과 부분)	3월 이상 6월 미만 (회수 예상 가액 초과 부분)
추정 손실	12월 이상 (회수 예상 가액 초과 부분)	6월 이상 (회수 예상 가액 초과 부분)

구분	내용
정상	금융 거래 내용, 신용 상태 및 경영 내용이 양호한 거래 상대방에 대한 채권
요주의	금융 거래 내용, 신용 상태 및 경영 내용으로 보아 사후 관리에 있어 통상 이상의 주의를 요하는 거래 상대방에 대한 채권
고정	금융 거래 내용, 신용 상태 및 경영 내용이 불량하여 구체적인 회수 조치나 관리 방법을 강구할 필요가 있는 거래 상대방에 대한 채권 중 회수 예상 가액 해당 채권
회수 의문	고정으로 분류된 거래 상대방에 대한 채권 중 손실 발생이 예상되나 현재 그 손실액을 확정할 수 없는 회수 예상 가액 초과 채권
추정 손실	고정으로 분류된 거래 상대방에 대한 채권 중 회수 불능이 확실하여 손비 처리가 불가피한 회수 예상 가액 초과 채권

부동산 금융

금융사별 자산 건전성
(보험, 증권, 은행 등)

　보험사는 고객으로부터 받은 보험료를 장기간 운용하여 보험금 지급에 대비한다. 이로 인해 보험사의 자산 포트폴리오는 채권, 주식, 대출, 부동산 등 다양한 투자 자산으로 구성된다. 보험사의 재무 건전성을 평가하는 대표 지표는 지급 여력 비율$_{RBC}$이다. RBC는 보험사가 예상하지 못한 손실이나 보험금 지급 요청에 충분히 대응할 수 있는지를 나타낸다. RBC 비율은 (가용 자본 / 요구 자본) × 100으로 산정하며, 일반적으로 100% 미만일 경우 금융 당국의 경영 개선 조치를 받고, 150% 미만이면 자본 확충 권고 대상이 된다. 이에 보험사들은 최소 150% 이상의 RBC 유지가 목표다. 보험사의 자산 건전성에 영향을 주는 주요 리스크는 금리 위험, 신용 위험, 시장 위험이다. 특히 금리 위험은 보험사가 장기 상품을 판매하고 있기 때문에 민감하다. 금리가 급락하면 과거 고금리 확정형 보험 상품에서 금리차 손실이 발생하고, 금리가 급등하면 보유 채권의 평가 손실로 인해 자본 감소가 발생한다. 또한 보험사는 회사채나 대출 채권 투자 비중이 높아 기업 부도 시 직접적인 손실을 입게 되는 신용 위험도 크다. 시장 위험은 주식이나 부동산 같은 투자 자산 가치가 하락할 때 평가 손실로 이어진다. 최근 보험사들이 부동산 프로젝트 파이낸싱PF이나 해외 대체 투자에 참여하면서 이로 인한 부실 위험도 증가했다. 보험사들은 이러한 리스크 관리를 위해 보수적인 자산 운용과 금리 변동에 대비한 리스크 헤지 전략을 철저히 수행해야 한다.

증권사는 전통적으로 중개 수수료를 주요 수익원으로 했지만, 최근 자기 자본을 이용한 투자 은행IB 업무와 금융 투자를 확대하며 자산 건전성 관리의 중요성이 높아졌다. 증권사의 자산은 주로 자기 자본을 이용한 주식·채권 투자, 기업 금융을 위한 채권 인수 및 대출, 부동산 금융 투자로 구성된다. 증권업권의 핵심 건전성 지표는 영업용 순자본 비율NCR이다. NCR은 영업용 순자본을 총위험액으로 나눈 비율로, 일정 수준 이상을 유지하도록 규제된다.

2022년 전후 증권사들은 부동산 PF 관련 투자를 늘렸다가 시장 악화로 인해 큰 손실을 입었다. 중소형 증권사는 대형 증권사에 비해 PF 관련 부실 자산 비율이 2배 이상 높아 더욱 취약했다. 특히 최근에는 인플레이션으로 금리가 급등하며 유동성 리스크가 두드러졌다. 자금 시장이 경색되면서 ABSTB나 ABCP 같은 단기 자금 차환이 어려워졌고, 매입 확약을 체결했던 증권사들이 직접 부담을 떠안았다. 다행히 금융 당국과 은행권의 긴급 유동성 지원 덕분에 대규모 부도 사태는 피할 수 있었다. 이로 인해 부동산 PF의 주역이 급격하게 변할 가능성은 낮아졌다 할 수 있겠다.

은행은 예금을 주요 자금원으로 하여 기업과 가계에 대출을 제공한다. 은행권 자산 건전성의 대표적 지표는 국제적으로 통용되는 BIS 자기 자본 비율이다. BIS 비율은 은행의 위험 가중 자산 대비 자기 자본 비율을 나타내며, 최소 8% 이상 유지가 의무적이다. 은행의 주요 리스크는 신용 위험과 유동성 위험이다. 대출받은 기업이나 개인의 부도 시 손실이 발생할 수 있고, 금융 시장 위기 시 예금 인출 급증으로 자금 유동성 부족이 발생할 수 있다. 따라서 은행은 엄격한 여신 심사와 충당금 적립을 통해 신용 위험을 관리하고 충분한 유동성 자산 보유를 통해 유동성 리스크에 대비한다.

상호 저축 은행은 주로 시중 은행이 취급하기 어려운 서민과 중소기업을 대상으로 고금리·고위험 대출을 제공한다. 이에 따라 상호 저축 은행은 시중 은행 대비 높은 부실 채권 비율과 연체율로 인해 자산 건전성 관리가 필수적이다. 자금 원가가 시중 은행보다 높기 때문에 전통 자산에 대한 투자보다 부동산 프로젝트 파이낸싱PF 대출 비중이 높아 부동산 경기 침체 시 급격히 부실 위험이 높아진다. 금융 당국은 상호 저축 은행에 대한 주기적인 점검과 부실 프로젝트 정리 계획 제출을 요구하는 등 집중적으로 관리하고 있다.

여신 전문 금융 회사카드사, 캐피탈사는 가계 대출과 할부 금융을 주요 영업으로 하며, 이로 인해 경기 변동이나 금리 상승에 따른 연체율 상승 위험이 존재한다. 특히 카드사는 무담보 신용 대출 비중이 높아 가계 부실화에 민감하다. 캐피탈사 또한 자동차 할부 금융 및 리스 상품에서 경기 침체 시 부실 위험이 증가한다. 금융 당국은 여신 전문 금융 회사의 연체율 관리와 충당금 적립률을 강화하며, 대출 한도 규제 등을 통해 리스크를 선제적으로 관리하고 있다.

상호 금융 조합은 지역 기반 금융 기관으로 영세 조합원 대상 대출과 부동산 담보 대출 비중이 높아 지역 부동산 시장에 민감하게 반응한다. 부동산 시장 침체 시에는 조합 전체의 자산 건전성이 빠르게 악화될 수 있다. 최근 일부 상호 금융 조합은 부동산 PF 부실로 인한 유동성 위기를 겪기도 했다. 이에 금융 당국은 개별 조합의 부동산 대출 현황을 철저히 점검하고 건전성 악화 조합에 대한 합병 유도 등 관리 방안을 적극적으로 추진 중이다.

부동산 금융

자산 건전성의 역사

자산 건전성의 역사는 금융의 흥망성쇠를 기록한 역사이다. 금융 기관이 자산 건전성을 잃게 되면 어떤 결과가 나타나는지, 그리고 이를 극복한 사례는 어떤 특징을 가지고 있는지 자세히 살펴볼 필요가 있다.

1997년 말 외환 위기는 국내 은행권에 전례 없는 자산 건전성 위기를 초래하였다. 태국 등 아시아 외환 위기로 촉발된 금융 불안이 한국에까지 번지면서, 대기업들의 연쇄 부도와 원화 가치 폭락이 발생했다. 그 결과 시중 은행들의 대출이 대거 부실화 되어 상당수 은행이 자본 잠식에 빠지고 지급 불능 위기에 직면하였다. 정부는 국가 부도를 막기 위해 IMF 구제 금융을 받았고 막대한 공적 자금을 투입하여 금융 시스템 안정에 나섰다. 1998년 한국 자산관리공사KAMCO를 통해 은행들의 부실 채권을 대량 매입하고, 구조 조정 촉진법을 제정하여 부실 기업 정리를 강제하였다. 1998년부터 2000년 사이에 경영이 악화된 5개 시중 은행이 퇴출되거나 다른 은행과 합병되었다. 이러한 고강도 구조 조정의 결과 은행권의 고정 이하 여신 비율부실 채권 비율이 2000년대 초반부터 점차 낮아지기 시작했고, 2003년경에는 안정적인 수준으로 개선되었다.

　이 과정에서 금융 당국은 은행들의 건전성 규제를 대폭 강화하였다. 부실 위험이 큰 지급 보증 업무의 한도를 축소하고, 여신 심사 절차를 선진화하였으며, 국제 결제 은행BIS 기준 자기 자본 비율 준수를 엄격히 요구하였다. 부실 여신을 조기에 식별하기 위해 정책적 자산 건전성 분류 기준FLC을 도입하고 모든 은행에 국제 회계 기준IFRS에 따른 충분한 대손 충당금 적립을 의무화하였다. 각 은행은 자체적으로 부실 채권 정리 계획을 수립하여 부실 자산을 정리했고, 2000년대 중반에는 과거 외환 위기 당시 발생한 부실 대부분을 해소하였다. 한국은 이러한 은행 구조 조정을 아시아 다른 국가들보다 신속하고 과감하게 수행하였고, 그 결과 이후 은행권이 비교적 견고한 건전성 기반을 갖추는 성과를 거두었다. 일본의 경우 1990년대 버블 붕괴 후 부실 채권 정리에 시간이 걸려 장기 불황을 겪은 바 있는데, 한국은 조기에 정리를 완료하며 잃어버린 10년을 피한 것으로 평가된다.

　외환 위기 직후에도 부실 정리는 계속되었다. 1999년 대우그룹 붕괴와 같은 대기업 부도는 은행뿐 아니라 투자 신탁 회사 등 다른 금융 기관의 자산 건전성에도 충격을 주었다. 대우 채권을 다량 보유했던 투자사들은 대규모 자금 인출 사태를 겪어 정부가 채권을 통해 자금을 지원하거나 합병을 유도했다. 이 시기 보험 회사들의 부실도 사회 문제로 대두되었다.

일부 생명 보험사는 기업 부도와 자산 가격 폭락으로 지급 여력이 떨어져 파산 위기에 몰렸다. 예를 들어 당시 국내 3대 생보사 중 하나였던 대한생명은 경영이 악화되어 1998년부터 2000년까지 총 3조5500억 원의 공적 자금 투입을 받고 간신히 파산을 면했다. 정부는 2002년 대한생명을 한화 그룹에 매각하며 민영화했지만, 회수한 금액은 투입 공적 자금의 23%에 불과해 막대한 손실이 발생하였다. 이 밖에도 삼호생명, 동양생명 등 다수의 중소형 보험사가 이 기간 도산하거나 인수 합병 되는 등 구조 조정 되었다. 보험업권의 이러한 위기는 외환 위기 당시 자산 운용 부실과 방만 경영의 후유증으로, 정부는 보험사의 지급 여력 비율RBC 규제를 강화하고 부실 보험사 정리에 예금 보험 공사 기금을 투입하는 등 대책을 시행하였다. 결국 2000년대 초까지 은행, 증권, 보험 전 분야에 걸쳐 대대적인 정리가 이루어지면서 금융권 전반의 건전성이 한층 제고되었다.

2003년에는 신용 카드 회사의 대규모 부실 사태가 발생하였다. 외환 위기 이후 경기를 부양하기 위해 정부가 신용 카드 사용을 장려하고 관련 규제를 완화했던 것이 화근이었다. 카드사들은 앞다퉈 무분별한 카드 발급과 현금 서비스 제공을 늘렸고, 그 결과 소득이나 상환 능력이 부족한 수많은 개인이 카드 빚을 지게 되었다. 일시적으로 한 카드 빚을 다른 카드로 돌려 막는 행태까지 퍼지다가 2002년부터 연체가 폭발적으로 증가했다. 2003년경 신용 불량자 수가 360만 명을 넘어섰고 카드 대금을 갚지 못해 개인 파산을 신청하거나 신용 불량자가 되는 사례가 속출했다.

이로 인해 가계 소비가 위축되어 내수가 침체되고, 일각에서는 카드 빚으로 인한 자살이나 범죄 증가까지 사회 문제가 되었다. 채무 불이행 증가로 주요 카드사들의 부실이 급격히 불어났다. 당시 업계 1위이던 LG카드는 2003년 부도 위기에 몰려 자금 시장에서는 카드채 발행이 막히고, 일시적으로 전국 가맹점들이 해당 카드 결제를 거부하는 사태까지 벌어졌다. 다른 카드사들도 연체율 급등으로 잇달아 경영 위기에 직면했다. 정부와 금융 당국은 2003년 3월 신용 카드사 종합 대책을 마련하여 카드사 위기 해소에 나섰다. 우선 카드 회사들이 자구 노력과 외부 자금 조달로 유동성을 확보하도록 유도하고, 현금 서비스 수수료율 자율화, 무이자 할부 중단, 가맹점 수수료 면제 중단 등 수익성 개선 조치를 시행했다. 아울러 한국 자산관리공사KAMCO가 카드사들의 부실 채권을 인수하여 정리하고, 과다 채무를 진 개인 채무자를 구제하기 위한 개인 워크아웃 및 개인 파산 제도를 활성화하였다. 이러한 조치로 카드사들은 2004년 이후 점차 정상화를 이루었다. LG카드는 채권단산업 은행 등의 지원으로 간신히 파산을 면한 뒤 공적 자금이 투입되어 2006년 신한금융지주에 매각됨으로써 사태가 마무리되었다. 카드 대란을 계기로 카드사들은 회원 모집 경쟁을 자제하고 리스크 관리에 힘쓰게 되었다. 또한 외환 은행의 경우 자체 카드 자회사외환카드의 부실을 막지 못해 재무 건전성이 악화되었고, 결국 2003년 외국계 사모 펀드인 론스타에 헐값 매각 되는 결과를 낳았다. 이는 카드 사태가 은행의 소유 구조 변화까지 야기한 사례로 기록된다. 카드 사태 이후 정부는 신용 카드 남발을 억제하고 가계 부채 관리를 강화하기 시작했으며, 국민들도 신용 등급과 건전한 신용 관리의 중요성을 인식하게 되었다.

2007~2008년 글로벌 금융 위기는 미국의 서브프라임 모기지 부실에서 시작되어 전 세계 금융 시장에 파급된 사건이다. 2008년 9월 미국의 투자 은행 리먼브라더스가 파산하고, 세계적 보험사 AIG가 사실상 파산 직전까지 가는 등 해외 금융 기관들의 위기가 본격화되었다. 미국과 유럽의 은행들이 거액의 부실 채권과 파생 상품 손실로 줄줄이 휘청였고, 신용 경색으로 금융 시스템이 얼어붙었다. 한국도 이러한 해외발 위기로부터 자유롭지 못했다. 당시 한국 금융 회사의 서브프라임에 대한 직접적인 익스포저는 크지 않아 자산 건전성 자체의 문제는 비교적 제한적이었지만 대외 의존도가 높은 금융 시장 구조 탓에 유동성 위기가 촉발되었다. 글로벌 신용 경색으로 해외 자금 조달이 막히자 외국인 투자자들은 한국 시장에서 대규모 자금을 회수했다. 실제로 2008년 4분기부터 2009년 1분기 사이에 해외 투자자들이 한국에서 약 428억 달러약 50조 원에 이르는 자금을 회수했는데, 이는 주로 국내 은행의 외화 차입금을 회수하거나 국내 주식을 매도하는 형태로 이루어졌다. 그 결과 원화 환율이 급등하고 주가가 폭락했으며, 시중 유동성이 급속히 경색되었다. 국내 은행들은 직접적인 부실 채권 위험보다는 단기 외화 부채 상환 부담으로 어려움을 겪었다. 외환 위기 이후 건전성 규제로 은행의 대출 연체

율이나 재무 구조는 개선되어 있었지만, 여전히 단기 해외 차입에 의존하던 터라 국제 금융 시장이 경색되자 현금 흐름에 압박을 받았다. 정부와 한국은행은 신속하게 대응에 나섰다. 중앙은행은 기준 금리를 인하하고 시중 은행에 유동성을 긴급 지원 했으며, 정부는 국내 은행이 빌린 외화 부채에 대해 전액 지급 보증을 선언하여 국제 신인도 추락을 방어하고 자금 조달 숨통을 틔워 주었다. 또한 미국 연방 준비 제도와 한미 통화 스왑 600억 달러 규모을 체결하여 외화 유동성을 확보함으로써 국내 외환 시장 안정을 도모했다. 이 같은 조치들 덕분에 글로벌 위기의 여파에도 불구하고 국내 은행 중 파산한 사례는 없었고, 금융 시스템 붕괴를 막을 수 있었다. 다만 실물 경제는 2008년 4분기 큰 폭의 마이너스 성장을 기록하는 등 일시적 타격을 받았다가 2009년 하반기부터 회복세로 돌아섰다. 글로벌 금융 위기는 한국 금융 당국과 업계에 중요한 교훈을 남겼다. 건전성 지표가 양호하더라도 외부 충격에 취약할 수 있다는 점이다. 이후 금융 당국은 은행들의 유동성 리스크 관리를 강화하여, 단기 차입 의존도를 낮추고 충분한 외환 보유액과 외화 유동성 커버리지 비율 LCR을 확보하도록 유도하였다. 또한 글로벌 파생 상품이나 해외 자산 투자에 대해서도 스트레스 테스트 등 위험 관리 기준을 높였다. 2008년 위기에서 비교적 선방한 것은 10년 전에 실시한 강도 높은 구조 조정 덕분이라는 평가가 있으나, 동시에 한국 경제의 대외 민감도가 높다는 사실을 일깨워 준 사건이었다.

2000년대 후반 부동산 경기 호황기에 저축 은행2금융권들은 부동산 프로젝트 파이낸싱PF 대출에 무분별하게 뛰어들었다. 그러나 2008년 글로벌 위기 이후 부동산 경기가 침체되면서 PF 사업장이 잇따라 좌초되었고, 저축 은행들은 담보 가치 하락과 차주의 상환 불이행으로 거대한 부실을 떠안게 되었다. 2011년 초 부산저축은행을 비롯한 다수의 저축 은행에서 대규모 예금 인출 사태와 경영 비리가 드러나면서 금융 당국은 영업 정지 및 퇴출 결정을 내렸다. 2011년 상반기에만 재무 건전성이 악화된 8개 저축 은행의 영업이 정지되었으며, 이후 당국은 89개 저축 은행이 취급한 486건의 PF 사업을 전수 점검하여 추가 부실을 정리해 나갔다. 당시 저축 은행들의 부동산 PF 대출 잔액은 2010년 말 기준 12.2조 원에 달했고, 연체율은 무려 25.1%로 시중 은행4.62%에 비해 현격히 높은 수준이었다. 이렇게 부동산 PF 부실이 누적되자 일부 저축 은행은 자본 잠식에 빠져 파산 위기에 놓였고, 예금 보험 공사는 예금자 보호 한도 5천만 원 내에서 예금을 지급하기 위해 막대한 보험 기금을 투입해야 했다. 정부는 부실 저축 은행들을 정리하는 과정에서 부동산 PF에 대한 감독을 강화하고, 대주주의 불법 행위에 대한 처벌을 엄격히 하는 등 제도 개선을 추진했다. 이 사태 이후 저축 은행 업계는 구조 조정을 통해 규모가 크게 축소되었고, 부동산 관련 여신에 대한 건전성 기준이 한층 강화되어 2 금융권 전반의 리스크 관리가 개선되는 계기가 마련되었다.

2022년에는 보험 업계에서 문제가 터졌다. 보험 업계에서도 과거 여러 차례 어려움이 있었지만 단독으로는 ○○생명 RBC 비율 급락 사태를 들 수 있다. 앞서 언급한 대로 ○○생명은 2022년 11월 만기가 도래한 5억 달러 규모의 영구채_{신종 자본 증권}에 대한 콜 옵션을 행사하지 못하겠다고 발표하여 시장에 충격을 주었다. 표면적으로는 "국내외 금융 시장 여건이 극도로 불안정하여 신규 자본 조달이 어렵다"는 이유를 내세웠지만, 근본적 원인은 급격한 금리 상승으로 채권 평가 손실이 커지며 지급 여력_{RBC} 비율이 악화된 데 있었다. 실제로 ○○생명의 RBC 비율은 2022년 6월 말 약 157.8%였다. 영구채를 상환하지 못하면 채무 불이행은 아니지만 투자자 신뢰가 추락해 추가 자본 조달이 더 힘들어지고, 반대로 상환을 강행하면 자본이 줄어 RBC 비율이 150% 이하로 떨어질 우려가 있는 진퇴양난 상황이었다. 이 사건은 보험사가 자본 확충 압박으로 인해 약속된 채권 상환을 미룬 매우 이례적인 사례로 투자자들은 이를 사실상의 신용 위험 징후로 인식했다. 다행히 모회사인 △△그룹이 나서서 ○○생명에 4,000억 원의 증자를 추진하고, ○○생명도 내부 자금으로 해당 영구채의 이자를 지급하며 12월에는 결국 상환을 완료함으로써 사태를 수습했다. 그러나 이 과정에서 다른 중소형 보험사들도 잇따라 자본 확충 계획을 연기하거나 해외 채권 발행을 취소하는 등 여파가 있었고, 금융 당국은 보험사의 자본 건전성에 대한 모니터링을 한층 강화하게 되었다. 과거에도 보험사들은 자산 부실로 어려움을 겪은 사례가 있다. 1997년 외환 위기 직후 대한생명, 동아생명 등 생보사들이 부실화

되어 정부 관리 아래 구조 조정을 거친 바 있고, 2000년대 초반에는 일부 손해 보험사가 주식 투자 실패로 금융 지주사에 인수되기도 했다. 그러나 대체로 보험사는 타 금융사보다 부실이 표면화되는 빈도가 적었는데, 이는 부채 특성상 부실이 당장 유동성 위기로 이어지지는 않기 때문이다. 대신 보험사의 부실은 지급 여력 비율 하락으로 나타나며, ○○생명처럼 RBC 비율이 100~150% 수준으로 떨어지면 경영 개선 명령 또는 외부 자본 조달 등 강제 조치가 이루어졌다. 2023년에는 기존 국가별 회계 기준 차이, 시가 반영 난해, 수익 인식 방식 문제 등의 사유로 IFRS 17 방식이 도입되었다. IFRS 17에서는 보험 부채를 시장 금리를 반영한 공정 가치로 평가하고, 계약 서비스 마진CSM을 도입하여 보험 수익을 계약 기간 동안 점진적으로 인식하도록 변경하였다. IFRS 17 도입으로 인해 보험사의 재무제표와 지급 여력RBC 비율, 부채 적정성 테스트LAT에도 변화가 발생했다. RBC 비율은 보험사의 재무 건전성을 평가하는 지표로 기존 IFRS 4에서는 보험 부채를 고정 할인율로 평가했기 때문에 시장 금리 변동이 반영되지 않았다. 반면 IFRS 17에서는 보험 부채를 시장 금리에 따라 재평가하기 때문에 금리가 상승하면 부채 평가액이 감소하여 요구 자본이 줄어들고, 이에 따라 RBC 비율이 상승할 가능성이 크다. 보험 부채를 시가로 평가하기 때문에 금리가 오르면 보험 부채의 현재 가치가 감소하기 때문이다. 보험 부채는 미래의 지급을 현재 가치로 환산한 값인데 할인율시장 금리이 올라가면 보험 부채의 현재 가치는 줄어든다.

PBC = 가용 자본/요구 자본인데, 보험 부채가 감소하면 요구 자본은 줄어들 가능성이 높고 가용 자본은 변동이 없거나 증가할 수 있다. 그러나 금리 상승으로 인해 보험사가 보유한 채권의 평가 손실이 발생할 경우 가용 자본이 감소하여 RBC 비율이 낮아질 수도 있다. 또한 금리 상승 시 해약률이 증가하면 보험사의 유동성 부담이 커질 수 있어 반드시 고금리 환경이 보험사에 유리하다고 볼 수는 없다. LAT 잉여율 또한 IFRS 17 도입 이후 변화가 발생했다. IFRS 4에서도 LAT는 존재했지만 보험 부채가 원가 기준으로 평가되었기 때문에 잉여율이 높게 나오는 경우가 많았다. 그러나 IFRS 17에서는 보험 부채를 공정 가치로 평가하면서 LAT 평가액이 증가하여 잉여율이 감소하는 경우가 많고, 일부 보험사는 추가 부채 적립이 필요하게 되었다.

IFRS 4에서 IFRS 17로 바로 넘어간 이유는 중간 번호가 보험과 무관한 회계 기준을 다루기 때문이다. IFRS 16은 리스임대차 회계 기준이며 그 전도 금융 상품, 영업 부문 보고, 공정 가치 평가 등 다른 분야를 다루고 있다. IFRS 4는 임시 기준이었으며 보험 업계의 복잡성을 고려하여 새로운 보험 회계 기준을 개발하는 데 오랜 시간이 걸렸기 때문에 2017년에 IFRS 17이 발표되었고, 2023년부터 시행되었다. 이후 금융 위원회와 금융감독원은 보험사들이 위기 시 시나리오를 가정해 RBC 비율 전망치를 산출하도록 하고, 150% 미만으로 떨어질 가능성이 있으면 사전에 보고하여 대책을 마련하도록 지시하고 있다. 이를 통해 보험 업계 전반의 건전성을 사전에 파악하고 필요한 경우 신속히 대응하는 체계를 구축해 가고 있다.

증권업권에서는 2022년 하반기부터 불거진 부동산 PF 대출 부실 위기가 큰 이슈가 되었다. 증권사들은 지난 수년간 부동산 개발 사업 금융에 적극 참여하며 시공사 미확보 사업 등의 브릿지론, 시행사 보증 등 고위험 거래를 늘려 왔는데 부동산 경기 침체로 분양이 지연되고 프로젝트가 무산되면서 연체와 부도가 급증한 것이다. 특히 2022년 9월 강원도 중도개발공사레고랜드 개발 주체가 보증한 PF 자산 유동화 기업 어음ABCP 2,000억 원 가량이 만기 상환에 실패한 사건일명 레고랜드 사태는 투자자들에게 큰 충격을 주었다. 지방 자치 단체가 지급 보증한 우량 등급의 채권마저 연체되자 시장 전체가 얼어붙어 다른 부동산 PF 채권과 회사채 발행이 연쇄적으로 어려워졌다. 이 여파로 중소형 증권사들은 PF 대출 연체율이 급등하고 자금 조달이 막혀 유동성 위기 직전까지 갔다. 중소형 증권사는 PF 부실 우려로 신용 등급 전망이 하향되고 자체적으로 PF 채권을 매각하거나 충당금을 대규모 적립하는 등 위험 관리에 나섰다. 대형 증권사에서도 매입 확약을 상당히 많이 이행하며 역마진의 늪에 빠졌던 걸로 기억한다.

이러한 증권사의 PF발 리스크를 해소하기 위해 금융 당국과 업계는 여러 대응책을 시행했다. 우선 2022년 말 정부는 채안 펀드채권 시장 안정 펀드와 증권사의 자발적 기금 출연 등을 통해 단기 자금 시장에 유동성 공급을 확대하였다. 또한 은행권이 컨소시엄을 구성해 부실 위험이 있는 PF

사업장에 자금을 지원하거나 인수하는 PF 정상화 펀드 조성을 논의하여 사업장이 완전히 좌초되지 않도록 뒷받침했다. 증권사 개별로도 자본 확충에 나서 일부는 유상 증자나 후순위채 발행으로 자본금을 늘렸다. 금융 당국은 한발 더 나아가 NCR 산식 조정을 추진 중인데 현재 PF 채무 보증에 부여된 위험 가중치를 상향 조정하여 증권사가 과도한 부동산 익스포저를 가져가지 않도록 유인할 예정이다. 하지만 이는 PF 경색을 더욱 부추길 수 있으며 공급이 급감하는 또 하나의 사유가 되고 있다. 이 경험은 증권사가 IB 사업 다각화 과정에서 자산 건전성 관리 소홀 시 어떤 위험에 처할 수 있는지 보여 주었고 결과적으로 유동성 비율 규제 등 거시 건전성 정책 수단의 중요성을 환기시켰다.

지난 수십 년간 한국 금융 시장은 여러 차례의 자산 건전성 위기를 겪었지만, 그때마다 강도 높은 개혁과 정책 대응을 통해 위기를 극복해 왔다. 외환 위기 이후 도입된 건전성 제도와 구조 조정 경험은 2008년 글로벌 위기와 2011년 저축 은행 사태를 이겨 내는 밑거름이 되었다. 이러한 과정을 통해 한국 금융권은 한층 단단해졌으며, 위기 대응 역량도 향상되었다. 그러나 욕심 불변의 법칙으로 유사한 위기가 다른 금융사에서 계속해서 발생하고 금융 환경의 변화로 새로운 유형의 리스크는 계속 등장하고 있다. 과거에 겪은 적 없다는 이유로 안심하기보다는 타 금융사의 유사한 위기 발생을 대비하고, 해외 사례에서 교훈을 얻어 미리 대비하는 지혜가 필요하다.

자산 건전성의 역사를 통해 서브프라임 모기지 사태와 한국의 신용 카드 사태는 서로 다른 시기에 서로 다른 국가에서 발생했지만 상당히 유사한 구조를 가지고 있다는 것을 확인할 수 있었다. 두 사건 모두 초기에 금융 기관들이 리스크 관리보다 수익 증대에만 집중하면서 문제가 시작되었다. 미국의 경우 신용 등급이 낮은 저소득층에게까지 주택 담보 대출을 무분별하게 제공했고, 한국은 2000년대 초반에 신용 카드를 과도하게 발급하며 무리한 소비를 유도했다. 이로 인해 상환 능력이 부족한 개인들에게 빚이 쌓였고, 돌려 막기를 진행하다가 연체율이 폭발적으로 증가하면서 금융 기관까지 위기에 빠졌다. 결국 미국과 한국 모두 금융 기관의 무리한 영업 경쟁, 부실한 여신 심사, 감독 당국의 느슨한 관리가 위기를 키운 원인이었다. 금융 위기의 형태와 배경은 달랐지만, 건전성을 무시한 과도한 대출 확장이 위기의 직접적인 원인이었다는 점에서 매우 닮아 있다. 두 사례는 금융 기관의 건전한 리스크 관리와 감독 당국의 선제적 규제가 얼마나 중요한지를 잘 보여 준다.

최근 한국도 국가 부채 비율이 1990년대 이후 가장 높은 수치를 기록하고 있다. 2010년대 초 유로존 재정 위기 동안 그리스, 스페인, 이탈리아 등 일부 유럽 국가들의 금융 시스템이 심각한 위기에 처했다. 특히 그리스는 국가 부채 불이행 위기로 국내 주요 은행 대부분이 부실화 되어 국제 지원을 받아 간신히 붕괴를 막았다. 스페인에서도 부동산 거품 붕괴로 은행들의 부실 채권이 급증하여 2012년 스페인 정부가 EU로부터 은행 구제 금융 지원을 받았고, Bankia 등 대형 은행이 국유화되었다. 유럽 위기의 교훈은 국가 재정과 은행 건전성이 밀접히 연결되어 있다는 점이다. 한국은 국가 부채 비율이 비교적 낮고 통화 정책 독립성이 확보되어 그리스와 상황이 다르나, 공공 부문 부채 급증이나 지방 자치 단체 부도 등이 금융권에 파급될 수 있음을 유념해야 한다.

전통적 금융 기관 외 핀테크 영역에서의 위기도 해외에서는 종종 보고되고 있다. 예를 들어 중국의 P2P 대출 플랫폼 붕괴 2018~2019년은 수천 개에 달하는 온라인 대출 중개 업체들이 부실 누적으로 연쇄 도산 한 사건이다. 규제를 받지 않던 업체에 투자한 개인들은 큰 손실을 보았고 사회적 혼란이 일었다. 한국에서도 한때 P2P 금융이 각광받았으나 중국 사례를 참고하여 법제화를 통해 업체 난립을 억제하고 투자자 보호 장치를 마련한 바 있다. 이처럼 금융 혁신 분야의 위험도 간과해선 안 된다.

각 사례에서 위기의 촉발 요인은 다르지만 금융사들의 대응 방식에서는 공통된 교훈이 발견된다. 1997년 외환 위기는 과도한 기업 부채와 은행의 부실 여신 누적으로 인한 구조적 문제가 근본 원인이었고, 결국 정부 주도의 강도 높은 구조 조정이 불가피했다. 2003년 카드 사태는 금융 회사들의 지나친 영업 경쟁과 허술한 신용 평가로 가계 부채 부실이 한꺼번에 터져 나온 경우로 해당 카드사에 대한 긴급 자금 지원과 채무 재조정으로 겨우 시스템 리스크를 막을 수 있었다. 2008년 글로벌 위기 때는 해외 요인으로 촉발되었으나 국내 금융사들도 파생 상품 손실과 대기업 부도 증가에 직면하자 스스로 대손 충당금을 적립하고 자본 확충에 나서는 등 선제 조치를 취했다. 2011년 저축 은행 부실 사태에서는 부동산 경기 변동에 취약한 2 금융권의 문제점이 드러났고, 당국과 업계는 부실 자산을 신속히 정리하면서 업권 전반의 구조 개선을 도모했다. 2022년 ○○생명 사태의 경우 해당 금융사가 초기 대응에서 미숙함을 보였지만 이후 신속한 자본 확충 발표로 시장 신뢰 회복에 힘썼다. 이처럼 금융 회사들의 대응 방식은 위기 발생 초기에 미흡하거나 위험 신호를 간과한 측면이 있었으나 사태 인지 후에는 유동성 공급, 자본 확충, 부실 자산 정리 등 가용한 수단을 총동원하여 위기를 극복하고자 노력했다는 공통점이 있다. 위기 극복 과정에서 정부와 금융 당국의 개입은 결정적인 역할을 해 왔다. 1997년에는 IMF 자금 지원과 함께 정부가 직접 금융사를 접수·정리하고 공적 자금을 투입함으로써 금융 시스템을 지켜 냈다. 2003년 카드 위기 때 한국은행의 유동성 공급과 금융 당국의 채무 조정 중재는 소비자 금융 부문의 붕괴를 막은 성공 사례로 평가된다. 2008년에는 금융 안정 패키지와 자본 확충 펀드 조성이 국내 은행권의 신용 경색을 완화하여 정부 개입의 긍정적 효과를 다시 한번 증명했다. 2011년 저축 은행 사태에서도 예금 보험 공사 지원과 감독 당국의 퇴출 조치가 예금주 보호와 부실 청산을 가능케 했다. 2022년 채권 시장 경색 시 정부의 50조 원 유동성 투입 결정은 비교적 짧은 시간 내 시장 안정을 이끈 것으로 평가받는다. 그러나 이러한 사후적 정부 개입은 근본 해결책은 될 수 없다. 막대한 공적 자금 투입은 결국 국민 부담으로 돌아오며 도덕적 해이를 유발할 위험도 있다. 또한 정부 개입이 늦거나 미흡할 경우 오히려 시장 불안을 키울 수 있다는 점에서 개입의 타이밍과 수위 조절도 중요하다. 결국 정부 개입의 효과는 적시에 정확한 처방을 내릴 때 극대화 되지만 이는 또 다른 위험을 불러올 수 있다.

캠코한국자산관리공사는 금융 위기 때마다 우리 경제의 중요한 버팀목 역할을 맡았다. 캠코가 금융 위기 시마다 신속히 움직일 수 있는 이유는 크게 세 가지다. 첫째, 캠코는 자체 자금을 운용한다. 부실 채권NPL이나 압류된 부동산과 같은 자산을 저렴하게 매입해 이를 관리, 임대, 매각하면서 수익을 창출한다. 이 과정에서 얻는 수익을 다시 부실 자산 매입에 투입하며 자금을 순환한다. 둘째, 공적 자금의 지원이다. 정부가 금융 시스템 안정을 위해 공적 자금을 캠코에 투입한다. 이는 금융 기관의 부실을 빠르게 정리하고 금융 시스템 전체의 안정성을 높이는 데 기여한다. 셋째, 민간 금융 기관과의 협력과 유동화 증권 발행이다. 캠코는 부실 자산을 기초로 한 자산 유동화 증권ABS을 발행해 민간 투자자로부터 자금을 조달하거나, 금융 기관과 협력하여 부실 채권을 공동 관리하고 이익을 공유한다. 이렇게 확보한 자금을 캠코는 주로 금융 위기나 경기 하락 시기에 활용한다. 이때 부실 자산을 낮은 가격에 사들이고, 경기 사이클이 다시 상승하며 자산 가치가 회복되면 매각하여 수익을 실현한다. 즉, 캠코는 경기 변동의 흐름을 활용하여 부실을 수익으로 전환하는 구조를 가진다. 하지만 캠코의 역할이 긍정적인 면만 가진 것은 아니다. 우선 우려할 부분은 도덕적 해이의 가능성이다. 금융 기관이 부실 자산을 처리해줄 캠코의 존재에 기대어 무리한 대출이나 투자를 지속할 수 있다. 다음으로 캠코의 대규모 자산 매입으로 시장 가격 왜곡이 발생할 수도 있다. 이는 정상적인 시장 메커니즘을 방해할 가능성을 가진다. 마지막으로 캠코의 활동이 지속되면 정부의 재정 부담이 늘어나 국민 세금으로 전가될 위험도 존재한다. 캠코는 장기적으로는 흑자를 기록하는 구조지만, 부동산 시장 침체가 오래 지속되거나 자산 가격 회복이 늦어질 경우 적자를 기록할 수 있다. 따라서 캠코가 장기적으로 국가 경제에 긍정적인 역할을 지속하려면 투명한 운영과 금융 기관의 책임성을 강조하는 제도적 보완이 필수적이다. 또한 정기적으로 건전성 위기 사태에 대한 교육을 실시하고, 사업성을 분석하는 교육도 함께 진행해야 한다. 위기 이후 금융 기관 사내 교육 시 호황기의 안일함을 느낄 수 있었다. 호황기에는 부실 가능성이 적었으므로 면밀한 검토 없이도 사업 통과가 가능했고 이는 위기를 초래했다. 만약 자산 건전성의 역사를 모든 금융인이 숙지하고, 사업성 분석에 대한 교육이 완벽했다면 금융 위기는 현저히 줄어들었을지 모른다. 사건이 벌어진 뒤 금융 당국의 사후 처방은 반드시 필요하지만 과거의 경험을 통해서만 부실을 방지하는 것은 물 새는 수영장을 테이프로 막는 격이다. 근원적인 해결책은 교육을 통한 건전한 금융 생태계 조성임을 명심하고 내용을 숙지해야겠다.

1 RBC(Risk-Based Capital) 비율

RBC 비율은 보험사의 지급 여력(재무 건전성)을 평가하는 지표다. 보험사가 각종 리스크(보험 리스크, 시장 리스크, 신용 리스크 등)에 대비할 수 있는 자본을 충분히 보유하고 있는지를 나타낸다.

📁 공식

$$\text{RBC 비율} = \frac{\text{가용 자본(Available Capital)}}{\text{요구 자본(Required Capital)}} \times 100$$

📁 의미

RBC 비율 100% 이상: 보험사가 최소한의 요구 자본을 확보하고 있음을 의미
RBC 비율 150~200% 이상: 안정적인 수준
RBC 비율 150 이하: 금융 당국 경영 개선 명령 가능

📁 구성 요소

가용 자본: 자기 자본, 준비금 등
요구 자본: 보험 리스크, 시장 리스크, 신용 리스크 등을 반영하여 산출된 필요 자본

2 LAT(Liability Adequacy Test) 잉여율

LAT는 보험사가 보유한 보험 부채가 충분한지(부채 적정성)를 검증하며, 부채가 과소평가되지 않았는지를 판단하는 지표다. 보험 부채의 평가액이 충분하지 않을 경우 추가 적립이 필요하고, IFRS(국제 회계 기준)에 따라 매년 보험 부채를 재평가해야 한다.

📁 LAT 잉여율 공식

$$\text{LAT 잉여율} = \frac{\text{LAT 평가액} - \text{보험 부채 장부가}}{\text{LAT 평가액}} \times 100$$

LAT 평가액>보험 부채 장부가(LAT 잉여율이 양수): 추가 적립 불필요.
LAT 평가액< 보험 부채 장부가(LAT 잉여율이 음수): 보험사는 추가적인 부채 적립 필요.
LAT 잉여율이 낮거나 음수인 경우 보험사의 재무 건전성이 저하된다는 신호가 된다.

📁 IFRS 4 이후의 주요 회계 기준(IFRS 5~16)

IFRS 번호	주요 내용
IFRS 5	매각 예정 비유동 자산 및 중단 사업
IFRS 6	광물 자원 탐사 및 평가
IFRS 7	금융 상품: 공시
IFRS 8	영업 부문(세그먼트) 보고
IFRS 9	금융 상품(대출, 채권, 신용 손실 등)
IFRS 10	연결 재무제표
IFRS 11	공동 약정(Joint Arrangements)
IFRS 12	기타 금융 공시
IFRS 13	공정 가치 평가(Fair Value Measurement)
IFRS 14	규제 이연 계정(Rate-regulated Activities)
IFRS 15	고객과의 계약에서 생기는 수익(Revenue)
IFRS 16	리스(Leases)
IFRS 17	보험 계약(Insurance Contracts)

- 부동산 개발업 책임과 역할
- 신탁사 책임과 역할
- 대주 책임과 역할
- 시행사 책임과 역할
- 건설사 책임과 역할
- 분양불과 기성불

CHAPTER STORY

이해관계자 책임과 역할

이해관계자 책임과 역할

부동산 개발업 책임과 역할

시행사

- 지주 작업 및 사업 부지 매입 (토지 매매 계약)
- 건축허가, 사업계획승인 등 대관청 업무
- 시공사와 공사 도급 계약서 체결
- 설계, 감리, 철거 등 용역 계약 체결
- 분양 대행 및 광고 홍보 등
- 모델 하우스(견본 주택) 부지 임차
- 수분양자 중도금 대출 지원 및 보증 업무

금융 기관 및 주관 회사

- 브릿지론 및 PF 관련 토지비, 사업비 대출
- 금융 주관사로서 대주 마케팅
- 사업성 및 분양성 검토
- 내부 투자 심의 진행
- 약정서 및 신탁 계약서 등 검토
- 대리 은행으로서 자금 집행 관리
- 사업 진행에 따른 리스크 관리 (분양성, 자금)
- 담보권 실행(EOD 발생 시)

시공사

- 시행사와 도급 계약 체결
- 공사 착공 준비 및 착공 개시
- 건축물의 책임 준공 및 책임 준공 확약 진행
- 공사 진행과 관련한 민원 처리
- 모델 하우스 설계 및 시공
- 채무 인수, 자금 보충 등 신용 보강 조건 검토

신탁사

- 위탁자와 사업 부지 담보 신탁 체결
- 관리형 토지 신탁 시 건축주로서의 업무 진행
- 수분양자와의 분양 계약서 날인 및 자금 관리
- 담보물의 환가 처분 요청 시 공매 진행
- 정산

일정 규모 이상의 부동산 개발 사업은 신탁을 통해서 진행되는 경우가 많다. 담보를 확보함과 동시에 위탁자와 수탁자의 개별 리스크로부터 사업의 리스크를 절연할 수 있기 때문이다. 이러한 속성으로 신탁을 선진화된 담보 기법이라고 한다. 간혹 공모 사업이나 도시개발사업 등에서 사업 주체가 바뀌는 이슈로 인해 자금 관리 대리 사무와 담보 신탁만 진행하는 경우도 있다. 이때 사업의 권리를 살펴보려면 신탁 원부를 발급받아 보는 것이 사업 내용 파악에 용이하다. 2025년부터는 등기소에 방문하지 않고, 온라인으로 발급이 가능하니 원부를 파악하는 것도 용이해졌다. 원부는 신탁에 관련된 내용이 기재되어 있는데, 별첨에서는 우선 수익자, 수익자, 채무자 등을 확인할 수 있다. 1순위 우선 수익자는 대부분 금융사다. 금융사는 다독 트렌치인 경우도 있지만 많은 경우 선순위, 중순위, 후순위 혹은 선순위와 후순위로 나누어져 있다. 숫자가 높은 우선 수익자를 선순위라 부르고, 그 다음부터 차례로 중, 후순위라고 한다. 4개 이상의 트렌치로 구분될 때는 Tr. A~D순으로 기입된다. 우선수익권은 사업이 실패하거나 수익이 발생했을 때 원금과 이자채권 최고액 120%-130% 한도를 우선적으로 배당받는다는 뜻이다.

금융사 다음의 우선수익권자로는 건설사로 설정되는 경우가 많다. 금융사보다 건설사가 우선수익권을 가질 수 없는가에 대한 의문점이 들 수가 있다.

책임 준공 연대 보증이 없는 관리형 토지 신탁의 경우 리스크는 금융사와 건설사가 부담하고 있다. 이때는 이미 대출 금액에 대한 조정으로 공사비에 대한 리스크를 설정하게 된다. 만약 차입형 신탁이나 책임 준공이 포함된 관리형 토지 신탁이라면 신탁사도 함께 공사비 대출에 대한 범위를 설정한다. 이처럼 대출 금액으로 건설사와 금융사는 먼저 협의를 하기 때문에 수익권에서는 금융사가 우선순위로 설정되고, 건설사는 다음 순서의 수익권을 받게 된다. 공사비 대출 확보 구도로 이미 수익권의 합의를 본 것이라고 봐도 무방하다. 사업 주체가 아닌 이해관계자의 사업 참여에 대한 리스크 배분이기 때문에 다양한 방식으로 사업 리스크에 대한 협의가 진행된다. 분양 계약금과 중도금을 사업비 계좌와 대출금 상환 계좌, 이자 유보 계좌 등에 분배하여 입금시키고, 선행 조건에 맞는 인출을 진행한다. 분양율별로 분배율을 바꾸기도 하고, 일정 비율로 진행하기도 한다. 분양불 사업장은 수분양자가 납부하는 돈의 대부분이 사업비 계좌로 입금되어 시공사가 공사비로 사용할 수 있고, 기성불 사업장은 반대로 대부분 대출금 상환 적립 계좌로 입금되어 한도 대출의 규모를 차감한 뒤 일시 대출을 선순위부터 순차적으로 차감하게 된다. 3순위는 투자자가 있다면 투자자가 우선권을 가진다. 시행사는 우선 수익자로 기재 되기보다는 수익자로 기재될 수도 있고 최후순위 수익권을 분배받을 수도 있다. 시행사를 지칭하는 용어가 다양해서 헷갈릴 수 있는데 정리하고 넘어가는 것이 독자의 이해를 도울 수 있을 것이라 생각한다. 시행사 = 수익자 = 차주 = 위탁자 = 발주처 = 건축주 = 조합 모두 같은 주체를 지칭하는 용어라 할 수 있겠다. 발주처가 발주를 내는 조직이므로 가장 넓은 의미를 가지고 있고, 민간 개발 사업에서는 시행사, 신탁 계약에서는 위탁자 혹은 수익자 및 채무자, 금융 계약에서는 차주, 민간 발주는 건축주, 재개발/재건축과 같은 다양한 조합 형태의 시행사는 조합으로 지칭 될 수 있다. 외국에서는 Developer라고 지칭하고 있으니 참조하면 도움이 될 것이다. 시행사는 사업을 직접 영위할 수도 있고, 특수 목적 회사SPC, Special Purpose Company를 설립하여 진행할 수도 있다. PFVProject Financing Vehicle는 금융권이 구성원으로 참여할 경우 세제 혜택으로 인하여 SPC보다 선호되는 Vehicle이다. 설비 투자, 사회 간접 자본 시설의 마련, 주택과 플랜트 건설 등 상당한 기간과 자금이 소요되는 특정 사업에 운용하여 수익을 주주에게 배분하기 위한 목적으로 설립되는 명목 회사로 대규모 단위 사업을 추진함에 있어 국가 또는 지방 자치 단체가 아닌 민간 자본의 투자를 유도하기 위하여 세제 지원 등의 혜택을 부여하는 것을 말한다. 법인세법 제51조 2와 조세 특례 제한법 제104조 31에 따르면 25년 12월 31일 이전 종료 사업은 배당 가능 이익의 90% 이상 배당 시 소득 공제 되고, 이익 준비금을 제외한 전액 배당 시 법인세가 면제된다. 조건으로는 자본금 50억 원, 자본금 5% 이상 금융 회사 출자, 신탁업 영위하는 금융 회사에 자금 관리 업무 위탁 등이 있다.

시행사는 사업의 주체다. 다른 이해관계자가 시행사보다 사업의 경험이 많다고 해서 전적으로 믿고 진행하면 사업이 망가지게 된다. 용역 사와 사업 주체는 각자의 수익 극대화를 위해 움직이기 때문이다. 설계와 시공은 연면적 단위로 계약을 하는 경우가 많은데, 이때 사공간이 많으면 용역비는 상승하고 수익은 떨어지게 된다. 대형 회사에 근무하는 직원들이 시행사 대표와 같은 책임감을 가지고 일을 하는 것을 바라는 것도 쉽지 않기 때문에 늘 사업주가 직접 모든 사항을 챙기고, 지식을 배우며 업무에 임하는 것이 중요하다.

신탁사는 금융 지주 회사의 경우 우수한 신용 등급을 기반으로 책임 준공을 제공하는 관리형 토지 신탁 상품을 활발히 판매하였다. 그러나 24년부터 건설사 부실로 인하여 건설사로부터 연쇄 피해가 속출하자 시공사와 마찬가지로 초과된 준공 기한에 대한 실질 손해 배상 위약금을 지급하는 방식으로 변경하였다. 차입형이나 하이브리드 신탁의 경우에는 토지에 담보 대출을 일으킬 수 없다는 특징을 가지고 있다. 토지에 대한 담보 대출이 없으면 잔여 사업비는 신탁사가 외부 조달 혹은 자체 조달을 통하여 PF를 진행한다. 신탁에서 대출하는 명목 금리는 저렴해 보일 수 있으나 신탁 수수료가 올라간다는 점을 감안해야 한다. 단순한 관리형 토지 신탁은 리스크가 제한적이기 때문에 규모가 작을 때는 신탁 수수료 비율대로 발생하지만 일정 이상이 되면 정액으로 책정하는 경우가 많다. 이에 반해 책임 준공형, 차입형 등은 사업 규모에 따라 리스크가 상승하기 때문에 신탁 보수를 비율대로 수령한다.

공제 조합의 책임 준공 보험, 신탁사가 제공하는 책임 준공, 건설사의 책임 준공과 같이 책임 준공이 강조되는 근원적인 이유는 담보 회수다. 건축 공정이 50%까지 진행된 상태에서 사업이 중단되면 자금을 회수하기 어려워진다. 예를 들어 4층까지 건설된 건물을 경매로 매각한다고 가정해 보겠다. 후행 건설사 입장에서는 선행 건설사의 시공 상황을 믿을 수 없다. 건물에 구조적 문제 등이 발생하면 후속 시공사는 그에 대한 책임을 지게 되어 경매나 공매시 낙찰가율이 낮아질 수밖에 없다. 따라서 모든 이해관계자는 건설사의 책임 준공 이행을 가장 중요하게 생각한다. 시공사 부실이 진행되면 대주는 하수급인의 유치권 행사를 막기 위해 하도급 대금을 직접 지급하기도 한다. SH나 LH와 같이 공공 기관이 사업을 진행할 경우 유치권을 방지하기 위하여 하수급인의 동의서를 수령하는 것이 이러한 이유 때문이다. 이를 하수급인이 악용하는 경우 동의서를 빌미로 증액을 요구하기도 한다. 부동산 개발 사업 전 영역에서 속칭 도장 값이라고 하는 것을 요구하는 경우는 비일비재하다. 경기가 악화될수록 건설사의 신용과 운영 사업장을 꼼꼼하게 살펴야 한다. 그 이유는 타 사업장의 부실이 당 사업장으로 전이될 수 있기 때문이다. 모든 이해관계자가 각자의 책임과 역할을 다하고, 시행사가 이를 사업의 주체로서 이끌어 갈 때 사회적 비용이 최적화된 부동산 상품이 태어날 수 있다.

이해관계자 책임과 역할

신탁사 책임과 역할

부동산 신탁사는 부동산 개발 사업의 수탁자로서 사업 관리와 자금 운용의 투명성을 높이는 역할을 담당해 왔다. 전통적으로 신탁사는 토지 신탁 방식을 통해 토지 소유자로부터 부동산을 신탁받아 개발을 진행하고, 분양 및 임대 수익을 관리한 후 이를 위탁자^{토지주}와 시공사 등에 배분하는 것이 주된 업무라고 할 수 있다.

신탁사의 사업 참여 방식은 관리형, 차입형, 그리고 혼합형^{하이브리드} 신탁으로 구분된다. 관리형 토지 신탁은 신탁사가 법률적 명의상 시행자로서 인허가와 분양 등 형식적인 관리 역할만 수행하고, 금융 조달과 사업 추진은 시행사와 시공사가 책임지는 방식이다. 차입형 토지 신탁은 신탁사가 자기 자본 또는 신탁 계정 대출 등을 통해 토지비를 제외한 공사비 및 기타 사업비에 대하여 사업 자금을 조달하고 직접 시행 주체로 참여하는 형태로 신탁사가 PF 차입의 주체가 되어 고위험·고수익을 감수하는 구조이다. 한편 책임 준공형 관리형 신탁은 관리형에 속하나 신탁사가 금융 기관들에 준공을 확약하여 신용 공여를 해 주는 특약이 붙은 형태로 신용 등급 A⁻ 미만 시공사의 개발 사업에 활발히 활용되었다. 마지막으로 차입형과 관리형의 중간 형태인 혼합형 신탁이 있다. 혼합형 신탁은 통상 하이브리드 개발 신탁이라고도 불리며 신탁사와 외부 금융 기관 대주단이 공동으로 자금을 조달하는 구조가 특징이다. 토지대에 담보 대출이 설정되면 안 되는 신탁 특성 때문에 토지 자금은 금융사가 진행하고 신탁사가 공사비에 대한 자금 조달을 책임진다. 수익권은 준공 전에는 신탁사가 우선수익권을 가지고 준공 후에는 외부 대주단에 우선적인 상환권을 부여한다. 준공 전 리스크에 대한 특징 때문에 외부 대주단은 ABL 등을 이용하여 토지비에 대한 대출을 일부 상환 받기도 한다.

과거 신탁사는 주로 법적인 명목상 사업 주체로서의 역할에 집중하고, 실질적인 시행과 자금 조달은 시행사나 시공사가 담당하는 관리형 토지 신탁이 일반적이었다. 이러한 구조에서 신탁사는 운영 수수료를 받고 사업을 관리하였다. 이는 사업의 리스크를 함께 분담하기보다는 용역사로서의 지위를 확보했다고 하는 것이 맞겠다. 그러나 2010년대 중반 이후 부동산 경기 호황과 함께 신탁사의 역할이 확대되고 변화하기 시작하였다. 신탁사는 자체적으로 자금을 조달하여 사업을 추진하는 차입형 토지 신탁 비중을 늘리고, 사업의 실질적인 리스크를 부담하는 위치로 올라갔다. 차입형 토지 신탁에서는 신탁사가 직접 PF 대출을 일으키고 사업 자금을 투입하면서 사업 전 과정을 주도하기 때문에 사업 규모에 비례하여 수수료가 올라갔다. 그만큼 신탁사의 위험 부담도 함께 상승한다 볼 수 있었다. 2016년에는 업계 수요에 따라 책임 준공 확약 관리형 토지 신탁 상품이 도입되었다. 이는 관리형 신탁에 신탁사가 준공을 책임지겠다는 확약을 추가한 형태로써, 중소 시행사나 건설사의 낮은 신용도를 보완해 주고 PF 자금 조달을 용이하게 하기 위해 고안되었다. 책임 준공형 관리형 신탁 구조에서는 겉보기에는 관리형처럼 신탁사가 직접 자금을 대진 않지만, 시공사가 공사를 완료하지 못할 경우 신탁사가 다른 시공사를 투입해서라도 준공을 보장한다는 점에서 실질적으로 신탁사가 사업 준공 위험을 부담하게 된다. 이 상품은 부동산 호황기에는 신탁사들의 효자 상품으로 통하며 2016년 도입 이후 2021년까지는 신탁 준공 미이행도 찾아보기 힘들어 리스크에 대한 경각심이 줄어드는 계기가 되었다. 하지만 2022년 이후 부동산 시장이 급변하고 공사비 급등, 금리 인상 등으로 일부 사업장이 어려워지면서, 책임 준공형 신탁의 위험이 현실화되었다. 시공사의 부도나 공기 지연으로 신탁사가 실제 준공을 떠안아야 하는 사례들이 나타났고, 이에 따른 신탁사의 대손 충당금 부담이 급증하였다. 그 결과 책임 준공형 신탁을 적극 취급하던 신탁사들의 수익성이 악화되어, 2023년 부동산 신탁사 14곳의 당기 순이익이 급감하고 다수가 당기 순손실을 기록하는 등 업계 전반에 위기가 발생하였다. 실제로 책임 준공형 비중이 높은 신탁사는 대규모 손실과 함께 금융 기관 대주단과의 소송까지 증가하며 어려움을 겪었고 일부는 M&A 시장으로 흘러 들어오기도

하였다. 이에 따라 2024년 현재 신탁사들은 더 이상 책임 준공 확약 관리형 토지 신탁 신규 수주를 하지 않고 해당 상품에서 사실상 손을 떼는 상황이 발생했다. 대신 25년 발표된 당국의 지침에 따라 책임 준공 부담이 완화된 새로운 사업 구조를 모색하고 있다.

위기의 직격탄을 맞은 신탁 업계는 신탁 계정 대출자 비율을 낮추고 대신 선순위 대주단의 참여를 높이는 구조로 변경하여 자신들의 신용 리스크 노출을 줄이는 전략을 취하고 있다. 또한 정비 사업재개발·재건축이나 리츠REITs와 연계한 사업 등 상대적으로 안정적인 수익 구조를 가진 분야로 눈을 돌리고 있다. 이와 함께 신탁 보수 이외의 수익원 확대를 위해 부동산 자산 관리AUM 사업이나 신탁 기반의 펀드 비즈니스 등 새로운 영역도 모색하고 있다. 일부 신탁사는 디벨로퍼 역할을 겸하며 자체 개발 사업에 투자하거나, 해외 부동산 신탁 모델을 연구하는 등 장기적인 사업 다각화 전략을 추구한다.

부동산 신탁사의 역할은 시장의 요구에 따라 유연하게 변화해 왔다. 위험과 수익의 균형을 찾기 위한 신탁 구조 혁신과 수수료 전략 조정이 이루어지고 있으며, 책임 준공을 둘러싼 역할 분담도 시간이 지남에 따라 진화하는 중이다.

이해관계자 책임과 역할
대주 책임과 역할

프로젝트 파이낸싱PF에서 대주는 금융 구조를 설계하고 자금을 공급하는 금융사로서 핵심적인 역할을 수행한다. 은행을 비롯한 금융 기관은 개발 사업에 필요한 PF 대출을 제공하는데, 단독 혹은 다수 금융 기관이 참여하는 대주단을 구성해 대출을 집행한다. 또한 특수 목적 회사SPC나 신탁사를 활용하거나 선순위·후순위 채권과 주식 그리고 대출을 조합함으로써 프로젝트에 맞는 자금 조달 구조를 만든다. 이 과정에서 사업 위험을 면밀히 분석하여 신용 보강 장치를 마련하여야 한다. 트렌치에 맞는 금융 회사는 각각 EXIT 전략을 세워 대출금 회수 가능성을 높인다. 가령 선순위는 LTV를 낮게 가져가거나 책임 준공 미이행 시 신용 등급이 우수한 건설사 혹은 신용 보강사를 통해 원리금에 대한 보장을 받고, 후순위는 카드 매출 채권 혹은 타 사업장 담보 등을 설정할 수 있다. PF 대출은 원칙적으로 프로젝트 자체의 현금 흐름분양 대금, 운영 수익 등을 상환 재원으로 삼는 비소구 또는 제한적 소구 대출의 성격을 갖는다. 하지만 국내 개발 사업에서 비소구 금융을 하기에는 자기 자본이나 시행사의 신용도가 충분하지 않은 경우가 많다. 그렇기 때문에 시공사, 신탁사의 보증이나 담보 등을 요구하는 조건부 소구 형태를 취한다. PF에 따라서 한 금융 기관이 모든 자금을 공급하지 않고 여러 금융사가 신디케이션^{공동 대출} 형태로 참여하여 대주단을 구성하기도 한다. 이는 개별 금융사의 여신 한도를 준수하고, 리스크를 분배하기 위한 것으로 대출 계약을 공동으로 맺고 이자율과 조건을 조율한다. 금융 기관들은 사업 초기 에쿼티 투자자와 브릿지론부터 착공 후 본 PF 대출까지 단계별로 대출을 제공하는 등 사업 진행 상황에 맞춰 자금을 집행한다. 사업 초기로 갈수록 고수익을 요구하지만 모든 투자는 PF를 위한 초석이다. 규모의 경제로 인하여 정률로 가져가는 수수료가 PF에서 가장 높기 때문이다. 이때 금융사는 PF와 같이 각종 투자 재원을 마련하기 위해 대출 채권을 유동화하여 자본 시장에서 자금을 조달하는 방법을 사용한다.

    사업이 완전히 실패하면 시행사와 건설사가 가장 먼저 피해를 받는다. 하지만 피해의 규모로 보면 금융 기관의 손실액이 더 많을 수 있다. 그렇기 때문에 대주는 사업 위험성 평가를 면밀히 진행하고 있다. 이때 리스크 심사 팀과 영업 담당 모두 EXIT 전략을 가장 중요하게 생각한다. EXIT이 되더라도 사업장이 부실화 되면 대손 충당금 적립 및 관리 인력의 손실이 발생할 수 있다. 그러므로 영업 본부 단위부터 EXIT 전략 외 전체 사업 검토를 면밀히 해야 할 필요가 있다. 사업 위험 평가를 통해 부동산 경기, 인허가 리스크, 공사 기간, 분양 시장 전망 등을 면밀히 검토하며 예상되는 위험에 대비한 대책을 마련해야 한다. PF는 선행 조건으로 토지 확보와 인허가를 조건으로 걸기 때문에 남은 리스크는 미완공 위험과 분양 실패 위험이다. 금융 기관은 이를 완화하기 위해 신용 보강 장치를 대출 구조에 포함시킨다. 대표적인 것이 시공사의 책임 준공 확약으로 시공사가 공사를 끝마칠 것을 보증하고 만약 이를 이행하지 못하면 PF 채무를 대신 상환하거나 손실을 보전하도록 약정한다. 또한 시공사의 신용으로 해당 프로젝트를 이행하기에 부족하다고 판단되면 신탁사 추가 보증 구조를 도입한다. 이때 사업에 따라 단일 신탁사가 아닌 복수의 신탁사가 책임 준공 관련 우발 채무를 분할하여 보증하는 경우도 있다. 신탁사 책임 준공이 포함되면 시공사 준공 미이행 시 신탁사가 대체 시공사를 구해 사업을 완수하거나 실패 시 신탁사가 대출금을 상환해 주는 구조가 형성된다. 이처럼 이중 보증을 통해 금융사는 대출금 회수 가능성을 높이고 리스크를 분산시킨다. 분양에 대한 리스크는 간혹 건설사가 책임 분양을 조건으로 내세우는 경우가 있지만 흔한 경우는 아니다. 대신 분양율이 저조할 경우 수수료를 부과하거나 할인을 강제하는 조항으로 해당 리스크를 줄이고자 한다.

그 밖에도 금융 기관은 담보 설정과 계좌 통제 등의 방법으로 리스크를 관리한다. 사업 부지와 미래 완성 자산에 담보권을 확보하여 최악의 경우 경매나 공매, 수의 계약을 통해 회수할 수 있도록 한다. 또한 유보 계좌를 두어 이자 상환 재원을 미리 예치하도록 함으로써 현금 흐름 악화에 대비한다. 분양률이나 공정률 등 특정 지표가 악화될 경우 약정을 통해 대출금을 조기 회수하거나 추가 조치를 취할 수 있는 권한도 부여받는다. 금융 기관은 정기적으로 사업 진척률과 분양 실적을 모니터링하며 이상 징후 시 대출 집행 중단, 추가 담보 요구 등의 선제 조치를 취해 손실을 최소화한다.

   책임 준공에서 가장 중요한 것은 신용 등급이다. 시공사의 신용 등급에 대한 구체적인 판단은 금융권이 자체적으로 하기 때문에 금융사에 따라서 단독 책임 준공이 가능한 시공사가 변화하기도 한다. 가령 A 건설사는 다른 금융권에서는 단독 책임 준공이 안 되지만 B 은행에서는 가능하기도 하고, F 은행은 A 건설사에 대한 C 프로젝트는 불가하지만 D 프로젝트는 가능하기도 하다. 책임 준공 미이행 시 금융 기관은 시공사가 시행사와 연대 채무를 부담하는 형태로 시공사에 대해 직접 대출금 상환 청구권을 가지게 된다. 실무적으로 대부분의 시행사가 영세하기 때문에 시공사는 약정 불이행 시 대주단에 잔여 대출 원리금 전액을 상환하거나 해당 금액에 대한 채무 인수 약정서를 작성하게 된다. 금융 기관은 이러한 절차를 통해 채무자 교체를 이루거나 책임 당사자로서 시공사를 법적으로 묶어 두게 된다. 시공사와 신탁사 모두 준공 의무를 이행하지 못해 프로젝트가 좌초된 경우 금융 기관은 최후의 수단으로 담보 실행 절차를 밟는다. PF 대출의 담보인 사업 부지 토지나 미완성 건축물을 처분하여 대출금을 회수하려는 것이다. 신탁 구조에서는 신탁사가 담보권자 역할을 하므로 금융 기관과 협의하여 공매 또는 수익권 매각을 진행한다. 다만 준공 이전의 부동산은 가치가 낮아 대출금을 온전히 회수하기 어려울 수 있다. 이러한 현실적인 한계 때문에 금융 기관들은 담보 실행에 앞서 자율적 사업 구조 조정을 시도하기도 한다. 예를 들어 대주단은 시공사와 협의하여 공사 기한을 연장하고 추가 자금 지원을 통해 사업을 마무리하는 쪽으로 유도할 수 있다. 이를 위해 추가 약정을 체결하고 만기 연장 대출 기한 연기을 승인함으로써 미이행 시 곧바로 법적 조치에 돌입하기보다는 사업 정상화를 우선 도모한다. 이러한 대응은 금융 기관으로서도 험난한 담보 처분보다는 준공을 통한 채권 회수가 유리하기 때문이다. 금융사는 어떠한 경우에도 대출 채권 회수를 극대화하는 방향으로 움직이며 책임 준공 조항은 그런 금융사의 권리를 뒷받침하는 강력한 수단이다. 이러한 맥락에서 최근 금융 기관은 시공사나 신탁사의 신용으로 완공을 담보하는 것이 아닌 건설 공제 조합 등 제3의 보증 기관이 제공하는 책임 준공 보증 상품에도 주목하고 있다.

이해관계자 책임과 역할

시행사 책임과 역할

시공사의 책임 준공, 신탁사의 연대 보강, 금융사의 대출 모두 중요하지만 사업의 주체는 어디까지나 시행사다. 많은 시행사가 본인의 권리와 의무를 망각한 채 이해관계자에게 주도권을 주고 있다. 특히 사업 착공 후 분양이 완료되면 사업에 대한 관리를 신경 쓰지 않는 시행사가 많은데, 이는 향후 공사비 상승 및 각종 클레임에 시달리는 단초가 된다. 사업비 집행에는 건설사와 금융사의 동의가 필요하기 때문에 사업비로는 소송도 진행하기 힘들다. 그렇기 때문에 사업에 관련된 분쟁 요소는 사전에 조율하는 것이 현명하다고 할 수 있겠다.

시행사는 사업을 기획하고 토지를 물색한다. 그 다음 시장 수요와 수익성을 검토하여 사업을 구상하여 사업 계획서를 작성한다. 계획서에는 사업의 규모와 용도, 분양 가격 등이 수록된다. 이때 건축사와 긴밀하게 협조하여 사업 개요를 작성하는데, 단순히 건축사 사무소에 의뢰하는 것보다는 직접 지구 단위 계획을 분석하고 인허가권을 가지고 있는 지자체에 방문하여야 한다. 건축사도 사람이기 때문에 여러 개의 대안 설계를 검토할 경우 놓치는 부분이 발생할 수 있기 때문이다. 또한 필요 시 프로젝트 전담 법인SPC을 설립하여 사업 추진 구조를 마련해야 한다. 토지 계약 이전에 SPC를 만드는 경우도 있고, 특약 사항에 권리 승계를 기입하여 잔금 혹은 금융 조달 과정에 구도를 확정하기도 한다. 토지 확보 시 인허가에 대한 불확실성과 현금 흐름 개선을 위해 토지 사용 승낙서를 받아서 허가를 진행하기도 한다. 이는 토지를 선매입한 뒤 인허가를 받지 못하면 손실이 발생하는 위험을 줄이기 위한 사전 조치다. 그 외에도 토지 매입을 철회할 수 있는 조건부 계약을 체결함으로써 인허가 불발로 인한 손실을 예방할 수 있으며, 하자 보수 특약 등을 통해 토지에 대한 리스크를 줄일 수도 있다.

심의와 영향 평가를 포함한 인허가 준비에는 통상 6개월에서 2년 가량의 시간이 소요되며, 도시 개발 혹은 지구 단위 계획 변경과 같이 용도 지역 변경 시 3년에서 7년의 시간을 예상한다. 인허가를 진행할 때는 건축 설계안과 기초적인 사업 계획을 토대로 관할 지자체의 각종 심의 및 허가 절차를 진행한다. 인허가 과정에서 행정 기관과의 협의 및 조율은 시행사의 핵심 역할로 허가 조건에 따라 사업 계획을 수정하거나 보완하기도 한다. 이때 용적률 인센티브를 모두 받는 것이 반드시 효율적이라고 할 수는 없다. 공사비와 설계비 등과 연관되는 것을 인지하고, 사업에 최적화된 선택을 하는 것 역시 사업 주체의 몫이다. 토지 소유권 확보와 인허가 승인은 PF 대출 실행의 선행 조건이므로 시행사는 목표 일정 내에 허가를 받기 위해 행정 절차를 면밀히 관리한다. 경우에 따라 시공사와 연계하거나 지역 행정 사무소와 협업하여 인허가 협의를 진행한다. 인허가가 완료되면 비로소 본격적인 공사와 PF에 대한 준비를 하게 된다.

공사 리스크 관리 차원에서는 신뢰도 높은 시공사를 선정하고 도급 계약을 체결해야 한다. 공사비 증액은 빈번하게 발생하는 분쟁이므로 처음부터 기준 공사비와 증액에 대해서 구체적으로 계약을 진행해야 한다. 건설사의 표준 스펙을 모두 준수할 필요는 없기 때문에 공사비가 비싸다고 생각하면 스펙에 대한 협의를 통해 가격을 줄일 수 있다. 또한 VE를 통해 가격을 낮추거나 공사 기간을 늘리는 대신 직접비를 줄일 수 있는 공법을 선택할 수도 있다. 이때는 간접비가 늘어나기 때문에 가장 효율적인 지점을 찾아야 한다. 시공사마다 스펙이 다르기 때문에 비교 견적을 위해서는 적산 후 견적을 받는 것이 바람직하다. 현실적으로 적산이 불가능하면 스펙이라도 확정해야 한다. 착공 후 시행사가 직접 현장을 신경 쓰며 요소별 기술 확인을 진행하거나 CM을 상주시키면 품질 보존이 용이하다.

유사한 도급 순위라고 하면 건설사 간 기술력의 차이보다 현장 소장의 실력 차이가 더 크다. 현장 소장의 기술력에 따라 전반적인 현장 관리와 원가 차이가 발생한다. 수많은 노무자가 근무하는 건축 현장에서 적재적소에 인원을 투입하고, 공종을 조율하는 것은 필수 능력이다. 그렇기 때문에 현장 소장의 역량 부족이 발견되면 시행사는 건설사에게 해당 소장을 철저히 교육하거나 교체하도록 요구해야 한다. 시행사 역시 현장 점검을 면밀하게 진행해야 기술력 부족으로 인한 리스크를 방지할 수 있다. 민원 발생, 인허가 변경, 사망 사고 등으로 착공이 지연되거나 공사가 정지될 수 있다. 해당 사항 발생 시 절대적인 공사 기간이 줄어들어 일정을 서둘러야 하는 상황이 발생한다. 절대 공사 기간이 부족하면 콘크리트 양생을 최소 기간으로 진행하거나 설계 도서의 검토, 감리의 확인이 부족해질 수 있는 빌미를 만들 수 있다. 부실시공이 발생하면 준공 단계에서 검사 불합격이나 하자 발생으로 인해 보수 공사가 필요해지고, 이는 곧 준공 지연과 추가 비용으로 이어진다. 예를 들어 철근 콘크리트 구조물에서 시공 불량이 발견되면 보강이나 재시공을 해야 하므로 공사가 중단되고 준공 일정이 밀리게 된다. 더 심각한 경우 부실시공으로 구조물 붕괴나 심각한 안전사고가 발생하면 프로젝트 자체가 취소되거나 장기간 지연될 수 있다. 부실시공은 준공 후에도 문제를 일으킨다. 건물이 완공된 후 입주자들에게서 하자 보수 요청이 속출하거나 품질 불량으로 인해 분양 계약 취소 등의 사태가 벌어지면 시공사는 막대한 하자 보수비와 손해 배상 책임을 진다. 이는 시공사의 재정에 악영향을 미치며 브랜드 신뢰도 추락으로 이어져 향후 수주 활동에도 타격을 준다. 따라서 시행사, 건설사, 금융사 등 이해관계자 모두가 저가 발주보다는 적정 공사비로 발주하고, 공정별 품질 점점과 공사 기간을 관리하여 부실을 발생시킬 수 있는 상황 자체를 제거해야 한다.

책임 준공은 프로젝트 파이낸싱에서 대주단이 대출금을 회수하기 위한 핵심 장치 중 하나이다. PF 대출은 완공된 건물의 분양 대금이나 임대 수익으로 상환되는 구조이므로, 예정된 준공 시한 내에 사업이 완료되는 것이 전제되어야 한다. 이러한 준공 책임을 부담해야 할 주체는 사업의 총괄자인 시행사이지만 현실적으로는 시행사가 스스로 준공을 보장하기 어려운 경우가 대부분이다. 시행사는 자금력에 한계가 있으므로 공사가 지연되거나 중단되었을 때 자체 자금으로 프로젝트를 끝마칠 여력이 부족하다. 따라서 국내 PF 관행상 시행사가 단독으로 금융 기관에 준공을 보증하는 경우는 드물고 시공사나 신탁사 등과 같은 기관의 책임 준공 신용 보강을 통해 금융 조달을 진행하는 구조를 취한다. 시행사는 시공사와의 계약을 통해 일정 기한 내 준공 및 인도를 완료하도록 약정하고 이 약정을 금융 기관에 대한 책임 준공 확약으로 발전시킨다. 금융 구도에서 시행사의 역할은 직접 준공을 보증하기보다는 책임 준공을 보증해 줄 파트너를 구하는 것이라 할 수 있다. 만약 시행사가 자체적으로 책임 준공 의무를 부담할 정도의 재무 능력이 있다면, 해당 PF는 사실상 기업 신용을 바탕으로 한 기업 금융에 가까워진다. 국가 발주나 대기업의 자체 사업이 아니면 국내 부동산 PF에서 시행사의 자기 자본 비율은 10% 내외로 낮은 경우가 대부분이다. 개발 사업의 가장 큰 장점이 레버리지 효과이기 때문에 자본력이 충분한 시행사 역시 하나의 사업장에 높은 자기 자본을 투자하는 것이 아니라, 자기 자본 비율은 낮추며 다수의 사업을 진행하거나 사업 규모를 확대하는 경우가 일반적이다. 경기 악화 이후에는 금융 당국에서 자기 자본 비율을 20~30%로 유지하는 것을 권고하고 있으며, 금융사별 요구 에쿼티가 늘어나고 있는 상황이다.

초기에는 브릿지론을 활용해 토지 매입 비용 등을 조달한다. 시행사는 브릿지론으로 토지를 확보한 후 PF 대출이 실행되면 그 자금으로 브릿지론을 상환한다. 브릿지론 등은 금융사 입장에서는 PF를 위한 초석이다. 금융에 대한 독점적 자문 권리를 브릿지 대출을 진행한 금융사에 부여하기 때문에 미래 PF 금리에 대한 상한선 혹은 해당 권리를 PF 대출에 대한 우선권으로 한정할 수 있으면 시행사 입장에서는 유리한 협상의 고지를 점할 수 있다.

공사가 예정대로 완료되지 못하는 상황이 발생하면 사업이 좌초될 위기에 처할 수도 있다. 분양이 양호한 사업장에서 책임 준공 기한을 초과하는 경우에는 시행사가 시공사에게 지체 보상금을 요청하는 정도로 마무리된다. 하지만 시공사가 부도 혹은 회생 신청으로 공사 진행이 어려워질 경우 시행사는 하수급인에게 직접 대금을 지불하며 사업을 이끌어 가거나 건설사를 변경해야 한다. 미분양 등의 사유로 시행사의 책임 이행이 불가능하면 신탁사가 약정에 근거해 대체 시공사를 물색하여 남은 공사를 이어 가게 된다. 대체 시공사가 투입되면 일정 지연과 공사비 상승은 불가피하다. 사업 정상화 노력에도 불구하고 준공이 불가능하면 최후에는 PF 대출에 대한 부도 처리가 불가피하다. 이 경우 법적 절차에 따라 담보로 잡힌 사업 부지와 미완공 건물을 경매 혹은 공매로 처리하게 되고 선순위부터 원리금을 확보하게 된다. 시행사는 프로젝트 파산으로 투자한 자기 자본 전액을 손실 볼 수 있으며 사업장에서 주도권을 잃게 된다.

마지막으로 시행사는 분양 리스크를 줄이기 위해서 분양 시장 조사와 마케팅을 철저히 하고, 시장성에 대한 판단이 이루어질 때까지 분양 시기를 조율해야 한다. 단순히 일정에 맞춰 분양을 진행하는 것은 호황기를 제외하면 분양 실패로 다가올 수 있다. 물론 토지 대금에 대한 리스크가 없거나 LH 택지와 같이 중도금을 연체할 수 있는 경우에는 시기 조율이 편하지만 브릿지 대출이 있거나 PF 약정, 책임 착공 등의 트리거가 있는 경우에는 시장에 맞춘 분양은 어려울 수 있다.

이처럼 시행사는 사업 전 영역의 주인으로서 책임과 의무가 막대하다. 자본력이나 신용도로 인하여 책임의 무게를 혼자 견딜 수는 없지만 플레이어의 이해관계를 고려하여 최상의 부동산 상품을 만들 수 있는 역할은 시행자만이 가능하다는 것을 인지할 때 선진 부동산 개발 문화를 만들어 갈 수 있을 것이다.

이해관계자 책임과 역할

건설사 책임과 역할

시공사는 사업 주체시행사 또는 발주처와 공사 도급 계약을 체결하여 프로젝트를 수행한다. 이 계약에는 공사의 범위와 내용, 공사비 및 지급 방식, 공사 기간 등이 명확히 규정된다. 일반적으로 정액 도급총액 계약 방식이 많이 사용되며, 경우에 따라 실비 정산원가 가산이나 턴키Turn-key 형태도 활용된다. 턴키 방식은 설계와 시공 등을 시공사한테 일임하는 것을 말한다. 이는 관급 공사에서만 사용되는 편이다. 민간 발주에서는 턴키 방식을 꺼리고, 용역 계약도 시행사가 직접 진행할 수 있도록 요구하고 있다. 그 이유는 민간 공사에서 설계 계약, 용역 컨트롤 등 시행의 전반적인 사항을 시공사가 진행할 경우 해당 사업 EOD 발생 시 세무서에서 세금 추징의 대상을 시공사로 변경할 수 있기 때문이다. 의사 결정을 건설사가 하면 실질적인 사업의 주체가 시공사라고 주장할 여지를 줄 수 있다. 실무적으로 공동 주택이나 지식 산업 센터처럼 분양형 상품의 경우 브랜드 설계 기준이 있기 때문에 기존 시행사가 계약한 건축사 사무소와는 타절하고 해당 건설사와 업무 협조 경험이 많은 설계 사무소로 변경하기도 한다.

 도급 계약서에는 공사가 지연될 경우를 대비한 지체 상금지연 배상금 조항, 공사를 완료해야 하는 책임 준공 기한, 시공사의 하자 담보 책임 기간 등이 명시되고 간혹 책임 착공이나 책임 분양과 같은 조건이 수록되기도 한다. 계약 이행을 담보하기 위해 시공사는 이행 보증 증권을 제출하거나 공제 조합 보증을 제공할 수 있다. 이러한 계약 조건들은 시공사가 정해진 예산과 일정 내에 요구 품질을 달성하도록 법적·재정적 동기를 부여하는 장치이다.

 시공사는 착공 전에 설계 도서도면, 시방서 등를 면밀히 검토하여 시공성을 분석한다. 도급 계약 시점에 따라 달라지만 인허가 전이라면 인허가를 지원하며, 인허가 완료 후 착공 전이라면 설계 도서의 오류나 누락, 현장 여건상 실행 어려움에 대해서 중점적으로 검토한다. 이때는 VE에 대한 이야기가 나올 수 있다. 사전적 의미는 기능은 상승시키며 원가는 줄이는 것을 말하는데, 현실적으로는 원가는 유지하고 기능을 상승시키거나 기능은 유지하며, 원가를 줄이는 것에 초점을 맞춘다. 원가를 줄이기 가장 좋은 방법은 자재 변경, 공법 전환 등이다. 이 과정에서 건설사는 건축사나 사업 주체와 협의하여 설계를 수정하거나 시공 방법을 조정한다. 이를 통해 설계 의도가 현장에서 충실히 구현되도록 하며, 추후 발생할 수 있는 시공상의 문제를 예방한다. 시공 단계에서는 필요에 따라 샵

드로잉이나 시공 상세도를 작성하여 설계 내용을 구체화하고, 비정형 공사 혹은 복잡한 구조물일 때는 BIM을 활용하기도 한다. 만약 공사 중 설계 변경이 필요한 경우에는 계약에 따라 변경 통보 및 승인 절차를 거쳐야 한다. 이때 작업 지시서, 설계 변경 요청서 등 문서 작업을 소홀히 하면 향후 발주처와 분쟁 시 불리한 입지에 처할 수 있다. 아이러니하게도 업무 효율화 등을 이유로 하수급인의 작업 지시서 서명은 건설사에서 협조를 안 하고, 수급인의 요청은 발주처가 미루는 이슈가 현장에서 빈번하게 발견되기도 한다. 시행사(발주처)의 요청이나 인허가 조건, 현장 여건 변화 등으로 설계 변경이 발생하면 시공사는 변경안을 검토하여 공사비 증감 및 공기 변화 등의 영향을 산출하고 변경 계약을 체결한다. 설계 변경 시 비용 증액 또는 공기 연장이 불가피하다면 당사자 간 협의를 통해 계약 금액과 기간을 조정하게 된다. 다만 경미한 변경이나 시공상의 개선 사항은 사전에 정해진 절차에 따라 처리하며, 시공사는 설계 변경으로 인한 품질 저하나 안전 문제 등이 발생하지 않도록 책임을 진다. 이러한 과정을 통해 시공사는 초기 설계 의도가 실제 시공에 정확히 반영되도록 하고, 설계와 시공 간 불일치 최소화 및 품질 확보를 달성한다.

시공사는 계약에 따라 공사 현장의 총괄 관리를 맡아 일정, 인력, 장비, 자재 등을 체계적으로 투입하고 조율한다. 사실상 종합 건설사는 하도급 업체를 진두지휘하는 역할에 가깝다고 볼 수 있다. 시공사는 공정 계획을 수립하여 착공부터 준공까지 단계별 일정을 관리하고, 필요 시 예비를 두어 지연 요인을 대비한다. 현장에서는 현장 소장을 중심으로 각 공종별 팀이 작업을 수행하며, 본사에서는 정기적으로 공정율을 점검하여 일정 준수를 모니터링한다. 일반적으로 발주처에는 기성 신청을 2개월에 한 번씩 하고, 하도급 대금은 하도급업법상 매월 지출하기 때문에 월별로 감리의 날인을 득하여 보고한다. 시공사는 품질 관리에서도 중요한 역할을 한다. 계약 및 설계 도서에서 요구한 재료 규격과 시공 기준을 준수하도록 검수 절차를 거치며, 주요 공정마다 품질 시험과 검측을 실시한다. 예를 들어 콘크리트 타설 전 후의 품질 시험, 용접부 비파괴 검사 등을 통해 구조적 안전성을 확보한다. 또한 안전 관리 측면에서 시공사는 산업 안전 보건법 등 관련 법규에 따라 안전 관리 계획을 수립하고 작업자 대상 안전 교육과 현장 위험 요소 점검을 정기적으로 시행한다. 크레인, 건설 기계 사용 시 안전 수칙을 철저히 지키고, 안전 관리자를 배치하여 재해 예방 활동을 수행한다. 아울러 시공사는 환경 관리소음, 분진, 폐기물 처리 등와 민원 대응에도 책임을 진다. 공사 현장에서만큼은 건설사가 사업의 주체라고 봐도 무방할 정도로 역할이 지대하다.

   시공사의 책임 준공 의무는 일반적으로 사업 약정서, 공사 도급 계약서의 특약 또는 금융 기관에 제출하는 책임 준공 확약서의 형태로 규정된다. 계약 내용에 따라 구체적인 조건은 달라질 수 있으나, 핵심은 시공사가 계약된 준공 기한까지 공사를 완료해야 할 의무를 진다는 것이다. 경우에 따라 연대 보증인을 세우거나 별도의 준공 보증 보험에 가입하기도 한다. 책임 준공과 관련해 시공사가 제공하는 보증 조건에는 두 가지 형태가 있다. 첫째, 손해 배상 책임이다. 시공사가 정해진 기한 내 준공하지 못하면 지연으로 인해 발생한 손해를 배상하도록 한다. 계약에서는 지체 상금률에 따라 지체 보상금을 부과하거나, 실제 입은 손해액을 청구할 수 있다. 이때 시공사는 책임 준공 의무 위반과 인과 관계가 있는 손해를 배상하게 되는데 지연으로 인한 금융 비용 증가, 분양 지연에 따른 손실 등이 이에 포함될 수 있다. 둘째, 대출 채무 인수중첩적채무인수 방식의 보증이다. PF 사업 약정에서는 시공사가 준공 기한 내 완공하지 못하면 시공사가 해당 PF 대출 채무를 인수하여 대신 상환하도록 규정하기도 한다. 이 경우 시공사가 기한 내 준공을 못하면 대출 채무가 기한 이익을 상실만기도래하게 되고, 시공사가 미상환 대출 원리금 전액을 상환해야 하는 막중한 책임을 진다. 이러한 보증 조건은 시공사의 신용도와 재무 능력을 전제로 하는데 금융 기관이나 시행사는 시공 능력 평가 순위 등을 통해 해당 시공사가 이러한 책임을 수행할 능력이 있는지 면밀히 검토한다. 책임 준공 의무는 시공사로 하여금 사업 완수에 대한 강한 동기를 부여하지만 동시에 시공사 입장에서는 재무적 부담과 리스크를 감수하는 약정이라 볼 수 있다. 시공사가 약정된 기한 내에 준공에 실패하거나 공사를 중단하는 경우에는 여러 가지 법적·재정적 제재와 리스크가 발생한다.

법적·재정적 리스크를 좀 더 상세히 살펴보자면 우선 계약상 지체 상금이 부과된다. 대부분의 공사 계약은 지연 일수에 비례하여 일정 비율의 지체 상금을 책정하고 있어 준공 지연으로 인한 금전적 손실이 시공사에 직접 귀속된다. 지체 상금은 통상 공사비의 일정 비율예: 0.1%/일 등로 부과되며, 지연 기간이 길어질수록 시공사의 부담도 커진다. 둘째 계약 해제해지의 위험이다. 시공사가 정당한 이유 없이 공사를 중단하거나 현저히 지연시킬 경우 시행사발주처는 계약을 해제하고 잔여 공사에 대한 손해 배상을 청구할 수 있다. 이때 시공사는 이미 투입한 공사비를 회수하지 못할 뿐만 아니라 계약 해지에 따른 손해 배상 청구 소송에 직면하게 된다. 셋째, 금융 기관의 강제 이행 요청이다. PF 대출이 연결된 사업의 경우 책임 준공 미이행은 곧 대출금 회수 불확실을 의미하므로 금융 기관은 시공사에 대해 대출 채무 변제를 요구하거나 제출받은 이행 보증 증권을 실행할 수 있다. 앞서 언급한 중첩적 채무 인수 약정이 있었다면, 시공사는 PF 대출 원리금 전액 상환 의무를 부담하게 되어 막대한 재정 손실을 입는다. 넷째, 평판 및 신용 하락이다. 책임 준공을 지키지 못한 시공사는 금융권에서 신용도가 급락하고 향후 신규 사업 수주나 금융 조달에 제약을 받는다. 공제 조합이나 보증 기관은 해당 시공사를 블랙리스트에 올려 보증 한도를 축소하거나 추가 담보를 요구할 수 있다. 마지막으로 법적 분쟁의 가능성이다. 시행사는 책임 준공 미이행으로 인한 손해 배상을 청구하기 위해 소송을 제기할 수 있고, 경우에 따라 수분양자나 이해관계자들이 집단 소송을 걸 가능성도 있다. 예를 들어 아파트 분양 사업에서 준공이 지연되면 입주 예정자들이 입주 지연에 따른 피해 보상을 요구하거나 계약 해제를 시도할 수 있다. 이처럼 책임 준공을 이행하지 못하면 금전적 손실, 사업 좌초, 법적 책임 등 복합적인 리스크가 발생하기 때문에 철저한 리스크 관리가 필요하다.

기한에 대한 약정과 구별되는 시공사의 리스크는 부실시공과 재무 건전성이다. 부실시공은 시공사가 품질 관리에 실패하여 구조적 안전성이나 기능적 측면에서 기준 미달의 결과물이 발생하는 위험을 의미한다. 원인은 비용 절감 압박, 현장 소장 역량 부족, 착공 지연으로 절대 공기 미달 등이 있다. 가령 초기 도급 검토에 누락이 있어 착공과 동시에 적자가 예상되는 현장이 있을 수 있다. 해당 현장은 과도한 공사비 절감 요구를 본사로부터 받았고, 원가 절감 과정에서 부실 공사가 발생했다. 그러므로 시행사나 금융사는 시장가 대비 도급 단가가 과도하게 낮을 경우 더 면밀한 검토를 해야 할 필요가 있다. 수급인 역시 다수의 하수급 업체를 불러 최저가 입찰을 시행하지만 2등 업체와 1등 업체 차이가 심하거나 예정 가격에 미달하면 2등 업체로 시공을 진행한다. 시공사마다 기술력이 다르다고 하더라도 도급 순위가 유사하면 실질적인 하수급인이 동일하기 때문에 특수한 상황이 있지 않으면 공사비 격차가 클 수 없다.

책임 준공을 약정한 시공사는 시행사의 자금 사정과 무관하게 자기 책임 하에 공사를 완수해야 하기 때문에 재무 건전성은 매우 중요한 요인이다. 만약 시공사가 유동성 위기에 빠지면 프로젝트와 상관없이 공사를 지속할 수 없게 되어 책임 준공 의무를 이행하지 못하게 된다. 부동산 경기 침체 시 건설사들의 부도 및 법정 관리 사례가 빈번하게 발생한다. 실례로 시공 능력 평가 상위의 건설사 역시 PF 자금난으로 법정 관리를 신청했고, 담당하는 아파트 현장이 상당수 중단되었다. 시공사가 하수급인에게 대금을 지급하지 못해 공사 진행에 필요한 자재·인력 조달이 멈추면 공사 현장은 정지된다. 이때는 시행사 혹은 책임 준공 의무를 연대한 신탁사가 직접 하도급 대금을 지불하며 공사를 이어 나가는 경우도 있다. 시공사가 도산하면 책임 준공 확약을 이행할 건설사가 없으므로 남은 공사를 인수인계할 새로운 시공사를 구해야 하나 이는 쉽지 않다. 그 사이 금융 비용은 증가하고 사업은 표류하게 된다. 이러한 위험 때문에 시행사나 금융 기관은 시공사의 재무제표, 부채 비율, 현금 흐름 등을 사전에 면밀히 평가하여 건전한 시공사를 선정하려 한다. 신용 등급이 애매한 시공사의 경우에는 PF를 진행할 때 기존에 수주한 모든 사업장에 대한 미수금 현황과 공사 대금 확보 가능성을 분석하여 자금 조달 여부를 결정한다.

종합 건설사는 모든 공정을 직접 수행하지 않고 여러 하도급사와 함께 일을 진행한다. 실질적으로 건설사의 직원은 각 공정별 소장을 진두지휘하는 역할이다. 따라서 협력 업체와의 관계에서 발생하는 리스크도 건설사에 영향을 준다. 건설사는 협력사로부터 발생할 수 있는 리스크를 방지하기 위해 다음과 같은 노력을 기울이고 있다. 우선 하도급사 수행 능력 평가다. 건설사는 8~10개의 하도급사를 현장 설명회에 초청하여 최저가 입찰로 공종에 대한 하수급인을 선정한다. 구조상 하도급사는 많은 이익을 수취할 수 없고 재무 건전성은 건설사보다 취약한 경우가 많다. 특정 공정을 맡은 하도급사가 문제가 생기면 프로젝트 전체 일정에 병목 현상이 발생하고, 시공사가 책임 준공을 위해 긴급 대체 인력을 투입하거나 공정 변경을 해야 하는 상황이 생긴다. 그렇기 때문에 하도급사 수행 능력을 면밀히 검토하고, 도급 단가가 적절한지 판단한다. 다음은 노무자 인건비 직접 지급이다. 하수급인이 노무비를 적절히 지급하지 않으면 노무자가 유치권을 행사하거나 건설사에 직접 대금 지불을 요청할 수 있다. 이를 방지하기 위해 노무비닷컴 등과 같은 프로그램으로 하도급사가 인출하기 전에 노무자에게 대금을 지급하는 방법을 사용한다. 리스크를 관리하기 위해 시공사는 협력사 선정 단계에서 신뢰도와 역량을 검증하고 다수의 예비 업체 풀을 확보해야 한다. 또한 하수급인의 부실을 방지하기 위해 연 단위로 신용 평가 확인서를 수령하거나 매월 법인 통장 잔고를 파악함으로써 하수급인의 재정 상태를 파악하기도 한다. 이와 같이 적어도 공사 진행 중에는 건설사가 현장과 관련된 모든 사항을 책임지고, 주체로서 활동하게 된다. 건설사가 책임감을 가지고, 이해관계자 모두의 이익을 위해 현장 관리를 진행한다면 준공 후 증액으로 다투는 일은 현저하게 감소할 것이라 생각한다.

이해관계자 책임과 역할
분양불과 기성불

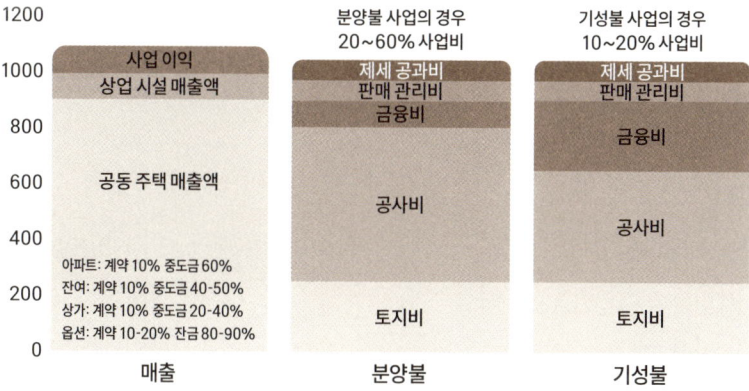

건설 프로젝트를 성공적으로 완수하려면 공사비 조달 방식이 무엇보다 중요하다. 대규모 건축 공사를 진행할 때 필요한 막대한 공사비를 어떻게 마련하고 지급하느냐에 따라 프로젝트의 재무 안정성과 진행 속도가 결정된다. 자금 조달 방식이 적절하지 않으면 중간에 공사가 지연되거나 최악의 경우 중단되어 사업 자체가 무산될 위험도 있다. 따라서 시행사와 시공사는 공사를 시작하기 전에 공사비를 조달하고 지급하는 방법을 신중하게 선택해야 한다. 공동 주택 건설 사업에서는 선분양 제도가 발달하여, 아파트나 주택을 미리 분양하고 그 대금을 받아 공사비로 사용하는 방식이 널리 쓰여 왔다. 이를 가리켜 흔히 분양불이라고 한다. 반면 분양과는 무관하게 대출로 자금을 확보해서 공사를 진행하는 방식도 활용된다. 이러한 방식을 기성불이라고 부르는데 기성고공정률에 따라 공사비를 지급하는 방법이다. 한마디로 분양불은 분양 대금으로 공사비를 충당하는 구조이고, 기성불은 대출로 자금을 마련하여 공사 진행분에 따라 공사비를 지불하는 구조라고 할 수 있다. 이 두 가지 방식은 공사비 지급 조건과 자금 출처가 가장 큰 차이다.

분양불이란 말 그대로 분양 수입금으로 공사비를 지급하는 방식을 뜻한다. 아파트 분양 사업을 예로 들면 수분양자는 계약 시 계약금을 내고 공사 진행 단계에 맞춰 여러 차례 중도금을 납부한다. 시행사는 이렇게 분양 계약금과 중도금으로 들어오는 자금을 모아 공사비로 활용하게 된다. 결국 분양불 사업에서는 초기에 토지 매입비와 일부 사업 경비 정도만 마련하고 시작하며 본격적인 공사비의 상당 부분은 향후 분양 대금 유입으로 충당하게 되는 것이다. 분양불 방식에서는 공사가 진행되는 동안 분양이 순조롭게 이루어질 경우 큰 문제가 없다. 분양률이 높다면 중도금 등이 제때 유입되어 시공사에 공사비를 지급할 수 있기 때문이다. 하지만 분양 실적이 저조하거나 지연되면 상황이 달라진다. 분양 수입이 충분히 들어오지 않을 경우 시공사가 이미 수행한 공사에 대해서도 공사비를 제때 받지 못하는 위험이 생기게 된다. 가령 전체 세대의 30% 정도만 분양되고 나머지가 미분양인 상태라면 판매된 주택들의 계약금·중도금만으로는 공사비 총액을 충당하기에 부족할 수 있다. 이때 모자란 공사비는 나중에 미분양 물량이 판매될 때까지 시공사가 떠안고 가야 하는 미수금으로 남게 된다.

분양불 방식은 주택 사업이나 섹션 오피스 혹은 지식 산업 센터에서 활용된다. 분양 전망이 밝은 핵심 입지의 경우 건설사는 분양불 방식을 택하고, 줄어든 금융 비용만큼 도급 공사비를 증액할 수 있다. 다만 이러한 방식은 시공사의 재무적 신뢰도와 자금력이 뒷받침되어야 가능하다. 공사 도중 자금이 일시적으로 부족해져도 시공사가 자체 자금으로 버틸 수 있어야 준공이 가능하기 때문이다. 실제로 분양불 구조의 사업은 대체로 재무 건전성이 우수한 신용 등급 A 이상의 1군 건설사가 수행한다. 시공사가 대형사인 경우 분양에 실패하더라도 악화된 현금 흐름을 견딜 여력이 있다. 또한 건설 및 부동산업에 관련하여 전문가로서의 입지 역시 확보하고 있어 금융권에 신뢰를 줄 수 있다.

분양 시장이 안 좋을 때는 기성불보다 분양불 사업장으로 착공하는 현장이 많다. 그 이유는 사업 포트폴리오 때문이다. 금융사의 경우 PF가 아닌 전통 자산에 집중할 수 있지만 건설사는 주업이 건설이기 때문에 착공에 대한 필요성이 더 강하다. 건설사 역시 토목이나 플랜트에 집중할 수도 있지만 부동산이 경기에 영향을 많이 받는 특성을 감안하면 국가적 차원의 경기 회복을 위한 대량 발주가 시작되기 전까지는 사실상 선택지의 폭은 좁다고 할 수 있다.

정리하면 분양불은 분양이 잘되면 문제가 없지만, 분양이 안 되면 공사비 지급이 지연되는 구조다. 자금 조달 면에서 초기 부담이 적고 금융비용을 아낄 수 있다는 장점이 있지만 그만큼 분양 성공 여부에 사업의 운명이 크게 좌우되며 건설사의 의사 결정에 비중이 실린다.

기성불은 공사 기성고진행률에 맞추어 공사비를 지급하는 방식을 말한다. 여기서 핵심은 분양 여부와 무관하게 정해진 공정만큼 공사가 완료되면 그에 상응하는 공사 대금을 지급한다는 점이다. 시행사는 자기 자본과 PF 대출금 등을 통해 공사비 대부분을 확보해 두어야 한다. 필수 사업비의 약 85~90% 수준을 착공 전에 조달해 놓고, 일시 인출과 한도 인출로 구분한 뒤 사업비가 필요할 때 인출하여 사용한다. 대출로 공사가 진행되는 동안 자금 부족으로 공사가 멈추지 않도록 담보해 주는 것이다. 이때 건설사의 리스크는 눈에 띄게 줄어든다. 대신 줄어든 리스크만큼 이윤도 줄어든다. 기성불 방식을 진행하는 시행사는 다수의 건설사에게 비교 견적을 받고, 최저가 업체를 선정한다. 대여, 분양불 등 별도의 메리트가 없으면 공사비가 저렴한 곳으로 기울기 마련이다. 이로 인해 시행사는 공사비 지출을 줄일 수 있다. 하지만 PF 규모 증가로 금융 비용은 상승하게 된다. 다만 분양이 잘될 경우 금융사는 한도 계좌로 열어 둔 선순위 자금을 사용하지 않을 수 있다. 결국 분양불은 리스크를 부담하는 이가 건설사가 되는 것이고 기성불은 금융권이 된다고 볼 수 있다. 통상적으로 금융권이 리스크에 따른 비용을 높게 책정하는 편이고, 보수적으로 움직인다. 이 때문에 전체 사업비는 기성불이 더 비싼 경우가 많다.

현금 흐름표 작성 시 기성불일 때는 분양불일 때보다 대출금 상환 계좌로 입금되는 계약금과 중도금의 비율이 더 높다. 이미 대출로 사업비가 확보되었기 때문에 수입은 대출금을 상환하는 용도로 사용된다. 정확한 비율은 예상 분양율을 산정하여 대출 금액이 최소화 되는 방향으로 설정하는 것이 현명하다 할 수 있겠다.

항목	분양불	기성불
공사비 조달 방식	분양 계약금 및 중도금 활용	일시금(초기 필요 비용) + 한도대(공정률에 따른 인출)
리스크	건설사 리스크 증가	금융 비용 증가
장점	사업비 지출 최소화	건설사 리스크 최소화
단점	분양 지연 시 건설사 부담 증가	LTV 상승으로 대주 부담 증가

경쟁 전략

NET + WORK

용역사 선정

지구 단위와 인허가

CHAPTER STORY

경영 전략

경영 전략

경쟁 전략

　부동산 개발 사업에서 경쟁 전략 개념을 활용하여 비용 우위 전략, 차별화 전략, 집중화 전략으로 카테고리를 나눠 분석해 보도록 하겠다. 비용 우위 전략은 경쟁사보다 낮은 비용으로 부동산 개발을 수행하여 가격 경쟁력을 확보하는 방식이다. 이를 위해 모듈화를 이용한 규모의 경제, 스마트 건설 기술 도입 등의 방법을 사용할 수 있다. 공사비 효율화를 가장 잘하는 곳은 한국 토지 주택 공사라고 생각한다. LH는 표준 설계 지침서와 시방서, 핸드북 등 다양한 지침서를 가지고 있다. 물론 건설사마다 기술 지침서를 가지고 있는 경우는 많지만 여러 권을 살펴본 결과 LH의 가이드북이 가장 우수하지 않을가 개인적으로 생각한다. 표준 설계 지침서로 현장을 모듈화하여 오시공을 줄이면서 규모의 경제를 활용한 발주 시스템으로 비용을 최소화하고 있다. 이러한 도서는 인재 양성에도 탁월한 효과를 보인다. 건설사 중 일부는 현장의 창호의 사이즈를 동일하게 하여 규모의 경제로 자재 원가를 절감한 사례가 있다. 모듈화를 진행하면 임직원의 오시공도 줄어들게 된다. 설계에서도 이는 그대로 적용된다. 그러한 이유로 공동 주택 설계가 다른 건축물보다 단가가 저렴하다. 공사 원가와 도급에 신경 쓰는 시행사는 지급 자재 등을 적극적으로 활용하는데, 지급 자재는 관리가 쉬운 건자재를 선정하는 경우가 일반적이다. 마트에서는 묶음 상품이 저렴하지만 사업에서는 개별로 뜯을수록 저렴해진다. 하지만 관리를 못하면 지급 자재의 손실율이 높아지기 때문에 관리가 쉬운 자재를 지급하는 것이 현명하다고 볼 수 있다. 건설사 역시 하수급인에게 철근과 콘크리트를 지급 자재로 진행하는 경우가 많다. 이에 반하여 내장목 공사는 석고 보드 등 관리가 까다롭기 때문에 하수급인이 공정에 맞게 직접 반입한다. 향후 제로 에너지 의무화가 진행되면 기술 개발에 따른 공사비 단가 차이가 더 벌어질 것이다. 필요는 성공의 어머니라는 말이 있다. 각종 이슈로 공사 원자재 비용이 상승하고 있다. 반면 건축물의 시장가는 상승하는 공사비에 반해 올라가지 못하고 있다. 이러한 상황을 해결할 수 있는 것은 기술력일 수 있다. 불경기의 필요로 기술력 상승이 유발되기를 바란다.

　차별화 전략은 경쟁사와 다른 독창적인 가치를 제공하여 시장에서 차별화된 위치를 확보하는 방식이다. 혁신적인 설계와 디자인, 프리미엄 브랜드 구축, 고객 경험 강화, 목적 맞춤형 개발 등을 통해 차별화를 이룰 수 있다. 혁신적인 설계와 디자인은 DDP, 전경련 회관, 더현대 서울 등에서 찾아볼 수 있다. 아쉽게도 유명한 건축물 중 대부분은 외국 건축사 사무소의 작품인 경우가 많다. 전경련 회관은 처마를 적절히 이용하여 친환경적으로 우수하게 디자인하였고, 더현대 서울은 구조물을 외부로 치환하면서 내부의 기둥을 제거하여 평면 상품성을 높였다. 차별화는 공동 주택 건축에서는 무장애 설계Barrier-Free와 범죄 예방 디자인CPTED에서 두드러지며, 세대 통합형 노인 복지 주택에서도 눈에 띄었다. 부모 세대와 조부모 세대를 나누고 중간에 유치원과 놀이터처럼 아이들이 활동하는 공간을 구획한다. 자연스럽게 아이들을 관찰할 수 있으며 조부모 세대와의 생활 공간 분리로 독립성도 확보된다. 간혹 무분별한 가교브릿지 건설이나 값비싼 내외장재 혹은 비정형 설계가 차별화 디자인으로 여겨지기도 하는데, 이는 기능적 이점이 없기 때문에 지양해야 할 방향이라고 생각한다. 실제로 많은 시행사가 브릿지 혹은 비정형 설계를 통해 작품을 만들려고 시도하다가 수익성 악화로 위기를 맞이했다. 하지만 빌라에서 지하 주차장을 통일시키고 필로티를 이용하여 지상층을 공원화시키는 디자인은 공사 원가를 상승시켰지만 성공적인 분양이 가능한 이유가 되었다. 기능적인 것을 디자인으로 풀어내는 것이 혁신적인 디자인이다. 근대 건축의 아버지라고 불리는 루이스 설리번이 말한대로 형태는 기능을 따른다.

    프리미엄 브랜드 구축은 강남 재건축 시장에 적극적으로 뛰어들어 브랜드 가치를 확보한 건설사가 대표적인 예다. 강남에서 만든 브랜드 가치로 지방에서 연이어 수주를 진행하며, 브랜드 사용에 따른 도급 공사비 증액을 이뤄 냈다. 또한 차입형 토지 신탁을 활용한 사업을 중점적으로 하는 신탁사나 장기적인 안목을 가진 시행사는 자체적으로 공동 주택 브랜드를 만들어 이용하고 있다. 시행사나 신탁사가 자체 브랜드 프리미엄을 가진다면 시공사의 브랜드가 없어도 분양이 가능하다. 이 경우 브랜드가 없는 건설사에 브랜드 사용료 없는 도급 단가로 수주를 맡길 수 있다.

고객 경험 강화는 VR을 이용한 분양과 모델 하우스로 특화시킬 수 있다. 모델 하우스를 개발하는 10대 건설사 중 한 곳은 체험형 모델 하우스를 제작한 바 있다. 이케아 매장처럼 동선을 따라 움직이면서 특화된 주방이나 알파룸 등을 직접 체험한 뒤에 단위 세대를 관람하는 방식이 눈에 띄었다. 모델 하우스 공사비는 평당 500~600만 원 정도의 가격을 보이고 있다. 뿐만 아니라, 수도권에서 모델 하우스를 건립하면 토지 임차료도 상당히 높은 가격을 형성하게 된다. 이보다 VR 혹은 온라인 모델 하우스를 제작하여 홍보하면 비용을 감소시키면서 고객 경험을 강화할 수 있다. 분양 상품의 속성에 따라서 적절한 방향으로 고객 경험을 유도하는 것이 현명한 선택이라 할 수 있다.

목적 맞춤형 개발의 경우에는 노인 복지 주택에서 가장 빛났다. 일반적인 공동 주택보다 높이가 낮게 설계된 주방과 욕실, 신발장에 위치한 신발을 신을 수 있는 빌드인 의자 등은 건축물이 지어진 본연의 목적에 최적화된 디자인이다.

집중화 전략은 특정 시장이나 세분화된 고객층을 대상으로 집중적인 경쟁력을 구축하는 방식이다. 지역 특화 전략, 세분화된 시장 공략, 특정 부동산 유형에 집중하는 방법을 통해 경쟁력을 확보할 수 있다. 예를 들어 특정 지역에 대한 심층적인 이해를 바탕으로 특화된 개발을 진행하거나 실버타운, 공유 주택과 같은 특정 소비자층을 겨냥한 상품을 개발하는 방식이 포함된다. 현재 공유 주택은 외국계 자본이 서울 위주로 상품을 운영하고 있는 운영 법인에 적극적으로 투자하고 있으며, 실버타운 영역에서는 특화된 시행사의 시장 장악력이 강해지고 있다. 국내에서는 경험이 많지 않은 분야이기 때문에 선두자 위주의 시장이 형성되는 것이다.

경쟁자와 차별화된 상품을 제공하고 브랜드 가치를 강화하여 새로운 진입자의 진입을 막으며, 고객이 대체 상품으로 이동하지 않도록 고품질의 상품을 개발할 때 부동산 업계도 대체 불가능한 가치를 형성할 수 있다. 건설사가 충성 고객을 확보하고 시장을 장악하기 위해서는 운영 상품의 도입을 서둘러야 한다. 운영 노하우를 기반으로 맞춤 설계를 제공하며 차별화시키면 노인 복지 주택, 공유 주거, 호텔 등에서 압도적인 경쟁력을 확보하게 될 것이다. 이때 꾸준한 설문 조사를 통해 고객 트렌드를 파악하고 개선하는 회사는 운영 영역에서 진입 장벽을 확실히 구축할 수 있을 것으로 보인다. 뿐만 아니라, 운영은 개발의 일시 수익에서 끝나지 않고 지속적인 캐시-카우가 될 수 있다.

부동산 개발 사업에서 지속 가능한 경쟁력을 확보하기 위해서는 비용 우위 전략, 차별화 전략, 집중화 전략을 사업 특성과 고객층에 맞게 조합하여 실행해야 한다. 더 이상 전통적 방식에 의존한 공급자 위주의 부동산 개발 사업 시장은 없다. 다른 산업 분야와 마찬가지로 고객이 우선시되는 수요자 위주의 부동산 개발 사업 시장을 장악하는 자가 차후 시행업계를 이끌어 갈 것이다.

경영 전략

NET+WORK

부동산 개발 사업에서 가장 중요한 요소는 파트너십과 전문성의 강화다. 부동산 개발 사업은 참여하는 주체가 다양한 편이다. 시행사, 증권사, 자산운용사, 위탁 운영사, 보험사, PM, 투자 자문사, 토지 작업자, 공인중개사, 건축사 사무소, 변호사, 회계사, 원가 분석사, 건설사, 내장목 전문 업체, 철근 콘크리트 전문 업체, 토목 회사, 인테리어 업체 등이 참여한다. 프로젝트 특성에 따라 일부 회사가 중복으로 참여하거나 특정 회사가 배제되기도 한다. 회사마다 사업 참여의 목적과 방식이 다르기 때문에 지속적인 파트너십 구축이 매우 중요하다.

예를 들어, 데이터 센터 사업을 추진할 때는 임차가 핵심이기 때문에 인터넷 서비스 기반 회사와의 협력이 중요하고, 물류 센터 사업의 경우 3PL 회사와의 네트워크가 필수적이다. 사업 구조에 따라 리츠, HUG, 공제 조합 등 다양한 기관이 필요하며 적절한 건설사, 신탁사, 증권사를 선정하고 담당자와의 관계를 유지하는 것이 사업 성공의 관건이 된다. 네트워크란 말 그대로 일이 잘 돌아가도록 다양한 인재와 관계를 맺고 유지하는 것이다. Work를 위한 Net인 것이다.

중부 지역 골프장 사업은 네트워크의 중요성을 잘 보여 준 인상적인 사례였다. 기존 투자 방식은 골프장이 직접 차주가 되어 대출을 받는 형태였는데 골프장의 현금 흐름은 좋았으나 실제 투자금 용도가 골프장을 소유한 A사의 자본금 회수로 보인다는 점에서 금융 기관들이 부정적인 반응을 보였다. 그러나 한 증권사의 담당자는 차주를 골프장에서 A사로 변경하고 골프장을 담보로 제공하는 방식을 제안했다. 기존 대출이 골프장 담보의 선순위였기 때문에 후속 대주는 카드 매출 채권에 선순위를 설정하는 창의적인 방식을 통해 딜을 성공적으로 마무리했고, 업계의 주목을 받았다. 이 사례는 기업 금융 경험을 활용하여 기업 금융과 부동산 금융을 결합한 좋은 예였다.

다른 사례로는 공유 주거 상품을 개발하려던 사람이 토지 계약금은 납부했으나 브릿지 대출^{토지 잔금}이 진행되지 않아 기한 이익 상실^{EOD} 위기에 처했던 경우다. 많은 금융 기관이 난색을 표했지만, 담당자의 탄탄한 파트너십 덕분에 해결책을 찾았다. 그는 관련 펀드를 운용 중인 자산운용사와 확약 임차를 통해 일정 부분 선매입을 추진할 곳을 확보했다. 펀드는 설정이 어려울 수 있지만 일단 설정되면 자금을 운용해 이익을 창출해야 하는 특성이 있기 때문이다. 이를 통해 선매입 매매 계약금을 확보하여 자기 자본^{Equity}을 보충했고, 브릿지 대출 이후 본격적으로 사업을 시작할 수 있었다.

경영 전략

용역사 선정

건축사, 자문사, 변호사, 회계사, 건설사 현장 소장 등 전문직은 사업을 진행할 때 자주 협력을 요청하게 되는 사람들이다. 금융사나 건설사와 같은 기업도 마찬가지로, 전문직과 협력할 때는 담당 전문가와 좋은 관계를 유지하는 것이 매우 중요하다. 전문직 분야는 특히 회사보다는 담당자의 역량에 따라 성과가 크게 달라질 수 있기 때문이다.

건축사의 설계는 프로젝트의 사업성과 공정에 결정적인 영향을 미친다. 경제적이고 효율적인 설계를 통해 전체 비용을 절감할 수 있으며, 공사 과정에서 발생할 수 있는 문제를 미리 예측하고 대응함으로써 공사 기간과 추가 비용을 줄일 수 있다. 특히 현장 경험이 풍부하거나 BIM을 적극적으로 활용할 수 있는 설계사라면 더욱 이상적이다. 만약 그런 설계사가 없다면, 시공 기술자를 설계 회의에 함께 참여시키는 것도 좋은 방법이다. 시공 기술자는 시공 가능성을 검토하고, 공사비를 줄일 수 있는 대안을 제시하는 데 능숙하기 때문이다. 기술자는 시공이 불가능하거나 비효율적인 설계를 현실적으로 수정하고, 비용 절감과 기능 향상에 도움을 주는 대안을 제시한다.

또한 건축사는 법적 요건과 규제를 충족하는 설계를 통해 프로젝트의 승인과 원활한 진행을 지원한다. 지역 네트워크가 탄탄한 설계 사무소와 협력하면 인허가 과정이 더욱 수월해지기도 한다. 건축법과 관련 규정을 정확히 반영한 설계를 제공하고, 인허가 절차를 지원하며, 지역 사회와 조화를 이루는 설계를 통해 잠재적 갈등을 최소화한다. 심의 과정에서도 인간관계가 중요한 영향을 미칠 수 있으므로 원만한 관계를 구축하는 것도 사업성 향상에 도움이 된다.

친환경적이고 에너지 효율을 고려한 설계를 통해 지속 가능한 건축물을 구현하면 ESG 경영 트렌드에 부응할 수 있다. 이는 프로젝트의 장기적인 가치와 경쟁력을 높이고 분양률과 매각 가능성을 증가시켜 장기적인 수익성 확보에 큰 도움이 된다. 따라서 건축사의 역량은 설계와 디자인, 비용 관리, 법적 요건 준수, 지속 가능성, 이해관계자 협력 등 여러 면에서 부동산 개발 사업의 성공을 좌우하는 핵심 요소가 된다.

과거 한 프로젝트에서는 각기 다른 담당자들이 설계한 세 가지 계획 설계 도면의 사업성이 최대 10%까지 차이를 보인 경험이 있다. 공동 주택 사업에서는 건축 심의 과정에서 위원의 지적 사항을 반영하느라 6개의 세대가 삭제되어 매출이 약 30억 원이나 감소하기도 했다. 또한 쓸데없는 면적을 줄이면 설계비와 공사비가 동시에 줄어드는 효과가 있지만,

일부 건축사 사무소는 용역비를 늘리기 위해 의도적으로 면적을 확대하는 경우도 있다. 이를 방지하려면 설계비를 면적과 단순히 비례시키지 않고, 연면적을 효율적으로 축소했을 때 인센티브를 제공하는 방식으로 계약하는 것도 좋은 방법이다.

물류 센터의 경우에도 이해 부족으로 높이나 램프 설계를 잘못하여 실제 사용자들이 불편을 겪으면서 공실이 발생한 사례가 있다. 또한 임차사 입주 전략을 잘못 설정해 여러 임차사가 동시에 물류 출고를 요청하여 병목 현상이 발생하는 일도 있었다. 결국 이러한 문제로 인해 빠르게 공실이 되었고 선매입사는 큰 손실을 입게 되었다.

모든 이해관계자, 특히 시행사는 프로젝트 전 과정에 책임감을 가지고 적극적으로 관리해야 한다. 단순히 전문가에게 일을 위임했다고 해서 끝나는 것이 아니라 마지막까지 프로젝트의 성과와 지속성을 고민하고 개선하려는 자세가 중요하다.

변호사는 법률과 법리에 정통한 전문가다. 그들은 특화 분야가 있을 수는 있지만 특정 사업 분야의 전문가는 아니다. 대형 법무 법인에 의뢰하더라도 담당 변호사가 해당 분야에 대한 경험이나 실무 지식이 부족한 경우가 종종 있다. 예를 들어 투자 계약서 작성을 의뢰할 때 법리적으로는 의뢰인을 완벽히 보호하지만 실무적으로 프로젝트 파이낸싱PF이 불가능한 조건을 제시하는 경우가 있다. 이럴 경우 투자 조건 협상에서 불리한 상황이 발생하거나 최악의 경우 투자 자체가 무산될 수도 있다. 여타 소송을 진행할 때도 부동산 개발 사업 전문가가 실무적으로 정확히 판단하여 언제 어디에 가압류를 신청하는 것이 적합한지 결정하는 것이 중요하다. 최근에는 공사비 증액 분쟁 시 원가 분석사에게 먼저 관련 서류를 검토하게 한 후 법무 법인을 선정하는 사례가 증가하고 있다. 법률 대리인은 변호사지만 공사비에 특화된 이들과 논의하는 것이 더 중요하다는 것을 시행사가 인지했기 때문이다. 결국 사업 주체가 상황에 따라 적절한 전문가를 선정하는 능력은 사업의 성공을 좌우하는 핵심 요소가 된다.

건설사의 경우 현장 소장과 배치된 직원들의 역량이 매우 중요하다. 개별 현장은 독립적으로 운영되며, 현장 소장은 프로젝트 성공의 핵심 역할을 수행한다. 공사의 품질, 일정, 예산을 종합적으로 관리하며, 계획된 공정에 따라 작업이 적시에 이루어질 수 있도록 조율한다. 품질 관리와 자재의 수준 유지, 예산 초과 방지를 위한 효율적인 비용 관리가 그 역할이다. 소장의 기술력이 부족하면 시공사의 이익이 줄어들거나 적자가 발생할 수 있다. 이때 건설사는 적자를 만회하기 위해 과도한 설계 변경과 공사비 증액을 요구할 가능성이 높아진다. 위로는 증액이지만 아래로는 하수급인의 합리적인 증액을 무시할 수 있다. 하수급인이 수익을 내지 못하면 결국 공사의 품질 저하로 귀결된다. 현장에서는 '돈을 벌게 해주는 담당자가 최고'라는 말이 있을 정도로 명확한 업무 지시와 효율적인 공정 관리가 중요하다. 발주처와 건설사뿐만 아니라 하수급인까지 이익을 얻는 상황에서 품질이 올라간다. 반면 그렇지 못한 경우 시행사, 건설사, 하수급인 모두가 분쟁에 휘말릴 수 있으며, 이는 결국 수분양자와 금융 기관 등 모든 이해관계자에게 피해를 줄 수 있다. 또한 현장 소장은 주변 민원, 지자체 공무원, 정치인 등의 민원 해결도 책임진다. 민원을 제대로 처리하지 못하면 공사가 중단되는 등 일정에 차질이 발생할 수 있다. 소장은 안전 관리 측면에서도 중대한 책임을 지며, 안전 규정 준수와 근로자에 대한 정기적인 안전 교육을 하고, 사고 발생 시 신속하게 대응해야 한다. 예상치 못한 문제에도 능동적으로 대응하여 공정 지연, 자재 수급 문제, 인력 부족 등 다양한 변수들을 관리해야 한다. 결국 현장 소장은 건설 프로젝트 성공 여부에 결정적인 영향을 미치는 인물이며, 품질 저하, 공사 지연, 안전사고 등 각종 문제를 예방하고 해결하는 등 소장의 리더십과 관리 능력은 최종적으로 현장의 만족도와 잔금 납부율에 큰 영향을 미친다. 소장 한 명의 능력이 전부는 아니겠지만 현장 리더의 영향력은 절대적이다.

강남 3구 중 한 곳에서 국내 10대 건설사가 책임 준공형 PM을 수행한 사례가 있다. 기존에는 10대 건설사가 신용을 제공하고, 실질적인 공사는 타 회사에서 하는 방식이었고, 기술 지도까지 하는 PM은 이례적이었다. 해당 사업은 시행자와 시공사가 동일하다는 특수성을 가지고 있었지만 드물게 진행된 방법인 만큼 담당자 간 적극적인 의사소통이 필수였다. 이는 금융권과 건설사, 시행사의 적극적인 태도가 만들어 낸 사례다.

일반적으로 신탁사의 책임 준공 방식은 최초 선정된 건설사가 파산할 경우 후속 건설사를 선정해야 하며, 후속 건설사는 대개 더 높은 비용을 제시하고 구조적 리스크까지 감수해야 하는 단점이 있다. 반면 건설사의 책임 준공형 PM 방식은 두 가지 주요 장점이 있다. 첫째, 선행 건설사가 파산할 경우 현장 인수 절차가 간소화되고 구조적 리스크 부담도 줄어든다. 둘째, 시행사가 지불하는 수수료는 신탁사 책임 준공 수수료와 유사하지만, 추가로 기술 컨설팅을 받을 수 있다는 점이다. 실제 현장에서는 PM을 수행한 건설사가 제공한 VE로 인한 공사비 절감액이 수수료를 초과했으며, 향후 책임 준공형 PM 수주 시 VE 절감액에 대한 분배 방식을 적용하기로 하였다. 이는 기술력이 뛰어난 건설사에 새로운 사업 기회를 제공할 수 있다. 건설 기술은 습득에 오랜 시간이 걸리는 분야로, 한 현장당 평균 3~5년이 소요되기도 한다. 따라서 현장 경험이 풍부한 대형 건설사가 중소 규모 건설사보다 많은 노하우를 갖게 되는 것이다. 기술과 책임 준공을 연계하여 하나의 상품으로 만들어 제공할 수 있다면 사회적 비용을 줄이고 새로운 시장 창출에도 기여할 것으로 기대된다.

원가 분석사는 개발 부담금, 교통 유발 부담금과 같은 각종 부담금 산정, 분양가 상한제 지역의 분양가 책정, 공사비 감정 등의 업무를 수행한다. 개발 부담금 산정은 부과 종료 시점의 토지 가액에서 부과 시작 시점의 토지 가액, 정상적인 지가 상승분, 개발 비용을 차감하여 결정된다. 사업 초기 단계부터 철저히 준비하면 개발 부담금을 최소화할 수 있지만, 준비가 부족하면 예상보다 최대 150%에 달하는 부담금을 납부하게 되는 경우도 있었다. 이미 납부된 부담금이라도 경정 청구를 통해 절감된 금액에 대한 인센티브를 받을 수 있는데, 이런 방법을 모르는 시행사는 기회를 놓치는 경우도 적지 않다.

 부동산 개발 사업에서 가장 큰 비용은 무지로 인한 손실이다. 해결 방법을 모르더라도 상황에 따라 빠르게 대응하고 적극적인 의사소통으로 방법을 강구할 수 있다. 이를 위해서 만나는 이들의 강점을 파악해 두는 것이 중요하다. 얕게 알더라도 강점을 명확히 아는 사람들이 많아질 때 NET으로 인한 WORK가 가능하다고 할 수 있겠다.

경영 전략

지구 단위와 인허가

국토의 계획 및 이용에 관한 법률에 따르면 지구 단위 계획은 도시·군 계획 수립 대상 지역의 일부에 대하여 토지 이용을 합리화하고 기능을 증진시키며 미관을 개선하고 양호한 환경을 확보함으로써 해당 지역을 체계적으로 관리하기 위해 수립하는 계획이다. 즉, 일정 구역을 종합적으로 개발·관리하기 위한 세부 계획으로 상위 계획의 틀 안에서 해당 지역의 토지 이용과 개발 방향을 구체화한 것이다. 지구 단위 계획은 구 도시 계획법상의 상세 계획과 건축법상의 도시 설계를 하나로 통합한 제도로서 평면적인 토지 이용 계획과 입체적인 건축 계획을 연결하는 중간 수준의 계획이다. 이를 통해 개별 건축물 계획이 도시 계획과 조화를 이루도록 한다. 지구 단위 계획 구역에서는 건축물의 용도, 종류, 규모 등에 관한 제한이나 건폐율, 용적률 등의 밀도 규제를 필요에 따라 강화하거나 완화하여 적용할 수 있다. 이는 해당 지역에 최적화된 개발을 유도하기 위함이다. 지구 단위 계획을 통해 이루어진 정비는 인접 지역까지 영향을 미칠 수 있으므로 계획을 수립할 때 향후 10년 정도의 도시 성장과 변화까지 고려해야 한다. 장기적인 관점에서 미래 도시 환경을 예상하고 이를 반영할 때 특혜 시비로부터 자유롭고 균형적인 개발 관리를 할 수 있다. 지구 단위 계획은 주로 기존 도시 지역 가운데 환경 개선과 기능 향상이 필요한 곳을 대상으로 수립된다. 예를 들어 용도 지구, 도시 개발 구역, 정비 구역, 택지 개발 지구, 대지 조성 사업 지구 등으로 지정된 지역이 지구 단위 계획의 주요 적용 대상이다. 실무에서는 용도 지역을 변경할 때 지구 단위 변경 사업이라는 단어를 많이 사용하며 도시 개발 구역, 택지 개발 지구, 대지 조성 사업 지구는 그 명칭에 사업을 붙여 도시 개발 사업, 택지 개발 사업이라는 용어를 즐겨 사용하고 있다. 지구 단위 계획은 상위 계획인 광역 도시 계획이나 도시 기본 계획 등의 내용과 취지를 충실히 반영하여 수립된다. 경우에 따라 독립적으로 수립할 수도 있고, 도시개발법이나 택지 개발 촉진법 등 개별 법령에 의해 지정된 사업 구역에서는 해당 개발 계획 또는 실시 계획과 병행하여 수립할 수도 있다. 이를 통해 지구 단위 계획이 상위 계획과 일관성을 유지하면서도 개별 개발 사업과 조화를 이루도록 한다. 하지만 한계점도 분명히 존재한다. 수립 과정에서 시간과 비용이 많이 소요되고, 이해관계 조정이 어려운 점, 정책 변화에 따른 계획 수정 가능성 등이다. 지구 단위 계획 내에서 사업 계획을 세울 때는 간단히 용도 지구를 검토하는 것을 넘어 지구 단위 계획을 반드시 검토해야 한다. 이는 지역 주민 센터나 지자체 홈페이지에서 확인 가능하며 필요 시 전화로 문의도 가능하다. 모든 세부 내용을 숙지할 필요는 없으나 필수적인 사항은 알아야 한다.

지구 단위 계획에서 꼭 확인해야 하는 점은 건축 한계선이다. 건축 한계선은 도로의 개방감 확보를 위해 건축물을 도로에서 일정 거리 후퇴시켜 그 선의 수직면을 넘어서 건축물 및 부대시설의 지상 부분이 돌출하여서는 안 되는 선을 말한다. 건축 지정선은 건축물의 전 층 또는 저층부의 외벽 면이 일정 비율 이상 접해야 하는 선을 말한다. 토지 이용 계획 확인원에 3m 건축선 지정 구역 등으로 제한되면 건폐율보다 더 적은 면적으로 건축을 진행해야 한다. 이와 같이 지구 단위 계획으로 인하여 건축 한계선, 건축 지정선, 건폐율, 용적률, 건물 사용 용도와 불허 용도 등 세부 사항이 결정된다. 간혹 작은 면적의 토지를 구매하였을 때 1/3 이상이 건축 불허가 되는 경우도 존재한다.

공동 개발은 지구 단위 계획 구역 내 여러 필지의 토지 소유자가 서로 협력하여 토지의 통합적 이용, 기반 시설 조성, 건축물 배치 등을 함께 계획하고 실행하는 개발 방식이다. 개별적으로 개발할 경우 발생할 수 있는 난개발, 부조화, 기반 시설 부족 등의 문제를 해결하기 위한 수단으로서 접근하는 건데 여러 토지 소유자가 참여하여 지분 갈등이 발생할 가능성이 높다. 용도 지역 변경이 확정되면 개발 이익이 발생하는데, 이에 대한 지분율 및 기여도와 같은 이익 배분 기준은 늘 말이 많다. 만약 합의 없이 진행할 경우 수용 보상 문제가 발생할 수 있으며, 토지주의 민원으로 인하여 사업이 지연될 수도 있다. 공동 개발 시 개발 비용 분담, 토지 지분 조정 방식, 용도 지역 변경 이후 건축 계획, 개발 이익 분배 방식 등 소유자 간 권리와 의무를 명확히 규정하는 계약서 작성은 반드시 필요하다.

지구 단위 변경 시 금융 기관 및 투자자는 용도 지역 변경 승인 리스크로 인해 투자를 꺼리는 경우가 많다. 브릿지는 변경 신청 전 용도 지역일 때의 수준으로 LTV가 산정된다. 다만 사업 가능성이 양호할 때는 타 사업장 추가 담보 혹은 신용 보강을 이용해서 추가 대출을 노려볼 수 있다. 용도 지역 변경을 통해 토지 가치가 상승하는 경우 지방 자치 단체는 기부 채납도로, 공원, 공공시설제공 요구를 할 가능성이 높다. 기부 채납 비율 및 방식은 사전 협의를 통해 조정할 수 있으니 사업자는 반드시 적정 채납을 고수해야 한다. 지자체 입장에서도 물러날 수는 없다. 계획 변경으로 인한 건축물 용도 변경이 발생하면 교통량 증가, 상하수도 부하 증가, 전력 공급 문제 등이 예상되기 때문에 향후 민원과 배임 문제를 대비해서라도 철저히 분석해야 한다. 특히 주거 지역에서 상업 지역으로 변경되는 경우 주민 반대 여론이 강할 수 있다. 이때는 공청회 과정에서 갈등이 발생할 수 있다. 인근 토지 소유자들이 사업성 악화, 조망권 침해, 일조권 문제 등을 이유로 반대할 가능성 역시 산재한다. 그러므로 지자체의 도시 계획 위원회 및 주민 공청회 절차에서 충분한 설명과 합의를 이끌어 내는 것이 중요하다.

지구 단위 계획에서 채찍만 있는 것은 아니다. 제재를 가하기보다는 혜택을 제공하여 원하는 방향으로 유도하는 방법도 존재한다. 인센티브는 지구 단위 계획에서 정한 사항이거나 시 정책과 연계성이 높은 항목으로서 공공성이 확보되는 경우 제공된다. 물론 관련 법률 또는 지침에서 의무적으로 이행토록 정한 항목은 인센티브 제공을 배제한다. 인센티브는 허용 용적률 인센티브, 상한 용적률 인센티브, 건폐율 및 높이 등 인센티브가 있다. 인센티브 항목에는 BF베리어 프리, 무장애 건축과 같이 비교적 용이하게 달성할 수 있는 항목도 있고 현실적으로 달성이 어려운 부분도 존재한다.

서울시는 지구 단위 계획에서 건축물 밀도 완화를 위해 여러 인센티브 항목을 운용해 왔다. 기존에는 건축 한계선건축물 전면 Setback, 권장 용도 도입, 공동 개발 등 약 10개 분야38개 세부 항목의 인센티브가 설정되어 있었다. 해당 항목을 충족하면 지구 단위 계획 구역의 용적률을 상향 적용 받는 방식이다. 예를 들어 건축선을 뒤로 물려 공개 공지공개 열린 공간를 제공하거나 권장된 특정 용도를 포함하면 용적률 인센티브를 받을 수 있다. 서울 주거 지역에서는 건축 한계선 준수, 공공 보행 통로 확보, 공개 공지 제공, 권장 용도 도입, 공동 개발, 임대 주택, 친환경, 공공 기여가 중요하게 여겨진다. 건축 한계선 준수는 대지 앞쪽에 공개 공간을 확보하도록 건축선을 제한하면 인센티브로 용적률을 높여 주는 것이다. 이는 주택 단지에서 도로변 열린 공간을 확보하기 위한 유도책이다. 공공 보행 통로 확보는 대지를 관통하거나 접속하는 보행자 통로를 공개용으로 설치할 경우 용적률 인센티브를 부여하는 것이다. 주민이나 시민들이 통과할 수 있는 길을 마련하는 대가로 개발자에게 혜택을 준다. 공개 공지 제공은 대지 내 일부를 누구나 이용 가능한 공개 공지로 조성하면 용적률 상한까지 추가 완화가 가능하다. 이는 주거 단지 내 휴식 공간이나 소광장을 확보하는 경우에 해당한다. 권장 용도 도입은 해당 지구의 활성화를 위해 주민 편의 시설이나 돌봄 시설 등과 같은 권장되는 용도를 건물에 포함하면 인센티브를 받을 수 있는 항목이다. 공동 개발은 여러 필지를 통합 개발혹은 특별 계획 구역 지정하여 대단위 주거 단지로 계획하면 개별 개발 대비 용적률 등을 완화해 주는 인센티브다. 이는 좁은 필지들의 공동 개발을 유도하여 보다 체계적인 주거 단지 조성을 목표로 한다. 임대주택 건립은 일정 비율 이상을 공공 임대 등으로 공급할 경우 용적률 완화를 부여하는 조항이다. 이는 서민 주거 안정에 기여하는 대가로 민간에 인센티브를 주어 유도하는 것이다. 친환경 요소는 옥상 녹화, 빗물 이용 시설, 중수도 설치, 유니버설 디자인 등을 적용했을 때 받을 수 있는 추가 용적률 항목이다. 또한 건축물에 지능형 건축물 인증이나 녹색 건축 인증을 받는 경우 등에도 인센티브를 받을 수 있다. 이런 항목들은 쾌적한 주거 환경과 에너지 절감을 유도하기 좋다. 기타 공공 기여는 지하철 출입구를 건물에 통합 설치하거나 공원·도로 등 공공시설을 기부 채납하는 경우를 예로 들 수 있다. 다만 이는 비용 문제로 대규모 개발이 아니면 적용하는 것이 힘든 경우가 많다. 이러한 인센티브는 기준 용적률 → 허용 용적률 → 상한 용적률 구조로 운영해 왔다. 기본 용적률에서 인센티브 항목 이행 정도에 따라 허용 용적률까지 상승하고, 법정 한도 상한용적률 내에서 추가 인센티브를 얻는 방식이다. 최근에는 도시 정책 변화에 맞춰 탄소 중립, UAM도심항공교통, 로봇 시설 같은 미래 지향적인 항목을 추가하고 인센티브 체계를 개편하는 움직임을 보이고 있다. 그러나 주거 지역에 한정하면 기본적으로는 공개 공지, 임대 주택, 친환경 설비 등 공공성 확보와 주거 환경 개선에 초점을 둔 인센티브가 중심을 이룬다.

수원의 경우 노후 주거지 재정비와 신축 개발이 혼재한 상황이다. 타 지역보다 작은 주택 공급과 복지 시설 설치에 주안점을 두고 있다. 반면 지능형 건축물 인증 항목은 효과가 낮다고 보아 삭제하였다. 과천은 신도시로 계획된 지역이 많아 지구 단위 계획에서 인센티브를 통한 용적률 상향보다는 애초에 계획 단계에서 용적률을 충분히 배정하는 경향성이 드러났다. 예를 들어 과천 지식 정보 타운 등의 개발에서는 공원과 같은 기반 시설을 계획 단계에서 확보하고 추가 인센티브보다는 기부 채납 조건 등을 통해 공공성을 확보했다. 화성시는 환경 친화적 요소와 기반 시설 확충에 대한 인센티브가 강조되고 있는데, 이는 신도시 개발이 많은 특성에 따른 시의 정책 목표라 할 수 있겠다.

개발 사업에서 구청 인허가와 시청 혹은 도청 인허가는 사업의 규모와 성격에 따라 관할 기관이 정해진다. 구청 인허가는 해당 구역 내에서 이루어지는 소규모 개발 사업에 주로 적용된다. 단독 주택 신축, 소규모 공동 주택 건설, 상가 리모델링 등 상대적으로 간단한 행정 절차를 처리하며 건축물의 배치, 용적률, 건폐율 등 기본적인 허가를 담당한다. 처리 과정이 비교적 간단하고, 인허가 기간도 짧은 편이다.

반면 시청 인허가 혹은 도청 인허가는 시나 도 전체에 영향을 미치거나 여러 구를 포함하는 대규모 개발 사업에 적용된다. 재건축·재개발, 대규모 복합 단지 개발, 도시 계획 변경 등이 주요 대상이다. 용도 지역 변경이나 도시 계획 시설 조정처럼 복잡한 사안이 많아 처리 기간이 길고 심의 기준이 까다로운 경우가 많다. 많은 시행자가 구 단위 인허가를 선호하지만 사업 계획이 공익성이 있을 경우에는 시 단위 인허가가 더 용이할 수 있다. 이는 건축과 주무관의 실적과 연동이 되어 있는데 이러한 요소를 정확하게 파악하였을 때 안정적인 인허가 검토가 가능하다.

실제 사례를 통해 지구 단위 계획 검토를 진행해 보면 이해가 더 편할 수 있다. A 사업장은 주거형 오피스텔 건설로 수익성이 높은 사업이다. B 건설사가 C 신탁사에게 위탁해 둔 상황이었으며, 많은 시행자가 관심을 가졌다. 실제 필자가 검토를 진행하며 C 신탁사에게 문의했을 때 이미 하루 동안 10건이 넘는 전화를 받았다는 이야기를 들을 수 있었다. A 사업장은 용도 지역을 봤을 때 사업성이 높았고, 건축사 사무소의 건축 개요도 포함되어 있었다. 대부분 건축사가 검토를 하면 믿고 진행하는 경우가 많다. 직접적인 지주 접촉을 하기 전에 확인 작업으로 토지 정보 사이트 이음에 검색을 했다. 해당 사업장은 허용 용도에 공동 주택과 오피스텔이 △ 표시 되어 있었다. 또한 하단에는 다음과 같은 경고가 있었다.

지구 단위 계획 구역 ❗	별도 확인 필수 ❗ - 건축물	지구 단위 계획 구역에서 건축물을 건축 또는 용도 변경 하거나 공작물을 설치하려면 그 지구 단위 계획에 맞게 하여야 한다. 다만, 지구 단위 계획이 수립되어 있지 아니한 경우에는 그러하지 아니하다. ※ 담당 과를 방문하여 토지 이용과 관련한 지구 단위 계획을 별도로 확인하시기 바랍니다.

도면 번호	위치		허용 용도 및 부지면적 비율	비고
	가구	획지		
G	①	-1	물류 시설 10% 이상 상류 시설 50% 이상 지원 시설 40% 이하	복합 용도 개발 시 시설용지 비율 산정은 지상층 연면적을 기준으로 산정함
	②	-1	물류 시설 10% 이상 상류 시설 50% 이상 지원 시설 40% 이하	
	③	-1	물류 시설 30% 이상 상류 시설 30% 이하 지원 시설 40% 이하	
	④	-1		
	⑤	-1	물류 시설 30% 이상 상류 시설 30% 이하 지원 시설 40% 이하	

② 공동 개발 하는 ③, ④ 가구는 물류 시설 중 물류 터미널을 최소 17,000m² 이상 확보해야 한다.

지구 단위 계획 구역이라는 말을 보고 바로 지자체 주무관에게 전화했다. 주무관은 해당 지역에 주거형 오피스텔 계획이 어려울 수 있다는 답변을 주었다. 자세한 것은 지구 단위 계획을 참조해 보라는 안내에 따라 시청 홈페이지 분야별 정보, 도시 계획에서 지구 단위 계획에 대한 설명을 찾아보았다. 각 필지별로 1~5번으로 번호가 매겨져 있었으며 공동 개발에 대한 규제도 볼 수 있었다. 전체 필지가 유통 및 업무 시설로 설정되어 있었다. 오피스텔 허용이 가능한 지역에 이미 기준공된 오피스텔이 보였다. 해당 오피스텔의 물량은 전체 지구 단위 계획 중 지원 시설 허용 용도를 가득 채우는 수준이라는 것을 알 수 있었다. 마지막으로 주무관과 최종 확인한 결과 주변 지역 지원 시설 허용 용도 비율이 초과하여 주거형 오피스텔 건설이 불가함을 확인했다. 검토 당시 건축사 사무소로부터는 해당 의견을 받지 못했기 때문에 직접 검토하지 않았으면 피해를 입을 수도 있는 상황이었다. LH 신축 매입 약정 사업 검토 시 준주거 지역으로 주거형 상품 건립을 계획하였으나 지구 단위 계획 확인 시 건립 불가 지역으로 사업이 부결된 사례도 있었다. 이러한 지구 단위 계획은 용역으로 처리하기보다는 직접 확인을 병행하는 것이 중요하다.

    지구 단위 계획을 통해 용도 지역을 변경하는 것은 기존 도시 구조를 보완하거나 정비할 때 주로 진행된다. 이번에는 민간 주도의 지구 단위 계획 변경을 알아보도록 하자. 민간 사업자가 특정 지역의 개발 필요성을 제기하고, 지구 단위 계획 변경을 요청하여 개발을 추진하는 방식이다. 지구 단위 계획은 구청장 또는 시장, 해당 구역 토지 면적의 80%이상 주민 동의^{주민 제안}를 통하여 제안할 수 있다.

이후 도시 계획 위원회의 심의를 거쳐서 시장이 최종 결정 한다. 지구 단위 계획 지정되면 3년 이내 그 구역에 대한 개발 또는 관리 계획 수립이 필요하고, 이는 도시 계획 위원회의 심의를 거쳐 확정된다.

법적 근거	국토의 계획 및 이용에 관한 법률
목적	지역 특성에 맞는 개발 또는 정비, 환경 개선, 조화로운 건축물 배치
주체	지자체가 주로 담당하며, 민간 사업자와 협력 가능
절차	지구 단위 계획 지정 → 개발 계획 수립(도시 계획 위원회 심의) → 사업 시행 및 완료
용도 지역 변경 대상	주로 소규모 변경, 예를 들어 상업 지역 내 특정 블록의 용도를 조정하거나 주거 지역 내 특정 용적률을 조정하는 방식

사전 검토 및 계획 수립	1) 현황 분석 - 대상 지역의 현행 용도 지역, 지구 단위 계획 구역 지정 여부, 도시 계획 관련 규제 등을 분석 - 교통, 환경, 인구 수용 계획 등을 검토 2) 사업 타당성 검토 - 사업의 경제성, 공공성, 실행 가능성 평가 - 인근 지역과의 조화 여부 확인 3) 지자체 협의 - 초기 단계에서 지자체(시·군·구청)와 협의해 사업 추진 가능성 타진
지구 단위 계획 변경안 마련	1) 변경 요청안 작성 - 용도 지역 변경, 건축물 용적률, 높이 완화, 도로 및 기반 시설 배치 변경, 인구 총량 변경 등 구체적인 변경안 작성 - 변경안에는 공공 기여 방안 포함 2) 전문가 활용 - 도시 계획 전문가(엔지니어링 업체, 설계 사무소)와 협업하여 법적 요건 충족 및 계획안 작성
지자체에 변경 요청	1) 도시 관리 계획 입안 제안 - 민간은 도시 계획 변경을 요구할 수 있으며 지자체는 이를 검토 - 변경 요청에는 사업 계획서, 변경안, 관련 서류 첨부 2) 지자체 심의 - 지자체 내부에서 계획 변경의 타당성과 공공성 검토 - 필요시 추가 자료 요청이나 협의 조정
도시 계획 위원회 심의	1) 도시 계획 위원회 심의 통과 필요 - 공공성 및 적합성 - 지역 주민 갈등 여부 - 환경 및 교통 영향 평가 등을 이행

민간 주도로 추진할 경우 공공 기여는 반드시 필요하다. 기부 채납, 공공 임대 주택 공급, 기반 시설 개선 등이 들어가는 경우가 많으며 지역 주민 설명회, 공청회 등을 통하여 이해관계를 조정하며 향후 특혜 시비를 방지해야 한다.

도시개발사업은 도시개발법에 근거하여 주거, 상업, 공업 등 다양한 용도로 특정 지역을 체계적으로 개발·정비하는 사업이다. 이는 도시의 효율적인 성장과 주민 생활 환경 개선을 목적으로 한다. 도시개발사업은 특별시장, 광역시장, 도지사에 의해 도시 개발 구역으로 지정되는 것에서 시작되며, 개발 계획 수립, 사업 시행, 완료로 이어진다.

법적 근거	도시개발법에 근거
목적	도시의 균형적인 발전, 토지 이용의 효율화, 주거 환경 개선
주체	지방 자치 단체, 공공 기관, 민간 사업자 등이 사업 시행자가 될 수 있음
절차	도시 개발 구역 지정 → 개발 계획 수립 → 사업 시행 및 완료
용도 지역 변경 대상	주거 지역을 상업 지역으로 변경하거나, 자연 녹지 지역을 주거 지역으로 변경하는 등 사업 목적에 부합하는 변경이 이루어짐

구역 지정 후에는 사업의 목적, 기간, 위치 등을 포함한 개발 계획을 수립하고, 시행자를 지정하게 된다. 시행자는 토지 면적의 2/3을 소유하거나 토지 소유자의 1/2 동의를 얻으면 사업을 제안할 수 있다. 제안서는 도시 계획 설계와 건축 기본 계획에 기반하여 작성한다. 시청은 주민 의견을 수렴하고 도시 계획 위원회 심의를 통해 개발 계획을 확정하

고 고시한다. 이후 시행자는 실시 계획을 수립하고 지구 단위 계획을 포함한 실행 계획을 작성하여 승인을 받는다. 이 과정에는 약 1년 이상의 시간이 소요될 수 있다.

도시 개발 구역 지정 및 고시 → 개발 계획 수립 → 시행자 지정 → 실시 계획 인가 및 고시 → 수용 및 환지

도시개발사업 절차도

사업이 승인되면 주택 건설의 경우 사업 계획서를 제출해 심의를 받고, 건축물의 경우 건축허가 절차를 진행하여 공사를 시작한다. 도시개발사업은 환지 방식, 수용 방식, 혼용 방식, 민간 개발 방식 등으로 진행되며, 사업 규모와 특성에 따라 적절한 방식을 선택하게 된다.

도시개발사업은 도시 환경 개선, 지역 경제 활성화, 공공시설 확충 등 긍정적인 효과를 가지지만 토지 소유자와의 갈등, 환경 훼손, 장기적인 시간 소요 등의 한계도 존재한다. 특히 기존 토지 소유자의 민원, 기반 시설 준공, 계획 수립 등이 문제가 되는 경우가 많다. 도시 개발 제안 요건이 2/3 소유 및 토지 소유자 총 수의 1/2 동의 조항 때문이다. 2/3의 토지 소유권을 확보한 이후 필지를 분할하여 동의자 수를 맞추는 편법으로 인한 민원이 많다. 건축물을 개발하여 매각을 진행할 때 기반 시설 준공은 선매입사에서 부담스러워하는 경우가 있다. 공동 주택 등 기타 시설물은 준공이 되었으나 도로 등이 준공되지 않아 이용이 불가한 사례가

있기 때문이다. 이러한 점을 고려하면 균형 잡힌 계획과 실행이 중요하다는 것을 알 수 있다. 도시 개발의 원 취지대로 공공과 민간의 협력을 통해 도시의 경쟁력을 높이는 것이 중요하다.

도시개발사업 정리표

구분	활동 주체	내용	비고
기초 조사	시행자	토지 면적의 2/3 소유 및 토지 소유자 총수의 1/2 동의	
제안서	시행자	제안서 작성(도시 계획 설계 + 건축 기본 계획) → 제안서 검토(구청) → 구역 지정 제안(구청)	설계 계약 필요
구역 지정	시청	주민 의견 청취 → 도시 계획 위원회 심의 → 개발 계획 수립 및 변경 → 도시 개발 구역 지정 및 시행자 지정 → 도시 개발 구역 고시	소요 기간 6M~12M
실시 계획	시행자	실시 계획 작성(지구 단위 계획 수립) → 실시 계획 인가 신청	소요 기간 6M~12M
	시청	실시 계획 인가 및 고시(일반 관계 서류 공람)	도시개발법 18조
사업 계획	시행자	사업 계획서 작성 → 사업계획승인 신청(구청) → 사업 계획 통합 심의 → 사업계획승인(구청)	

제2조(도시개발구역의 지정대상지역 및 규모) ① 「도시개발법」(이하 "법"이라 한다) 제3조에 따라 도시개발구역으로 지정할 수 있는 대상 지역 및 규모는 다음과 같다. <개정 2011. 12. 30., 2013. 3. 23., 2014. 7. 14., 2015. 11. 4.>

1. 도시지역

    가. 주거지역 및 상업지역: 1만 제곱미터 이상

    나. 공업지역: 3만 제곱미터 이상

    다. 자연녹지지역: 1만 제곱미터 이상

    라. 생산녹지지역(생산녹지지역이 도시개발구역 지정면적의 100분의 30 이하인 경우만 해당된다): 1만 제곱미터 이상

2. 도시지역 외의 지역: 30만 제곱미터 이상. 다만, 「건축법 시행령」 별표 1 제2호의 공동주택 중 아파트 또는 연립주택의 건설계획이 포함되는 경우로서 다음 요건을 모두 갖춘 경우에는 10만제곱미터 이상으로 한다.

    가. 도시개발구역에 초등학교용지를 확보(도시개발구역 내 또는 도시개발구역으로부터 통학이 가능한 거리에 학생을 수용할 수 있는 초등학교가 있는 경우를 포함한다)하여 관할 교육청과 협의한 경우

    나. 도시개발구역에서 「도로법」 제12조부터 제15조까지의 규정에 해당하는 도로 또는 국토교통부령으로 정하는 도로와 연결되거나 4차로 이상의 도로를 설치하는 경우

② 자연녹지지역, 생산녹지지역 및 도시지역 외의 지역에 도시개발구역을

지정하는 경우에는 광역도시계획 또는 도시·군기본계획에 의하여 개발이 가능한 지역에서만 국토교통부장관이 정하는 기준에 따라 지정하여야 한다. 다만, 광역도시계획 및 도시·군기본계획이 수립되지 아니한 지역인 경우에는 자연녹지지역 및 계획관리지역에서만 도시개발구역을 지정할 수 있다. <개정 2010. 6. 29., 2012. 4. 10., 2013. 3. 23.>

③ 다음 각 호의 어느 하나에 해당하는 지역으로서 법 제3조에 따라 도시개발구역을 지정하는 자(이하 "지정권자"라 한다)가 계획적인 도시개발이 필요하다고 인정하는 지역에 대하여는 제1항 및 제2항에 따른 제한을 적용하지 아니한다. <개정 2013. 3. 23., 2023. 7. 7.>

  1. 「국토의 계획 및 이용에 관한 법률」 제37조제1항에 따른 취락지구 또는 개발진흥지구로 지정된 지역

  2. 「국토의 계획 및 이용에 관한 법률」 제51조에 따른 지구단위계획구역으로 지정된 지역

  3. 국토교통부장관이 지역균형발전을 위하여 관계 중앙행정기관의 장과 협의하여 도시개발구역으로 지정하려는 지역(「국토의 계획 및 이용에 관한 법률」 제6조제4호에 따른 자연환경보전지역은 제외한다)

④ 도시개발구역으로 지정하려는 지역이 둘 이상의 용도지역에 걸치는 경우에는 국토교통부령으로 정하는 기준에 따라 도시개발구역을 지정하여야 한다. <개정 2013. 3. 23.>

⑤ 같은 목적으로 여러 차례에 걸쳐 부분적으로 개발하거나 이미 개발한 지역과 붙어 있는 지역을 개발하는 경우에 국토교통부령으로 정하는 기준에 따라 도시개발구역을 지정하여야 한다. <개정 2013. 3. 23.>

부동산 공법 개론

국토계획법

도시개발법

도시 및 주거 환경 정비법

건축법

주택법

법률

부동산 공법 개론

법에서 법, 시행령, 조례는 상호 유기적으로 연결되어 있으며 각기 다른 수준에서 사업의 법적 틀과 구체적 기준을 제공한다. 법은 가장 상위의 규범으로 사업의 기본 원칙과 큰 방향성을 설정하며, 국회에서 제정되어 국가적 차원의 통일성을 보장한다.

시행령은 법률을 집행하기 위해 정부가 제정하는 규범으로, 법률에서 위임받은 내용을 구체화하고 행정적 집행 기준을 제공한다. 시행령은 법률의 범위를 넘지 않으며, 개발 구역 지정 요건, 개발 계획 작성 방식 등과 같이 실질적인 절차와 기준을 명확히 하고 있다. 조례는 지방 자치 단체가 제정하는 지역적 규범으로, 법률과 시행령의 틀 안에서 각 지역의 특성을 반영한 세부적인 기준을 제공한다. 조례는 해당 지역에만 적용되며 구체적인 인허가 절차, 주민 의견 수렴 방식, 공공시설 기부 채납 기준 등을 규정한다.

법률과 조례

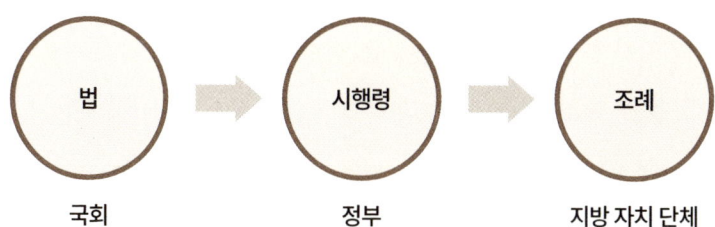

제2종 전용 주거 지역 건폐율 검토

   예를 들어 도시개발법은 도시개발사업의 목적, 도시 개발 구역 지정 절차, 시행자 요건 등 사업의 원칙적인 내용을 규정하고 도시개발법 시행령은 개발 구역의 면적 요건, 용도 지역 변경 기준 등을 상세히 규정하여 법률의 실효성을 높인다. 시 도시 개발 조례는 시의 특수성을 반영해 개발 사업의 지역적 적용 방식을 구체한다.

   이 세 가지는 위계적으로 연결되어 부동산 개발 사업의 체계를 구성한다. 법은 사업의 원칙과 근거를 제공하며 시행령은 이를 구체적으로 집행할 수 있는 기준을 명시하고, 조례는 지역적 특성과 주민 요구를 반영하여 실제로 적용 가능한 세부 규정을 제시한다. 이러한 구조는 국가적

통일성과 지역 맞춤성을 동시에 충족시켜 부동산 개발 사업이 법적으로 안정되고 체계적으로 진행되도록 돕는다. 사업자는 이들 간의 관계와 역할을 명확히 이해하고, 각 단계에서 해당 규범을 철저히 준수해야 한다.

부동산 공법은 부동산 개발과 이용에 관한 공적인 규율을 말하며 토지 이용 계획부터 건축, 주택 공급에 이르는 전체 과정을 법적으로 관리한다. 이러한 공법을 정확히 이해하고 준수하지 않으면 인허가 취소, 민사·행정 분쟁, 과태료 부과 등으로 사업이 중단되는 위험이 크다. 따라서 안정적이고 성공적인 부동산 개발 및 거래를 위해서는 관련 법령에 대한 지식이 필수적이다. 부동산 공법에는 국토계획법, 도시개발법, 건축법, 주택법, 도시 및 주거 환경 정비법 등 여러 법률이 포함되며, 이들 법령은 용도 지역 지정, 건폐율·용적률 제한, 도시 개발 구역 지정, 재건축·재개발 절차 등 부동산 개발 사업의 기준과 절차를 규정하여 전체 사업 추진의 방향성을 제시한다. 특히 이 중 건축법과 주택법은 부동산 공법의 핵심으로서 본 도서에서도 중점적으로 다루어진다. 이하에서는 주요 부동산 공법 각각의 내용과 절차를 체계적으로 살펴보고, 실무 사례와 판례를 통해 실무적인 이해를 높이고자 한다. 국토계획법, 도시개발법, 도시 및 주거 환경 정비법, 건축법, 주택법은 조금 더 면밀하게 별도의 장을 통해 살펴보고 본 장에서는 다른 부동산 공법을 살펴보도록 하겠다.

농지법은 농지를 농업 생산에 이용하도록 보호하고, 농지의 무분별한 전용과 투기를 방지하기 위한 법률이다. 원칙적으로 농지는 농업인만이 소유·이용할 수 있으며 농지가 농업 외 목적으로 이용되려면 농지 전용 허가 또는 농지 전용 신고를 받아야 한다. 예를 들어 한 개발 업체가 농지를 매입하여 주택 단지를 조성하려면 국토계획법상의 개발 행위 허가뿐만 아니라 농지법상의 농지 전용 허가를 별도로 취득해야 하며, 이를 위해서는 일정 요건해당 농지의 지목, 입지 여건 등을 충족해야 한다. 무단으로 농지를 전용하면 원상 복구 명령과 벌금 등의 처벌을 받는다. 또한 농지를 ㎡당 일정 가격 이상으로 거래하거나, 농지 취득 자격 증명이 없이 거래할 경우 농지법 위반으로 관할 관청이 계약을 취소하거나 이행 강제를 명할 수 있다. 실무적으로 개발 과정에서는 농지를 편법으로 임야나 대지로 전환하는 일을 주의해야 하며, 농지 보전 부담금 등의 추가 비용도 고려해야 한다.

산지 관리법은 임야산지의 보전과 이용을 조정하는 법이다. 산지를 개발하여 건축물을 짓거나 다른 용도로 사용하려면 산지 전용 허가를 받아야 하며 산지 전용 시에도 환경 훼손을 최소화하기 위한 복구 계획 제출 및 산지 복구비 예치 등이 요구된다. 산지 관리법 역시 산림 자원을 보호하기 위해 엄격한 요건을 두고 있으며 산지를 전용할 때는 경사도, 표고 등에 따른 제한이 있다. 따라서 산지를 포함한 개발 부지의 경우 사전에 해당 토지가 보전 산지인지, 개발 행위가 가능한 준보전 산지인지 등을 확인해야 한다. 농지법과 산지 관리법은 개발 행위에 대한 인허가의 법적 선행 요건으로 작용하며, 농지 또는 임야를 포함한 토지를 개발하려면 해당 법률에 따른 전용 허가 또는 협의를 거쳐야 인허가가 가능하다.

부동산 거래 신고법은 부동산 매매 계약 시 거래 당사자가 실거래 가격 등을 정부에 신고하도록 의무화한 법률이다. 이는 부동산 거래의 투명성을 높이고 탈세를 방지하며 부동산 시장 동향 파악을 위한 기초 자료를 확보하기 위한 취지로 제정되었다. 매매 계약 체결일부터 30일 이내에 관할 시·군·구청에 거래 내용 거래 금액, 계약 조건 등을 신고해야 하며, 이를 이행하지 않거나 거짓 신고 하면 과태료가 부과된다. 또한 앞서 언급한 토지 거래 허가 구역으로 지정된 지역의 토지 거래는 사전에 관할 청의 허가를 받아야 하며, 허가를 받지 않고 이루어진 거래 계약은 효력이 없다. 이 허가 제도는 국토계획법에 근거하지만 실무적으로는 거래 신고 단계에서 허가서를 함께 제출하도록 연계되어 운용된다. 부동산 거래 신고법은 이 밖에도 거래 질서 교란 행위에 대한 벌칙, 외국인의 토지 취득 신고 등에 관한 규정을 포함하고 있다. 부동산 매매 실무에서는 계약 체결 후 곧바로 공동으로 신고하는 것이 일반적이며 부동산 중개 업소를 통한 거래의 경우 중개인이 신고를 대행해 준다.

공익 사업을 위한 토지 등의 취득 및 보상에 관한 법률, 일명 토지 보상법으로 불리는 이 법은 도로 건설, 도시개발사업 등 공익 사업 시행을 위해 필요한 토지나 물건을 강제 수용하거나 사용하는 경우 그 절차와 보상 기준을 규정하고 있다. 공익성과 필요성이 인정된 사업은 해당 법률에 따라 토지 소유자의 동의가 없어도 사업 시행자가 토지를 수용할 수 있지만 그 대가로 정당한 보상을 지급해야 한다. 보상액 산정은 통상 감정 평가에 의해 이루어지며 토지의 시장 가격과 이용 상황, 손실 등을 고려하여 결정된다. 토지 보상법은 협의 취득을 우선 원칙으로 하고, 협의가 안 될 경우 수용 재결 절차를 거쳐 강제 취득을 가능케 한다. 수용 재결은 지방의 토지 수용 위원회가 맡으며, 여기서 결정된 보상액에 불복할 경우 소송을 통해 다툴 수 있다. 이 법의 중요한 점은 헌법상 요구되는 정당한 보상의 구현인데, 보상액이 적정하지 않으면 해당 공익 사업 자체에 대한 지역 주민의 반발이나 소송이 이어져 사업 지연이 발생할 수 있다. 실무 사례로 도로 건설 사업에서 한 토지 소유자가 보상 평가액이 시가에 현저히 못 미친다며 불복, 토지 수용 위원회 재결 및 행정 소송을 거쳐 추가 보상을 인정받은 경우가 있다. 이런 사례는 사업 시행자가 초기부터 충분한 설명과 적정한 보상을 제시하는 것이 중요함을 보여 준다. 토지 보상법 절차를 잘 활용하면 공익 사업을 원활히 진행하면서도 토지 소유자의 재산권도 최대한 보호할 수 있다.

환경 영향 평가법, 재난 및 안전 관리 기본법, 소음·진동 관리법 등은 개발 사업 과정에서 환경을 보호하고 안전을 보장하기 위해 필요한 절차와 기준을 명확히 규정한다. 환경 영향 평가는 보전 관리 지역 $5,000㎡$, 생산 관리 지역 $7,500㎡$, 계획 관리 지역 $10,000㎡$, 자연환경 보전 지역 $5,000㎡$, 농림 지역 $7,500㎡$ 이상에서 필수적으로 수행되어야 한다. 세금 및 부담금과 관련된 주요 법률로는 조세 특례 제한법, 개발 이익 환수에 관한 법률, 지방세법 등이 있으며, 이 법률은 개발 사업에서 발생하는 각종 조세와 공공 기여금의 부과 기준과 절차를 규정하고 있다. 해당 사항을 사전에 충분히 검토하지 않으면 사업 추진 과정에서 재정적 부담이 발생할 수 있다.

법률

국토계획법

공법은 국토의 계획 및 이용에 관한 법률, 줄여서 국토계획법부터 시작해야 한다. 이미 여러 번 언급이 되었지만 법률로서의 국토계획법을 살펴보도록 하자. 이는 국토와 도시의 용도 및 개발을 종합적으로 계획하고 관리하기 위한 기본법이다. 국토계획법의 목적은 토지의 합리적 이용과 체계적 개발을 도모하여 국민의 삶의 질을 향상하고 국토를 균형 있게 발전시키는 데 있다. 이 법은 상위 계획부터 개별 토지의 용도 제한까지 폭넓게 규정함으로써, 도시 전체의 기능을 고려한 토지 이용의 큰 틀을 제공한다. 다시 말해 국토계획법은 도시·지역 차원에서 토지와 건축물의 사용을 통제하여 조화로운 도시 환경을 만드는 것을 목표로 한다. 국토계획법 아래에서는 국가와 지자체가 수립하는 국토 종합 계획, 도시·군 기본 계획, 도시·군 관리 계획 등의 계획 체계가 존재한다. 이를 통해 국토를 장기적이고 거시적인 관점에서 이용·보전할 방향이 설정된다. 또한 국토계획법은 토지를 용도에 따라 구분하는 용도 지역 제도를 둔다. 예를 들어 도시 지역은 주거 지역, 상업 지역, 공업 지역, 녹지 지역 등으로 다시 세분되며, 각 지역마다 허용되는 시설과 건축의 밀도가 다르다. 이와 함께 용도 지구경관지구, 방화지구 등 특정 목적을 위한 지역와 용도 구역개발 제한 구역, 도시 자연 공원 구역 등 특별히 관리가 필요한 구역 지정도 규정하고 있다. 이러한 용도 지역·지구·구역에 따라 어떤 건축물이 어디에 지어질 수 있는지가 결정되며, 건폐율대지 면적 대비 건축 면적 비율이나 용적률대지 면적 대비 연면적 비율 등의 밀도 규제도 지역별로 설정된다. 예를 들어 용도 지역이 전용 주거 지역인 토지에는 상업용 대형 건축물을 지을 수 없고 상업 지역에는 주거 환경 보호를 위해 일정 높이 이상의 건물을 제한하는 등 규제가 따른다. 국토계획법에 따른 이러한 요건들은 건축 인허가의 전제가 되며 건축물의 용도와 규모를 결정짓는 기준이 된다.

 국토계획법상의 절차는 주로 도시·군 관리 계획의 수립과 변경 과정을 통해 이루어진다. 예컨대 어떤 지역을 주거 지역에서 상업 지역으로 변경하거나 개발 제한 구역을 해제하려면 법정 절차에 따라 도시 관리 계획 입안 → 주민 공람 → 지자체 의회 의견 청취 → 도시 계획 위원회 심의 → 승인 단계를 거쳐야 한다. 또한 국토계획법은 특정 개발 행위에 대한 개발 행위 허가 제도를 통해 난개발을 방지한다. 용도 지역 내에서 건축물의 신축·증축, 토지의 형질 변경, 토지 분할, 물건을 쌓아 놓는 행위 등은 개발 행위 허가를 받아야 하며 허가 시 주변 환경과 계획과의 부합 여부를 심사한다. 아울러 투기 억제를 위해 국토계획법에는 토지 거래 허가 구역 제도가 있다. 국토교통부장관이나 시·도지사는 투기 우려가 있는 지역을 토지 거래 허가 구역으로 지정할 수 있으며 이 구역 내에서는 일정 면적 이상의 토지 거래 시 관할 관청의 허가를 받아야 하고 허가 없이 거래한 계약은 무효가 된다. 이러한 제도를 통해 계획에 어긋나는 무분별한 토지 거래와 이용을 사전에 억제한다.

국토계획법의 제도는 실무에서 토지 활용 가능성을 판단하는 기본 잣대가 된다. 예를 들어 개발업자가 서울 외곽의 토지를 매입하려 할 때 해당 토지가 자연 녹지 지역이어서 용적률 100% 미만의 낮은 밀도만 허용되는 상황이라면 계획 변경 없이는 수익성 높은 개발이 어렵다는 판단을 내릴 수 있다. 자연 녹지 대비 준공업 지역인 토지라면 일정 주거 용도 도입도 가능해 활용도가 높을 수 있다. 또한 토지 매입 후 건축을 추진할 때 해당 부지가 지구 단위 계획 구역이어서 별도의 지구 단위 계획에 따른 건축물 디자인 기준이나 기부 채납 조건이 존재하면 이를 사전에 검토하여 사업 비용과 기간을 산정해야 한다. 이처럼 국토계획법상 지정된 토지 이용 계획을 면밀히 파악하는 것이 부동산 개발 실무의 출발점이다.

법률

도시개발법

도시개발법은 계획적이고 체계적인 신도시 개발이나 대규모 택지 개발 등에 적용되는 법률로 택지의 조성 및 공급을 통해 도시의 효율적 성장과 주민 생활 환경 개선을 목적으로 한다. 국토계획법이 전반적인 토지 이용의 틀을 제시한다면 도시개발법은 특정 개발 사업을 추진하기 위한 사업 절차와 권한을 상세히 규정하는 법이라고 할 수 있다. 도시개발법에 따른 사업은 보통 도시 개발 구역 지정, 개발 계획 수립, 시행자 지정, 실시 계획 인가, 토지 수용 및 환지, 사업 시행 및 완료 순서로 진행된다.

특별시장, 광역시장 또는 도지사는 개발이 필요한 지역을 도시 개발 구역으로 지정할 수 있다. 구역 지정 시 개발 목적, 위치, 면적, 기간 등이 설정되며, 지정 고시와 함께 해당 지역에는 개발 행위 제한 등이 걸려 무분별한 개별 행위를 통제하게 된다.

구역이 지정되면 관할 행정청은 구체적인 개발 계획을 수립한다. 개발 계획에는 토지 이용 계획, 주요 시설 배치, 사업 시행 방식, 재원 조달 계획 등이 포함된다. 이 계획은 주민 의견 수렴과 도시 계획 위원회 심의를 거쳐 확정된다. 통상 개발 계획 수립에만 1년 정도의 기간이 소요될 수 있다.

다음 절차는 사업 시행자 지정이다. 시행자는 공공 기관지자체, LH 공사 등이 될 수도 있고, 민간 기업이나 토지 소유자 컨소시엄이 될 수도 있다. 민간이 시행자로 참여하려는 경우 일정 조건을 충족해야 하는데, 해당 구역 토지 면적 2/3 이상을 소유하거나 토지 소유자 절반 이상의 동의를 얻어 사업을 제안해야 한다. 제안서에는 토지 확보 현황, 개발 구상 등이 포함되고, 이를 토대로 적격성 심사를 거쳐 시행자가 최종 확정 된다.

시행자는 개발 계획에 따라 구체적인 실시 계획을 수립하여 인가를 받아야 한다. 실시 계획은 개별 필지의 설계, 세부 기반 시설 계획, 건축 계획 등을 망라하는 실행 계획으로서 필요 시 지구 단위 계획을 포함하게 된다. 행정청은 실시 계획을 검토하여 조건부 또는 무조건 인가며, 이 단계까지 완료되면 비로소 보상과 공사가 가능해진다.

도시개발사업에서는 사업 구역 내 토지를 확보하는 방법으로 수용 방식과 환지 방식이 있다. 수용 방식은 시행자가 토지를 매수하여 사업을 시행한 후 토지 소유자들에게 보상금을 지급하는 방식이다. 환지 방식은 토지 소유자들과 협의하여 사업 후의 토지로 대체 교환해 주는 방법으로 사업 전 토지를 제공받고 사업 완료 후 정형화 된 필지를 배분한다. 환지 방식은 초기 비용 부담이 적지만 토지 소유자들의 협조가 필요하며 수용 방식은 신속한 추진이 가능하지만 보상에 많은 비용이 든다.

　인가된 실시 계획에 따라 토지 조성 공사, 기반 시설 설치, 건축물 건설 등이 진행된다. 사업 기간 동안 행정청의 지도·감독을 받으며, 계획의 변경이 필요한 경우 별도의 변경 인가 절차를 거친다. 사업이 완료되면 준공 인가를 받고 조성된 택지나 시설을 처분분양 등하여 사업을 마무리한다.

　도시개발법에 따른 신도시 개발 사업에서는 공공성과 수익성의 균형이 중요하다. 예를 들어 민간 시행자가 주택 단지 개발을 제안하면서 공원 부지와 도로 등 기반 시설용지를 공공에 기부 채납하고 일부 임대 주택을 공급하기로 계획에 반영하면 사업 인허가 과정에서 긍정적 검토를 받을 가능성이 높아진다. 실제로 많은 도시개발사업에서 공공 기여기반시설설치, 공공시설제공 등는 인허가 협상의 중요한 요소이며 이를 둘러싸고 사업성에 영향을 주는 협의가 이루어진다. 또한 사업 시행자 측면에서는 토지 매입 단계에서 투기적인 거래 동향을 면밀히 살펴야 하는데, 도시 개발 구역 지정 움직임이 알려지면 지가가 급등하고 거래가 제한될 수 있기 때문이다. 한 사례로 A 시에서 추진한 택지 개발 사업에서는 구역 지정 직전 일부 투기 세력이 토지를 매집하자 시에서 해당 지역을 토지 거래 허가 구역으로 지정하여 허가 없는 거래를 차단하고, 적정 보상 가격을 산정하여 사업을 안정화시킨 바 있다. 뿐만 아니라 2/3 이상 소유, 절반 이상 동의자 확보를 진행한 시행자에게도 민원 등의 이유로 더 많은 토지 권원 확보를 요구한다든지 혹은 최소 요건만 충족시켰는데 수용을 허락하는 등 승인권자의 판단이 개입되는 경우가 많다. 이처럼 도시개발법 체계 하에서는 공공 계획과 민간 이익, 주민 권익을 조율하면서 사업을 추진하는 실무 역량이 요구된다.

법률
도시 및 주거 환경 정비법

　도시 및 주거 환경 정비법은 노후 불량 건축물이 밀집한 지역이나 주거 환경이 열악한 지역을 대상으로 재개발이나 재건축을 통해 정비 사업을 수행하는 절차를 규정한 법령이다. 쉽게 말해 기존 도심 내 정비가 필요한 지역을 개선하여 주거 환경을 향상시키고 도시 기능을 회복하는 것이 목적이다. 정비법은 주거 환경 개선 사업_{낙후된 주거지의 주거 환경 개선}, 재개발 사업_{기반 시설이 부족한 불량 주택지 정비}, 재건축 사업_{노후된 공동 주택의 개선}과 같이 크게 세 가지 유형의 사업을 다루고 있다. 정비법은 정비 기본 계획 수립, 정비 구역 지정, 조합 설립_{또는 시행자 지정}, 사업 시행 인가, 분양 및 이주, 철거 및 신축 순서로 이루어진다. 특별시·광역시 등 지자체는 관할 구역의 정비 필요성을 조사하여 정비 기본 계획을 수립한다. 이 계획에는 향후 10~20년 간 정비 사업 추진 방향, 정비 구역 후보지 등이 담긴다.

　정비 기본 계획에 따라 개별 사업 대상지마다 정비 구역을 지정한다. 구역 지정 시 해당 지역의 노후도, 주거 환경 등 요건을 충족해야 하며 주민 공람과 시의회 의견 청취, 도시 계획 위원회 심의를 거쳐 확정된다. 정비 구역으로 지정되면 건축 행위 제한 등이 가해져 무분별한 개별 개축·증축을 막고, 체계적인 사업 준비가 진행된다. 재개발 사업이나 재건축 사업의 경우 토지 등 소유자들이 정비 사업 조합을 구성하여 사업 시행자가 된다. 조합 설립을 위해서는 일정 비율 이상의 동의가 필요하며, 조합이 아닌 공공 시행 방식으로 LH나 지자체가 시행자로 지정되기도 한다.

조합은 정비 계획에 따라 구체적인 사업 시행 계획을 수립하고 관할 관청의 인가를 받아야 한다. 사업 시행 계획에는 철거·신축 계획, 세입자 대책, 분양 계획 등이 포함되며 인가 과정에서 건축 위원회 심의 등 절차를 거친다. 인가를 받으면 조합은 기존 건축물에 대한 철거를 진행하고 이주를 추진한다.

재개발의 경우 조합원들에게 새로 건설될 아파트의 설계를 제시하고, 종전 자산 평가액을 기준으로 분담금과 분양권을 산정한다. 조합원 외 세입자 등에 대한 이주 대책도 법에 따라 마련되어야 한다. 조합원 분양 신청이 끝나면 남은 세대는 일반 분양으로 공급하여 사업비를 충당한다.

이주가 완료되면 기존 건축물을 철거하고 건축법 등에 따른 건축허가 절차를 거쳐 신축 공사를 진행한다. 공사가 완료되면 사용 검사를 받아 건물에 대한 소유권 이전 및 입주 절차 후 조합은 청산 절차를 거쳐 해산한다.

재개발과 재건축에 대해서 조금 더 살펴보자면 재개발 사업은 주로 영세한 주택 밀집 지역 등 낙후 지역의 종합 정비를 목표로 하며, 공공성이 크고 세입자 대책 등이 중시된다. 반면 재건축 사업은 상대적으로 양호한 지역의 노후 아파트 단지 개선이 주된 내용으로 조합원인 소유자들의 이해관계 조율이 핵심이다. 예를 들어 재개발 사업은 도로·공원 등 도시 기반 시설의 확충을 통해 공공성이 강조되며, 이에 대한 보상으로 용적률 인센티브가 부여되기도 한다. 이와 동시에 사업 시행자는 일정 비율의 임대 주택을 공급하는 등 공공 기여를 부담하게 된다. 반면, 재건축 사업은 노후·불량 건축물의 정비를 목적으로 하며, 사업 추진을 위해 정밀 안전 진단 통과가 필요하고, 일정 수준 이상의 개발 이익에 대해서는 초과 이익 환수제의 적용을 받는다.

정비 사업에서는 이해관계자 간 갈등이 빈번하다. 사례로 재개발 조합이 사업 시행 인가 후 철거를 진행하는 과정에서 세입자들이 이주 대책 미흡을 이유로 철거 금지 가처분을 신청한 일이 있었다. 법원은 세입자들에게도 일정 보상과 대책을 제공하도록 조합에 명하고 공사를 일시 정지시켰는데, 이는 정비법상 세입자 보호 규정을 실무에서 간과했기 때문이었다. 이후 조합은 임시 거주 시설 제공 등 보완책을 마련한 후에야 공사를 재개할 수 있었다. 또 다른 예로 재건축 사업에서 조합원 분양 자격을 두고 소송이 발생한 사례가 있다. 일부 조합원이 분양 신청 기간을 놓치자 조합에서 현금 청산 대상자로 분류하였고 해당 조합원이 이를 다투어 법원에 소를 제기하였다. 법원은 조합원의 권리 행사에 본질적인 하자가 없는 한 최대한 분양 기회를 주는 것이 타당하다는 취지로 조합의 처분을 취소하고 조합원 지위를 회복시키기도 했다. 이러한 사례들은 정비 사업에서 법률 요건과 절차의 엄격한 준수 그리고 이해관계자의 권리 조율이 얼마나 중요한지를 보여 준다.

법률

건축법

건축법은 건축물의 건축·이용 전 과정에서 구조적 안전과 적정한 사용을 확보하기 위해 모든 건축물에 적용되는 기본적인 규제 법령이다. 국토계획법이 지역 차원의 토지 이용을 규율하는 데 비하여 건축법은 지역과 무관하게 모든 건축 행위 자체를 직접 규제하는 것이 특징이다. 건축법의 주된 목적은 건축물의 안전, 위생, 미관 등을 확보하여 공공의 안전과 복리를 증진하는 데 있다. 이를 위해 건축법은 건축물의 구조·설비 기준부터 건축 절차, 사후 관리까지 폭넓게 다루고 있다. 건축법에서 말하는 건축물이란 토지에 정착하는 공작물 중 지붕과 기둥 또는 벽이 있는 구조물을 의미하며, 주거용·상업용 건물은 물론 창고, 공장, 일정 규모 이상의 가설 건축물까지 포함한다. 연면적이나 층수가 극히 적은 소규모 건물, 이동이 쉬운 가설 건축물, 가령 일정 규모 이하의 컨테이너 하우스 등 일부 예외를 제외하고는 대다수의 건축 행위가 건축법의 허가 또는 신고 대상이다.

건축법상 건축허가는 가장 기본적인 절차 중 하나이다. 일반적으로 건축물을 새로 건축하거나 증축·개축, 대수선하려는 사람은 관할 행정청 시·군·구청에 건축허가를 신청해야 한다. 허가 신청 시에는 설계 도서, 구조 계획서 등 법정 서류를 제출하고, 행정청은 이를 검토하여 건축법의 기술 기준과 국토계획법의 도시 계획 기준 등에 적합한지 심사한다. 예를 들어 건축물의 구조 안전, 대지 내 공지 확보, 주차장 설치, 방화 설비 등이 건축법 기준에 맞아야 하고, 건폐율··용적률, 높이, 용도가 해당 용도 지역 지침에 부합해야 허가가 나온다. 심사 결과 문제가 없으면 건축허가서를 교부하며, 이때 하나의 사업에 필요한 각종 인허가를 주택법상의 사업계획승인으로 건축허가를 갈음하는 경우와 같이 일괄 처리하는 통합 인허가 절차가 활용되기도 한다. 건축허가를 받지 않아도 되는 경미한 건축 행위는 건축 신고로 갈음한다. 일정 규모 미만의 증축이나 용도 변경 등의 경우 요건을 충족하면 신고만으로 건축이 가능하다. 그러나 신고 대상임에도 신고를 하지 않으면 무허가 건축과 동일한 제재를 받으므로 유의해야 한다.

건축허가 후 공사 단계에서는 착공 신고를 통해 본격적으로 공사를 시작한다. 공사 중에는 감리자의 공사 감리가 이루어지며, 구조상 중요한 부분에 대해서는 품질 검사와 현장 조사가 병행된다. 건축물 완공 후에는 사용 검사를 받아야 한다. 이는 완공된 건물이 허가 내용대로 적법하게 시공되었는지 확인하는 절차로 사용 승인을 받아야만 건물을 합법적으로 사용할 수 있고 등기 또한 가능해진다.

건축법을 위반하여 무허가로 건축하거나 허가 내용과 다르게 시공한 경우 관할 행정청은 시정 명령이나 이행 강제금 부과, 사용 금지 처분 등을 할 수 있다. 시정 명령을 받고도 자진 개선 하지 않으면 강제 이행을 위해 일정 금액의 이행 강제금을 반복 부과 할 수 있는데, 이러한 반복 부과는 처벌이 아니라 집행 강제 수단이므로 위반 상태가 시정될 때까지 합법적으로 계속 부과될 수 있다는 것이 법원의 입장이다. 또한 중대한 위반의 경우 건축물의 철거 명령이나 고발 조치가 뒤따를 수 있다. 가령 허가 없이 불법 증축한 건물에 대해 철거 명령이 내려진 사건에서 법원은 건축법 질서를 유지하기 위해 불법 건축물에 대한 철거 명령은 적법하며 위법 건축으로 인한 불이익은 스스로 감수해야 한다고 판시한 바 있다. 따라서 사업자는 처음부터 건축 법령을 준수하여 허가를 득하고 시공해야 하며 위반 시에는 빠르게 시정하는 것이 피해를 최소화하는 길이겠다.

건축 인허가에서는 사업 규모에 따라 인허가 권한이 구청과 시청으로 나뉜다. 예컨대 단독 주택 신축이나 소규모 공동 주택 등 비교적 규모가 작은 사업은 구청에서 건축허가를 담당하지만, 재건축·재개발과 같이 도시 전체에 영향이 큰 대규모 사업은 시청에서 허가를 관장하며 도시 계획 위원회나 건축 위원회의 심의를 거친다. 실무적으로 시행사는 구청 허가를 선호하는 경향이 있는데, 이는 절차가 상대적으로 간단하고 기간이 짧은 편이기 때문이다. 하지만 사업 내용에 따라서는 시 차원의 종합 검토가 오히려 원활한 경우도 있다. 건축사는 건축주를 대신하여 건축법에 부합하는 설계를 하고 인허가 과정을 대행하며, 법규 미숙지로 허가 반려가 발생하지 않도록 한다. 가령 건축사가 초기 설계 단계에서부터 일조권 확보를 위해 인접 건물과의 이격 거리를 충분히 두고, 방화벽 기준을 충족하도록 도면을 작성하는 등 기준에 부합한 설계를 진행하면 허가 심사가 원활하고 사업 지연을 예방할 수 있다. 마지막으로 준공 후 하자 담보 책임도 건축법 및 관련 법령공동주택관리법 등에 따라 정해진 기간 건설사가 부담하도록 규정되어 있으므로 준공 후에도 법적 하자 담보 의무를 다해야 한다.

법률

주택법

　주택법은 국민 주거 생활의 안정을 위해 주택의 건설·공급과 관리를 체계적으로 지원·규제하는 법률이다. 아파트, 연립 주택, 다세대 주택 등 주택 건설 사업을 수행할 때 적용되며, 주택 공급에 있어서 공공성과 형평성을 도모하는 것이 목표이다. 특히 대규모 공동 주택 건설에 관해 사업계획승인, 분양 절차, 입주자 보호 등을 상세히 규정하고 있어 민간 건설사부터 수분양자에 이르는 모든 당사자가 주택법의 영향을 받는다.

　주택법의 핵심 사항으로 사업계획승인이 있다. 30세대 이상의 주택을 건설·공급하려는 사업자는 주택법 제16조에 따라 시장·군수 등의 사업계획승인을 받아야 한다. 29세대로 분양하는 경우는 대부분 사업계획승인을 피해 가고자 하는 의도이다. 이는 일종의 통합 인허가로서 주택 건설에 필요한 국토계획법상의 개발 행위 허가, 건축법상의 건축허가, 환경 영향 평가 등의 절차를 하나로 묶어 일괄 승인 받는 제도라 할 수 있다. 사업계획승인 신청 시에는 단지 설계, 기반 시설 계획, 분양 계획, 입주자 모집 계획 등이 포함된 사업 계획서를 제출해야 하며 인허가권자는 주택 건설 기준, 교통 영향, 환경 영향, 재원 조달 등을 종합 심사하여 승인 여부를 결정한다. 한 번에 승인 절차가 진행되는 만큼 심사 사항이 많아 실무에서는 사전에 관계 기관 협의와 전문가 의견 청취 등을 통해 보완을 거쳐 신청하는 것이 일반적이다. 사업계획승인권자는 보통 지자체 장인데 광역시 이상의 대도시에서는 구청장이 권한을 위임받아 처리하기도 한다.

사업계획승인을 받은 사업자는 주택을 분양하는 경우 주택법 및 주택 공급에 관한 규칙에 따른 절차를 따라야 한다. 분양 주택의 분양가는 해당 지역이 분양가 상한제 적용 지역인지 여부에 따라 달리 산정된다. 수도권 공공 택지 및 국토교통부장관 또는 지자체장이 지정한 민간 택지에서는 분양가 상한제가 적용되며, 이 경우 분양가는 택지비와 기본형 건축비 등을 기준으로 지자체 분양가 심사 위원회의 심의를 거쳐 결정된다. 반면 비적용 지역에서는 시행사 자율로 분양가가 산정되되, 시장 여건과 수요자 부담을 고려한 가격 전략이 병행된다. 입주자 모집은 분양 개시일 10일 전까지 관할 지자체의 승인을 받아 공고하여야 한다. 입주자 모집 공고에는 공급 세대수, 분양 일정, 분양 가격, 평면도, 청약 자격 등이 상세히 명시된다. 실무에서는 일간지에 공고할 때 기존의 양식을 그대로 쓰는 경우가 많다. 이때 실수가 생기면 정정 공고를 하는 등의 조치 사항이 발생하므로 여러 번 검토하는 습관이 필요하다. 또한 최근 분양 계약 취소 사례를 보면 주변 조건 등에 대한 사항이 미비하여 시정 공고를 받고, 이것이 분양 계약 취소의 사유가 되어 시행사가 패소하는 경우가 종종 보이고 있으니 유념하여 공고를 작성해야 한다. 분양 희망자는 정해진 청약 기간에 신청을 하며 청약은 주택 청약 제도 운영 기준에 따라 이루어진다. 예를 들어 국민 주택의 경우 무주택 기간, 부양 가족 수, 청약 통장 납입 기간 등을 점수화한 청약 가점제를 통해 우선순위를 정하고, 민영 주택의 일부와 잔여 세대는 추첨제로 당첨자를 선정한다. 청약 접수 결과 경쟁률이 결정되고, 추첨 또는 가점 순위에 따라 당첨자가 발표된다. 경쟁률은 접수 시점의 경쟁률보다 실제 계약까지 진행되는 것을 눈여겨봐야 한다. 당첨자는 지정된 기간 내에 분양 계약을 체결해야 하며 계약 시 분양 대금의 일부인 계약금을 납부해야 한다. 이후 공사 진행에 맞추어 중도금과 잔금을 몇 차례에 걸쳐 분할 납부 한다. 일반적으로 공동 주택은 계약금 10%, 중도금 60%5~6회 분납, 잔금 30% 비율로 책정된다. 경기 상황에 따라 정액 계약금, 계약금 5%등이 설정되며 마케팅 수단의 일환으로 중도금 비율이 변경되거나 무이자, 이자 선불제, 이자 후불제 등으로 납부할 수 있다. 이때 주의할 것 중 하나는 고급 주택의 경우 중도금을 지연 납부 하는 경우가 많을 수 있다는 것과 4회차 중도금은 공정 50% 이상이 진행되었을 때 수령이 가능하다는 것이다. 고급 주택이 아니더라도 이해관계 때문에 중도금 납부 지연 세대에 대해서 계약 해지를 진행하지 않는 것은 시행사 선택의 문제다. 주택이 완공되어 사용 승인을 받으면 입주자들에게 입주 지정 기간 내 입주를 안내하고, 소유권 이전 등기를 위한 절차를 진행한다. 대금이 납부된 후에는 시행사가 소유권 이전 등기를 실시하여 수분양자가 공식적인 집주인이 된다. 분양 취소가 된 세대에 대해서 시행사는 공기업에 임대 주택으로 매각하거나 미분양 담보 대출로 유동화하는 경우가 많다.

주택 분양은 서민 주거 안정에 미치는 영향이 크므로 여러 공적 규제가 따른다. 투기 과열 지구 등으로 지정된 지역에서는 전매 제한이 적용되고, 분양가 상한제가 시행되는 지역에서는 분양가가 정부 고시에 따른 기준을 초과할 수 없다. 상가, 오피스텔, 지식 산업 센터 등 비주택 분양의 경우 주택법의 적용을 받지 않고 민법상의 계약 자유 원칙에 맡겨지는 편이어서 가격과 공급 절차가 상대적으로 자유롭다. 주택 분양에는 공공성을 고려한 별도 규제가 많지만 비주택 분양은 시장 논리에 따라 진행된다고 볼 수 있다. 예를 들어 아파트 분양은 까다로운 청약 절차와 자격 제한이 있지만 비주거형 오피스텔 분양은 선착순 계약이나 추첨 등 사업자가 임의로 정한 방법으로 진행할 수 있다. 다만 오피스텔 등도 건축법, 소비자 보호 관련 법의 적용은 받으므로 규제가 없지는 않다.

주택법은 주택의 사후 관리 부분도 규정하고 있다. 300세대 이상 공동 주택에는 입주자 대표 회의 구성 및 공동 주택 관리 규약 제정, 의무 관리 대상에 대한 관리업자 선임 및 행정 감독 등의 규제가 있다. 주택 건설 사업자는 준공 후 일정 기간 내 발생하는 하자에 대해 하자 보수 보증금 예치 및 하자 보수 의무를 진다. 이러한 사후 관리 규정들은 주택 공급 이후에도 거주민의 주거 안정과 주거 품질을 확보하기 위한 장치들이다.

주택법상의 규제를 현장에서 준수하지 않아 문제가 된 사례도 적지 않다. 한 판례로 300세대 이상의 아파트 단지를 공급하면서 사업계획승인을 받지 않고 여러 개의 소규모 건축허가로 쪼개어 사업을 추진한 건설업자가 처벌받은 일이 있다. 법원은 형식적으로 나눈 허가라도 실질적으로 일체의 주택 단지라면 사업계획승인 대상에 해당한다며 무허가 사업과 동일하게 보아 제재하였다. 이 사건 이후 업계에서는 30세대 미만 단지 여러 개로 나누는 편법 분양에 대한 경각심이 높아졌다. 또 다른 예로 한 아파트 단지에서는 분양 계약의 해제를 둘러싼 분쟁이 발생한 바 있다. 분양 계약자 중 한 명이 공급 면적 변경 및 설계 변경과 같은 중요한 사항에 대해 사전에 충분한 고지를 받지 못했다며 계약 해제를 요구했고, 법원은 시행사의 고의 또는 중대한 과실에 의한 정보 누락이 인정된다는 이유로 계약 해제를 허용하였다. 이후 이 판결은 동일 단지의 다른 계약자들에게도 계약 해제 및 환불 신청의 근거로 활용되었고, 분양 시장 전반에서 입주자 모집 공고 단계의 정보 공개 기준이 강화되는 계기가 되었다. 이러한 사례들은 주택법 절차의 철저한 준수와 소비자에 대한 투명한 정보 제공이 얼마나 중요한지 보여 준다.

부동산 공법은 각 개별 법령이 전문적이고 복잡하게 보일 수 있지만, 실제 실무에서는 상호 유기적으로 작동한다. 예를 들어 부동산 개발 프로젝트에서는 국토의 계획 및 이용에 관한 법률에 따라 토지 이용 계획을 검토하고, 사업 유형에 따라 도시개발법이나 도시 및 주거 환경 정비법을 적용해 개발 구상을 구체화한다. 이후 건축법에 따른 건축허가 절차를 거쳐 주택법상 분양 요건을 충족시킴으로써 사업을 완성하게 된다. 이처럼 실무자는 전체 과정을 하나의 프로젝트로 인식하고, 각 단계별로 요구되는 인허가 절차와 법적 요건을 정확히 이해하고 준비해야 한다. 부동산 공법에 대한 체계적인 이해는 성공적인 개발 사업의 핵심 요소이며, 담당자는 관련 법령의 개정 동향과 판례 변화에 지속적으로 주의를 기울여야 한다.

분양 개론(판촉 방법)
조직 분양과 MGM
미분양 판촉
유튜브 분양

분양과 마케팅

분양 개론(판촉 방법)

　분양은 전체를 여러 부분으로 갈라서 나누어 파는 것을 뜻한다. 부동산 분양은 개발된 부동산을 개인이나 기업에게 판매하는 과정이다. 부동산 개발 사업에서 분양은 투자 회수와 수익 창출을 위한 핵심적인 부분이지만 공급자 위주의 부동산 시장에서 분양에 대한 기술이 경시되었던 것 역시 사실이다. 공동 주택, 지식 산업 센터, 섹션 오피스, 토지 분할 매각, 상가 시설 등은 나누어 개인 혹은 기업에게 판매하기 때문에 분양이라고 한다. 반면 물류 센터, 데이터 센터, 오피스, 호텔, 기반 시설 등은 개발하여 단일 혹은 소수의 기업에게 매각하므로 선매각이라고 한다. 해당 장에서는 개인에게 매각하는 분양에 대해서 살펴보도록 하겠다. 시행사를 매출액 혹은 영업 이익순으로 나열하였을 때 분양 대행사 출신의 시행사를 상당히 많이 찾아볼 수 있다. 사업 수지를 검토할 때만 하더라도 가장 먼저 보는 것은 주변의 시세다. 시세를 통해서 해당 지역을 얼마의 가치로 매각할 수 있는 부동산으로 탈바꿈할 수 있는가를 고민하게 된다. 그 이후에는 지출의 가장 큰 비중을 차지하는 토지 가격과 공사비를 검토하게 된다. 이것만 보더라도 사업의 시작이 매출이라는 것을 알 수 있다. 우리나라는 22년도부터 불황기에 접어들었다. 불황기 이후에는 시장의 패러다임이 변화한다. 불황기에 접어들면서 다른 상품과 달리 공급자 우위였던 부동산 시장이 소비자 우위 시장으로 바뀌고 있다. 예전처럼 분양하면 분양율이 저조하자 안정적인 분양을 위해서는 사업 기획, 건설, 홍보 등에 있어서 초기부터 치밀한 전략이 필요하다는 것을 깨닫게 되었다.

　부동산 분양은 많은 시행자가 분양 시점부터 고민하는데 사업 기획에서 시작하는 것이 현명하다 하겠다. 이때 시장 상황수급 상황 및 경기 상황, 입지교통, 교육, 편의 시설, 주거 쾌적성, 상품브랜드, 단지 규모, 단지 및 세대 특화, 마감 수준, 조경, 커뮤니티, 가격인근 시세, 판매 조건 등을 고려하여야 한다. 마케팅 전문가를 분양 시점에 투입하는 경우, 효과적인 분양 전략 수립에 한계가 발생한다. 성공적인 사업을 위해서는 파트너십을 맺은 마케팅 전문가나 건설사의 마케팅 부서와 협력하여 사업 초기부터 전략을 수립하는 것이 바람직하다.

　분양 전략은 인허가 단계에서부터 상품성과 시장성을 고려해 설계되어야 한다. 이 과정에서 통경축 확보나 기부 채납과 같은 공공 기여 요건이 요구될 수 있으며, 단순한 수용이 아닌 마케팅에 실질적 도움이 되는 방향으로 전략화 할 필요가 있다. 예컨대 기부 채납이 불가피하다면, 조망권이나 접근성 등 핵심 상품성을 유지하면서도 브랜드 이미지 제고에 기여할 수 있도록 기획해야 한다. 강남 모 아파트의 경우처럼 한강 조망

공간을 공개 공지로 조성하여 허가를 받으면서도 프리미엄 이미지를 강화한 사례는 이러한 전략적 접근의 예다. 더불어 수요층을 확대하기 위해 다양한 평면을 구성하거나, 고분양가 단지에서는 유상 옵션을 최소화하여 소비자의 가격 저항을 줄이는 방식도 병행될 수 있다. 결국 성공적인 개발 사업을 위해서는 시장성과 상품성이 조화를 이루는 방향으로 인허가 전략을 설계하는 것이 핵심이다.

건설 및 준공 단계의 브랜딩은 지속 가능한 충성 고객을 만들어 낸다. 설계와 인허가가 완료되면 실제 건설이 진행되는데 공사가 완료되면 부동산의 품질이 수분양자의 도마 위에 오르게 된다. 미비된 부분이나 하자가 있다면 보수해야 하며 이를 통해 고객의 신뢰를 구축할 수 있다. 그렇지 않으면 장기적으로 브랜드 이미지가 실추되어 가격 경쟁력을 잃게 된다. 주거 상품 혹은 지식 산업 센터를 분양할 때 브랜드가 전면에 내세워지는 경우가 많다. 사후 대처 방식은 해당 상품뿐만 아니라 이해관계자의 종합적인 마케팅에 영향을 미칠 수 있다. 건설사 입장에서는 브랜드 가치가 높을 때 실질적인 도급 영업이 용이해진다. 실제로 탑 3 시공사와 탑 10 시공사의 도급 공사 비용의 차이가 크지 않다. 이때 중요한 것은 회사의 투자 기조공사비 지급 방식, 신용 보강 등와 브랜드 이미지다. 그래서 모 건설사는 높은 브랜드 가치를 통해서 기성불 공사만 수주하여 타사 대비 안전성을 확보하기도 하고, 하자 접수가 되기도 전에 먼저 하자를 발견하여 빠른 조치를 취하기도 한다. 최근 시행사와 신탁사는 자체 브랜드를 개발

함으로써 도급 공사비를 경쟁력 있게 제시하는 건설사와 사업을 진행하는 추세를 보이고 있다. 브랜드 이미지는 단순히 하자 보수나 건물 품질만으로 결정되지 않는다. 그보다 더 큰 영향을 미치는 요소 중 하나는 입지이며, 이는 실제 마케팅 전략에도 반영된다. 예컨대 A 건설사가 자사 도급 순위에 비해 강남 재건축 시장에 공격적으로 진출한 것은 강남이라는 상징성 높은 입지를 활용해 브랜드 공동 주택을 조성하고, 이를 통해 강한 마케팅 효과를 얻기 위함이다. 과거처럼 유명 연예인을 활용한 광고만으로는 브랜드 가치를 구축하기 어려운 시대가 되었기 때문이다. 이런 이유로 최근에는 시공 품질과 하자 보수가 브랜드 신뢰도를 결정짓는 사실상의 마지막 마케팅 수단으로 인식되고 있다. 실제로 건설 중 붕괴 사고나 하자 보수 미이행으로 언론에 보도되면 브랜드 평판은 급격히 추락하며, 이는 분양 계약 취소로도 이어질 수 있다. 준공 단계에서 하자가 발생하거나 시정 공고, 기한 미준수 등이 누적되면 잔금 납부 지연과 PF 대출 상환 차질 등 심각한 경영 문제로 번지기도 한다. 이러한 이유로 실수요자와 투자자들 사이에서는 '프리미엄 브랜드의 진정한 가치는 철저한 하자 보수에 있다'는 말이 회자될 정도다.

분양율을 높이려면 마케팅과 홍보는 반드시 필요하다. 효과적인 마케팅을 통해 목표 고객을 유치하는 것이 분양 성공의 열쇠다. 마케팅 전략은 모델 하우스 운영, 온라인 광고, SNS 활용 등이다. 분양 초기에는 인쇄, 옥외, 신문, 전파, 온라인, 언론 PR 등을 진행한다. 미분양된 상품을 분양할 때는 조직 분양을 사용하는데, 이때는 옥외 광고와 온라인 디스플레이 광고를 통해서 분양 상태를 정기적으로 알려야 한다. 마케팅 전략 수립 시 공급 면적에 따라 관심을 갖는 연령대가 바뀌는 것도 유념해야 한다. 상품이 32평형 이하일 경우 40대 이하가 관심을 많이 가지며 2~3인 가구 중심이다. 이때는 온라인 홍보에 중점을 두는 것이 효과가 높다. 대형 평형의 경우에는 중고등학생 자녀를 둔 40대 이상이 많은 편이다. 이때는 오프라인과 온라인 광고를 믹스하여 송출하면 효과가 좋다. 고가 랜드마크는 자산가 대상으로 프라이빗한 홍보에 중점을 두고, 지인 연계 홍보를 진행한다. 실제로 호텔 부지에 들어서는 평당 2억 원대의 초고가 아파트와 초고급 노인 복지 주택 모두 프라이빗 마케팅 방식으로 홍보되었으며, 지인 네트워크를 통한 영업이 분양률 제고에 중요한 역할을 했다. 임대 아파트, 도시형 생활 주택, 청년 주택은 실수요 대상으로 유튜브나 카페 홍보에 집중하고 있는 추세다. 온라인 광고를 집행할 때 애널리스틱구글등을 이용하여 광고 성적을 측정하는 것이 중요하다. 성과를 정확히 측정해야만 어떤 마케팅 방식이 효과적인지 객관적으로 판단할 수 있기 때문이다.

모델 하우스에서 잠시 언급한 바와 같이, 이케아 사례를 벤치마킹해 소비자가 직접 특화 설계와 상품을 체험할 수 있도록 구성된 모델 하우스는 마케팅 측면에서도 주목할 만한 전략이다. 최근에는 VR 모델 하우스, 유튜브 기반의 투어 영상 등 디지털 채널을 활용해 홍보 효과를 극대화하는 방식도 널리 활용되고 있다. 다만, 판촉 활동이 사전에 정교하게 설계되지 않고 사소한 이벤트를 반복적으로 시행할 경우, 소비자 학습 효과로 인해 오히려 홍보 효과가 약화되거나 시장 반응이 냉각되는 부작용이 발생할 수 있다. 따라서 분양 초기부터 명확하고 전략적인 판촉 기획이 필요하다.

분양률이 저조할 경우 프로젝트 파이낸싱PF 이자 및 수수료 부담이 증가하므로, 일정 수준 이상의 리스크를 감내하더라도 초기 단계에 다소 공격적인 판촉 전략을 활용하는 것이 오히려 수익성 확보에 유리할 수 있다.

구체적인 판촉 수단으로는 '분양가 원금 보장제', '계약금 안심 보장제', '환매 조건부 보장제', '계약금 최소화 전략' 등이 있다. 원금 보장제는 준공 시점에 KB 시세 또는 국토교통부 인증 감정 평가 법인의 복수 평가 결과가 분양가보다 낮을 경우, 차액을 보전해 주는 방식이다. 계약금 안심 보장제는 계약 후 중도 해지 시에도 계약금 전액 환불을 보장하여 리파이낸싱이나 중도금 대출 유도를 위한 사전 마케팅 전략으로 활용된다. 환매 조건 보장제는 계약자 해약 요청 시 환매권을 보장하는 것이다. 시세 하락 시 투자자들이 원금을 보존할 수 있는 방법으로 실제 이벤트가 발생하면 환매권 포기, 전매 유도, 해약 처리순으로 진행하고 있다. 계약금 최소화 전략은 계약금 5% 또는 정액 100만 원 수준으로 설정해 초기 투자 문턱을 낮추고 투자 수요를 유입시키기 위한 대표적인 유인책이다. 이러한 전략들은 판매 비용을 일부 상향하더라도 PF 수수료 등 금융 비용을 절감할 수 있는 구조를 통해 결과적으로 수익성을 높일 수 있는 선택지가 될 수 있다.

분양과 마케팅

조직 분양과 MGM

　부동산 개발 사업을 진행할 때 분양 파트에서 가장 많이 듣는 용어는 조직 분양과 MGM 마케팅이다. 하지만 많은 이들이 개략적인 내용만 알고 있을 뿐이다. 분양을 시작하고 분양율이 계획보다 빠르게 높아지면 걱정거리가 없다. 하지만 생각보다 분양율이 저조할 경우에는 많은 이들이 조직 분양과 MGM 마케팅을 떠올린다. 간단히 말해서 조직 분양은 영업 사원을 고용하여 상품을 판매하는 것이고, MGM 마케팅은 고용 없이 판매 수수료를 할당하여 지역 인프라를 가동시키는 것이다.

　조직 분양은 미분양이 발생한 현장에서 영업을 적극적으로 하는 조직이 투입되어 분양을 마무리하는 방식으로 쓰이는 경우가 많다. 물론 시장 상황이 안 좋으면 초기부터 조직 분양을 진행하는 경우도 있다. 조직의 구성은 대부분 총괄 본부장, 본부장, 팀장, 팀원으로 이루어져 있다. 코로나19 이후 다양한 부업의 발달로 조직 분양 시 단합력이 저하되는 경향을 보이고 있다. 여타의 영업 조직과 마찬가지로 조직원 사기에 따라서 판매 성과의 차이가 크게 나타난다. 이때는 판촉 조건 변경 및 수수료 인상 등의 동기 부여가 지속적으로 필요하다. 필자는 이 방식이 보험사 지점에서의 영업 방식과 유사하다고 느꼈다. 수수료는 고정 수수료와 인센티브, 추가 인센티브로 구성된다. 고정 수수료는 상황과 시기마다 다를 수 있다. 기본적으로 식대 정도의 고정비만 지급하는 것이 일반적이다. 하지만 휴양지 분양 현장의 경우 조직원이 20일 이상 출근하면 숙박비를 제공하기도 한다. 또한 주변에 경쟁 모델 하우스가 밀집해 있을 경우, 마케팅을 강화하기 위해 일시적으로 추가 고정비를 지급하기도 한다. 그러나 이러한 방식은 고정비 단가의 상향을 표준화시킬 우려가 있어 장기적으로는 바람직하지 않다. 인센티브는 상품의 컨디션마다 상이하게 설정되며, 실적 구간 기준이나 순위별 인센티브가 별도로 제공되기도 한다. 가령 모 생활형 숙박 시설은 정액으로 1개 호실 판매 시 3천만 원이 주어지기도 했다. 인센티브는 일반적으로 팀원 50%, 팀장 25%, 본부장 15%, 총괄 본부장 10%로 배분된다. 인센티브를 부여할 때 고정적인 순위가 반복적으로 발생할 경우 순위별 인센티브보다 실적 구간 기준으로 전환하는 것이 더 효과적이라 할 수 있다.

프리랜서는 조직 분양의 특성상 판매가 쉬운 현장으로 이동이 잦기 때문에 인력 관리와 조직 재구성, 판촉 조건 변경, 수수료 인상 등 동기 부여가 매우 중요하다. 마케팅을 시작한 후 약 2~6개월이 지나면 실적 하락기가 도래하는데, 이 시기에는 고정비 지급 또는 수수료 인상을 통해 동기를 부여할 수 있다.

영업 사원에 대한 교육과 동기 부여 활동 역시 중요하다. 판촉 직원은 상품을 명확히 이해하고 고객의 니즈를 파악하는 훈련을 받아야 하며 마감 임박, 가계약동호수지정 등의 다양한 마케팅 기법을 활용해 고객이 빠르게 의사 결정을 내리도록 유도해야 한다. 검증된 영업 사원은 투자가 가능한 별도의 고객 네트워크를 보유하고 있는 경우도 많다. 기존 고객과 관계가 좋은 영업 직원이 많을수록 현장 분양율은 빠르게 올라간다.

최근 '방문 판매 등에 관한 법률' 제8조에 따라 전화 권유 판매의 경우 소비자는 14일 이내 청약 철회가 가능하다는 점이 실무상 쟁점이 되고 있다. 이에 따라 단순 전화 상담보다는 방문 상담으로 유도하는 방식이 보다 바람직한 영업 전략으로 평가된다. 또한 영업 조직의 성과는 분업화된 구조에서 더 높은 효율을 낼 수 있다. 온라인 마케팅, 현수막 제작, 전화 상담, 대면 상담, 계약 체결 등 각 단계별로 역할을 분담하고, 해당 업무에 전문화된 팀원을 배치하여 숙련도를 높이는 것이 중요하다. Ford 분업의 방식이 마케팅에도 그대로 쓰이는 것이다. VIP 고객에 대해서는 책임자가 상담을 지원하여 신뢰감을 높이는 방식이 효과적이다. 영업 실력이 우수한 팀이 많을수록 다른 팀도 자극을 받아 성적이 올라가는 경우가 많다. 또한 벤치마킹을 통해 실력이 상향 평준화 될 수 있다. 실적 부진이 지속적으로 발생하면 조직 이탈이 심화될 수 있다. 이때는 대대적인 재구성을 하거나 지속적으로 인력을 보충해야 할 수 있다. 휴양지에서는 조직원 확보가 어렵고, 휴양 시즌이 아니면 투자 수요를 공략하기도 쉽지 않다. 이때는 수도권의 투자 수요를 겨냥하여 휴양지와 서울 이중으로 조직 분양을 진행하는 경우도 있다. 경쟁이 치열할 때는 최소 인원 확보를 위해 시공사나 시행사에서 인원 규제를 하는 경우도 있는데, 중복 출석을 묵인하거나 동네 주민을 출석시키는 사례가 나타날 수 있어 과도한 규제는 좋지 않다고 할 수 있겠다. 양보다는 영업 조직의 질을 유지하는 것이 더 중요하다. 2개 이상의 분양 대행사를 운영할 경우 수수료나 고정비 등 운영 기준이 명확하지 않으면 갈등으로 인해 조직이 와해될 가능성이 있다. 따라서 사업에 따라 무분별하게 분양 대행사를 섭외하여 운영하는 것보다 한 개의 믿을 수 있는 조직과 함께하는 것이 바람직할 수 있다. 사전 조직 분양을 운영하면 초기 예산 지출이 증가할 수 있으나 장기적 관점에서는 경제적일 수 있다. 분양 저조에 따른 PF 한도 금액 추가 인출, 미분양 할인 수수료, 할인 분양을 제외하더라도 미분양 상품은 안 좋은 소문과 인식을 불러일으켜 미래에 더 많은 판촉 금액의 투입을 유발할 수 있기 때문이다. 그러므로 미리 조직 분양을 했을 때의 지출과 기회비용 그리고 사후에 진행했을 때 발생하는 비용에 대해서 면밀하게 분석해야 한다.

  MGM 마케팅은 직접 채용하지 않고, 많은 영업 직원을 운용할 수 있는 것이 장점이다. 또한 조합원, 기계약자, 공인 중개사 등 지역에 뿌리내린 조직과 함께 긍정적인 여론을 조성할 수 있다. 계약 실적이 발생할 때만 수수료를 지급하기 때문에 고정 비용 없이 효율적으로 예산을 집행할 수 있다. 해당 방식은 직원만큼 충성도가 없기 때문에 효율성이 높더라도 보조적인 방법이다. MGM 마케팅은 특히 실거주 혹은 실사용 수요가 높은 지역에서 효율이 좋다. 구도심은 신도시에 비해서 전월세 중심으로 운영되는 특징이 있는데 지역의 이미지가 확정되어 있는 경우가 많다. 이때는 MGM 마케팅을 진행하더라도 성과가 좋지 않을 수 있다.

사전 청약 MGM은 공인 중개사 사무실을 방문하거나 사업 설명회를 개최하는 방식으로 시작한다. 영업 팀장이 공인 중개사에게 상담 북을 제공하며 단지 특장점을 설명한다. 이때 MGM 지급 조건과 방법을 안내하는데, 교육받은 MGM 영업 사원들이 고객을 모집하면 성과에 따라 수수료를 받을 수 있다. 해당 방식을 진행할 때 지역 사람을 우군화 할 수 있다는 것이 가장 큰 장점이다. 특히 공인 중개 사무소는 마을의 사랑방 역할을 하는 경우가 많은데 지역 주민과 친하게 지내고 있는 공인 중개사의 설명은 판매에 더 효과적임을 알 수 있었다. MGM은 이원화 영업 방식으로 이용할 수도 있다. 인근 공인 중개사에게 선호도가 높은 고층, 남향, 판상형 위주로 판매한 뒤 모델 하우스에서는 중층 위주로 판매를 진행한다. 이때 고객은 중층을 구입하거나 프리미엄이 포함된 고층을 전매받는 방식을 고민하게 된다. 프리미엄까지 포함하면 금액의 차이가 커지므로 중층에 대한 판매율이 더 빠르게 올라갈 수 있다. 또한 심리적으로도 구매한다와 구매하지 않는다에서 어떤 것을 구매하는지에 대한 고민으로 바뀌기 때문에 계약 진행률이 더 올라간다고 볼 수도 있다. 하지만 프리미엄을 인위적으로 상승시키는 것은 불법이다. 이원화 영업은 중개사가 좋은 동호수를 직접 투자한 후 정상적으로 전매하는 방식이고, 프리미엄 작업은 고층을 특정 중개사에게만 판매하여 인위적으로 가격을 올리는 방식이다. 사업의 핵심은 판매다. 부동산 개발 분야 역시 공급자 위주의 판매에서 소비자 위주의 판매 방식으로 자리 잡을 때 성공적인 사업이 가능할 것으로 판단된다. 이것이 분양 대행사로 시작한 시행사가 운영을 잘하고 있는 비결이 아닐까 한다.

분양과 마케팅

미분양 판촉

미분양 판촉은 사업이 어려움에 처했을 때 회생할 수 있는 최후의 전략이다. 시행 사업의 3대 리스크는 토지 확보, 인허가, 분양으로 꼽히지만, 이 중 가장 예측하기 어려운 리스크는 분양이다. 토지 확보는 협의를 통해 리스크를 미리 관리하거나 사업을 멈추는 방식으로 대응할 수 있지만, 분양 실패는 사전 예측과 회피가 어렵고 손실 규모도 다른 리스크에 비해 월등히 크다. 이는 이미 사업이 시작된 이후에 문제가 드러나기 때문이다. 미분양 판촉 전략은 준공 전과 준공 후로 나눌 수 있으며, 각 단계마다 접근 방식이 달라야 한다. 준공 전 미분양 판촉에서는 초기 자금 회수와 안정적인 분양률 확보가 가장 중요하다. 이를 위해 분양가 할인이나 계약금 및 중도금 무이자 지원과 같은 혜택이 효과적인 편이다. 고객의 초기 부담을 줄여 주기 때문이다. 이때 디지털 마케팅을 활용하여 SNS나 유튜브 등에서 적극적으로 상품을 알리고, 모델 하우스 체험 이벤트를 통해 고객이 상품을 직접 경험하도록 유도해야 한다. 또한 MGM 프로그램을 운영하여 기존 계약자가 신규 고객을 추천하도록 장려하고, 이를 통해 입소문 효과를 극대화할 수 있다. 실수요자와 투자자를 각각 타겟으로 한 맞춤형 전략도 필요하다. 실수요자에게는 중소형 평형대와 실거주 혜택을 강조하고, 투자자에게는 높은 임대 수익률과 미래 가치 상승 가능성을 어필해야 한다.

주로 가격 인하 또는 자산 유동화 방식을 통해 공실 문제를 해소하는 접근이 활용된다. 예컨대 준공된 세대에 대해 특별 할인을 적용하거나, 일정 기간 임대로 공급한 후 매각으로 전환하는 방식이 대표적이다. 다만, 할인 분양은 기존 입주민과의 마찰을 유발할 수 있다. 실제로 일부 단지에서는 할인 분양을 받은 세대의 입주를 물리적으로 저지하거나, 기존 입주민들이 동일한 조건의 환급을 요구하며 소송을 제기한 사례도 존재한다. 이러한 갈등을 사전에 예측하고 조율할 수 있는 커뮤니케이션 전략이 함께 필요하다. 한편 잔여 세대를 부동산 투자 회사REITs를 통해 유동화 하거나 임대 운영을 병행하여 장기 수익을 확보하는 방식도 실무에서 점차 확대되고 있다. 이러한 구조는 대규모 투자자 대상 매각이나 임대 수익 창출이라는 두 가지 방향을 동시에 만족시킬 수 있다. 또한 고객 만족도 향상을 위한 커뮤니티 시설 활용도 효과적인 판촉 수단이 될 수 있다. 실제로 신축 아파트 단지에서 긍정적 리뷰가 많은 이유는 이사비 지원, 커뮤니티 시설 무료 이용권 제공 등 실질적인 입주 혜택이 분양 결정에 영향을 미쳤기 때문이다. 더불어 잔금 납부 유예나 임대와 분양을 병행하는 하이브리드 방식은 수요자의 부담을 완화하면서도 미분양 해소에 기여할 수 있는 전략적 선택지로 평가된다.

　미분양 상가의 경우 주거용 부동산과는 다른 접근이 필수다. 상가는 임대 수익률과 상업적 가치가 가장 큰 마케팅 포인트다. 예상 임대 수익률을 구체적으로 제시하고, 입주 가능 업종과 해당 업종에 맞는 인테리어 예시를 제공하여 고객의 관심을 높이는 전략이 필요하다. 렌트 프리 기간, 고정 금리 제공 등의 특별 혜택도 고객의 구매를 촉진할 수 있다. 또한 상가 주변의 교통 접근성, 유동 인구, 상권 특성을 강조하여 입지적 장점을 적극적으로 알리는 것도 중요하다.

　추가적으로 운영 지원과 컨설팅 서비스를 통해 초기 입주자의 영업 활성화를 돕고, 점포 간 공동 마케팅을 통해 상가 전체의 시너지 효과를 창출해야 한다. 다이소나 올리브영과 같은 인기 브랜드를 유치하면 주변 상점의 영업 활성화에도 크게 기여할 수 있다.

　미분양 해소를 위해서는 각 단계와 상황에 맞는 다각적이고 창의적인 판촉 전략이 요구된다. 준공 전에는 가격 경쟁력 확보와 타깃 맞춤형 마케팅을 통해 분양 속도를 높이는 것이 핵심이며, 준공 후에는 가격 조정, 임대 전환, 고객 만족도 향상 등 실질적 수요를 자극할 수 있는 전략이 필요하다. 특히 상가의 경우 철저한 수익성 분석과 운영 지원 계획을 바탕으로 입지적 장점과 상품 경쟁력을 부각시켜야 미분양 문제를 효과적으로 해소할 수 있다. 궁극적으로는 정밀한 시장 분석과 창의적 기획이 미분양 해소의 성패를 가르는 핵심 요인이 된다.

분양과 마케팅
유튜브 분양

미래 부동산 분양 전략에서 유튜브 마케팅은 핵심적 역할을 하게 될 것이다. 특히 대형 공동 주택보다는 소규모 상품에서 그 영향력이 더욱 클 것으로 기대된다. 고객이 판매자를 찾아가는 방식이 아니라 고객 스스로 찾아오는 방식이기 때문이다.

사람들은 누군가의 지시를 받으며 행동하는 것을 본능적으로 꺼린다. 반대로 자신이 직접 찾아낸 상품에 대해서는 보다 신뢰하고 호감을 갖는다. 텔레마케터가 분양 상품을 권유하는 전화는 주로 업무 시간 중 걸려 오기 때문에 고객 입장에서는 귀찮고 부담스럽게 느껴진다. 그래서 대부분의 고객이 통화를 빠르게 종료하거나 아예 받지 않는 경우가 많다. 특히 불황기에는 '수익률 보장' 같은 판촉 메시지가 오히려 신뢰를 떨어뜨린다. 분양 실적이 좋지 않은 지역에서는 골드바를 증정하는 강력한 프로모션조차 고객의 관심을 끌지 못하고 있다는 현실이 이를 뒷받침한다.

반면 유튜브나 인스타그램과 같은 SNS 광고는 다르다. 이들 플랫폼은

광범위한 고객층에 도달할 수 있는 강력한 마케팅 도구이며 특정 연령대나 관심사별로 타겟팅이 가능하다는 점에서 효과적이다. 예를 들어 노인 복지 주택을 홍보할 때 60대 이상의 고객층에게 집중적으로 광고하고, 노인들이 좋아하는 유명인을 출연시키면 광고 효과를 더욱 높일 수 있다. 공유 주거 상품은 활기찬 20대, 30대의 생활상을 보여 주면서 해당 세대가 좋아하는 인플루언서와 협업하면 높은 반응을 이끌어 낼 수 있다.

유튜브는 특히 시각적 요소가 중요한 부동산 분야에 적합한 매체다. 고품질 영상 콘텐츠를 통해 모델 하우스 투어, 주변 지역 환경, 개발 호재 등을 생생하게 전달할 수 있다. 고객은 이러한 정보를 검색을 통해 자발적으로 찾게 되며 판매자와 고객 간의 신뢰도 자연스럽게 형성된다. 실제로 최근에는 30~50세대 규모의 주거 상품이나 상가 시설이 유튜브 마케팅만으로 성공적으로 분양을 완료하는 사례가 점점 늘어나고 있다.

유튜브는 고객과 직접 소통할 수 있는 실시간 스트리밍 기능을 제공한다. 고객이 실시간으로 질문하면 진행자가 바로 답변할 수 있어 고객과의 신뢰감을 강화할 수 있다. 또한 VR과 같은 기술을 활용한 실시간 투어를 통해 고객이 직접 모델 하우스를 방문하지 않고도 현장을 경험할 수 있어 시간과 장소의 제약을 극복할 수 있다.

마케팅에서 중요한 고객 여정을 설계하는 데도 유튜브는 매우 효과적이다. 먼저 현장 및 입지 정보를 다루는 콘텐츠로 고객의 흥미를 유도한 후, 모델 하우스 투어나 분양 혜택을 강조하는 구체적 콘텐츠로 관심을 확장시킨다. 마지막으로 상담 예약이나 청약 신청을 유도하여 구매까지 이어지게 만드는 전략을 수립할 수 있다. 데이터 분석을 통해 이 과정 전체를 최적화함으로써 마케팅 효율성도 높일 수 있다.

유튜브는 유료 광고와 자연스러운 콘텐츠 마케팅을 결합할 수 있는 최적의 플랫폼이다. 타겟팅 된 유료 광고로 잠재 고객에게 직접적으로 접근하고, 신뢰도 높은 유기적인 콘텐츠로 브랜드 신뢰를 높인다. 직접적인 광고보다 자연스러운 PPL이 더 높은 효율성을 보이는 이유도 여기에 있다.

특히 설계나 디자인 컨셉이 중요한 소규모 분양 상품의 경우, 유튜브를 통해 세부적인 장점을 적극적으로 어필할 수 있다. 고객에게 단순히 상품을 소개하는 것이 아니라 스토리를 만들어 흥미를 끌고, 주변 시세나 발전 가능성을 자연스럽게 전달하여 구매 의사를 높이는 방식이다.

결과적으로 고객이 자발적으로 찾아오게 만드는 유튜브 마케팅은 구매 의사뿐 아니라, 구매 이후에도 더 널리 공유되고 확산되는 효과를 가져온다. 이제 부동산 분양 시장에서 유튜브는 선택이 아니라 필수가 될 것이다.

플랫폼 시대 마케팅 핵심

🖳 눈길을 끄는 콘텐츠 제작

- 대규모 이벤트와 스토리텔링 활용

    ex. "모델 하우스 방문자 중 추첨을 통해 분양 계약 시 최대 1억 원 할인!"과 같은 파격적인 이벤트를 유튜브 콘텐츠로 제작.

    ex. 드론으로 촬영한 프로젝트 전경과 이벤트 현장을 웅장하게 연출.

    ex. VR기기를 이용한 실제 준공 후 모습 투어.

🖳 신뢰를 쌓는 콘텐츠 제작(영업과 민원 감소)

- 고객 성공 사례와 인터뷰 중심 콘텐츠

    ex. 현장 소장, 부동산 전문가, 지역 주민 인터뷰 제공.

    ex. 분양 상품 주변 숨겨진 명소를 찾는 투어 영상 제작으로 동네 홍보.

    ex. 프로젝트 성공으로 지역 주민들에게 주어지는 혜택을 홍보하여 민원 감소.

🖳 구매 유도 콘텐츠

    ex. 주변 분양받은 고객 혹은 해당 건설사의 다양한 상품 구매 경험담 제공.

    ex. 분양 정보 체크 리스트, 하자 보수 점검 리스트 등 고객 친화적 자료 제공.

🖳 SEO 최적화

- 검색 친화적인 제목과 태그, 설명 사용

    적절한 태그와 제목이 있을 때 타겟 집중화로 광고 비용 절감 가능

🖥 지속적인 고객 소통

- 댓글과 라이브 방송으로 관계 구축

  ex. 분양 관련 변호사, 콘셉트 설계한 건축사 등과 지속적인 소통을 함으로써 신뢰도 증가.

  + @: 초보자 중심 교육 콘텐츠

- 분양 절차를 쉽게 풀어낸 영상이나 대출 등에 대한 상품 광고로 관심 고객층 데이터 확보

  + @: 유료 광고와 리마케팅

- 타겟팅 광고와 데이터를 기반으로 모델 하우스 초청장 발송 등 지속적인 노출 최대화

계약 관계 개론
부동산 매매 계약
도급 계약
신탁 계약
투자 계약
금융 자문 계약
브릿지 계약
PF 계약

선매각 / 선임차 계약
분양 계약서

CHAPTER STORY

계약

계약

계약 관계 개론

일반적 계약 구조

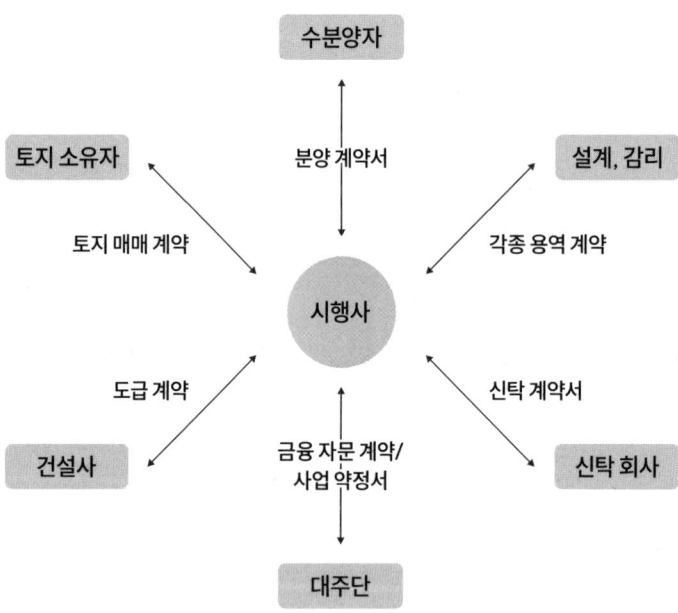

부동산 개발 사업에서는 다양한 이해관계자들이 복잡한 계약 관계를 맺는다. 주요 이해관계자는 시행사, 시공사, 금융 기관, 신탁사, 설계 및 감리 회사, 토지 소유자 등이며, 이들 간 계약이 사업의 성공에 직접적인 영향을 미친다. 계약에서 첫 번째로 명심해야 하는 것은 사법상의 법률 관계, 특히 거래는 개인의 자유로운 의사에 따라 결정되어 자기 책임 하에 규율되는 것이 이상적이며 사적 생활의 영역에는 원칙적으로 국가가 개입하거나 간섭하지 않는다는 근대사법의 사적 자치의 원칙이다. 이 원칙을 정확히 이해해야만 부동산뿐 아니라 모든 계약에서 올바른 법리적 판단을 내릴 수 있다. 우리가 알고 있는 상식은 사회 속 상식이고 법리는 법의 체계 속에 있는 논리다. 법인에서 만기에 부채를 상환하고, 바로 파산이 진행되어 관계인에게 재산이 분배될 때 상황에 따라서 상환된 부채는 반환되어야 할 수 있다. 또한 이중 매매가 유효한 경우도 그렇다. A가 B에게 부동산을 팔았는데 등기를 이전하기 전 C에게 다시 매도하는 경우 일반적으로는 사기라고 생각한다. 이 행위에서 의도가 없었고 미래를 예측할 수 없었으며, C가 선의이고 먼저 등기를 등록했다고 가정해 보자. B는 A에게 계약 위반으로 손해 배상을 청구할 수 있지만 부동산을 되찾을 수는 없다. 법적으로는 등기를 먼저 한 사람이 소유권을 가지기 때문이다. 반대로 아무리 사적 자치의 원칙이 있더라도 법에 위반되면 무효가 될 수 있다. 건설사나 임대인이 하자 발생 시 책임지지 않는다고 기입하거나 하수급인에게 공사비 증액이 없다고 기재하여도 민법, 소비자 보호법, 하도급법으로 인하여 법적 무효가 될 수 있다. 그러므로 계약 체결에 있어서는 법과 사적 관계 모두 고려하여 신중하게 진행해야 한다.

하도급 계약에서는 하수급인이 정산 계약 후 추가 정산을 요구하는 경우 강압적 정산이었다고 주장할 수 있지만 법인 간 거래에서는 원칙적으로 동등한 위치로 보아 명확한 강압의 증거가 없으면 이를 인정받기 어렵다. 또한 현금 흐름 문제로 정산 계약 후 다시 조정하는 것은 법적으로 적절하지 않다. 계약 검토에서 법조인에게 과도하게 의지하는 것도 좋지 않다. 법조인은 법률에 대한 전문가다. 각 사업에 대한 전문성을 확보한 법조인도 있지만 계약 당사자 간의 생각과 파생되는 이익을 가장 잘 아는 이는 당사자이기 때문에 과도한 의지는 금물이다. 또한 실무적으로 어느 단계에서 가압류를 걸었을 때 실익이 있는지는 법률 대리인인 변호사가 아니라 실무 경험이 풍부한 자문 위원 혹은 컨설턴트의 의견이 더 중요할 수 있다.

시행사와 토지 소유자 간의 계약은 사업의 출발점으로 매우 중요하다. 토지 매매 계약을 체결할 때는 계약금, 중도금, 잔금 지급 조건과 소유권 이전 절차를 명확히 해야 한다. 특히 오염된 토지 등 예상치 못한 리스크를 대비해 하자 보수 조항 및 불법 사항에 따른 원상 복구와 이행 부담금 면책 조항을 명시하는 것이 리스크 관리에 도움이 된다. 토지 담보 대출이나 자금 운용 시 신탁 계약을 체결하는 경우가 많으며, 규모가 클수록 신탁 등기를 활용하는 것이 간편하고 안정적이다. 또한 시행사는 설계 및 감리 회사와의 계약을 통해 건축 설계, 도시 계획, 공사 품질 관리 및 안전 감독을 명확히 규정해야 한다. 프로젝트 파이낸싱PF과 자금 조달을 위해 금융 기관이나 자문사와 금융 자문 계약을 진행하고 금융 기관은 유동화를 위해서 타 금융 기관과 자산 유동화 계약을 진행할 수 있다. 이는 담보 설정, 상환 방식 등을 포함한다. 건설사와는 공사를 진행하기 위한 공사 도급 계약을 진행한다. 이때 공사 범위, 공사비, 준공 조건 등을 정하게 된다. 수분양자와의 계약 등 역시 시행사가 체결하는 계약이다. 만약 관리형 토지 신탁을 진행한 경우에는 명목상 계약서의 주체가 신탁사가 될 수 있다.

민간 개발에서 시행사가 턴키 계약을 요청하는 경우도 있다. 턴키 계약은 개발의 전 과정을 시공사에 위탁하는 방식으로, 실제로는 여러 리스크로 인해 민간 대규모 발주에서는 선호되지 않는다. 대표적인 이유는 두 가지다. 첫 번째는 인허가 완료 시 연면적이 변경되는 경우가 많은데 이에 대한 확정이 불가하다는 것이다. 평당 도급 금액을 설정하면 자연스럽게 수급인의 이익이 극대화 되는 방향으로 사업이 진행된다. 결국 발주처와 분쟁이 발생할 가능성이 높아진다. 두 번째는 해당 프로젝트가 실패했을 경우 세무서에서 실질적은 사업의 주체로 시공사를 지목하여 세금 추징을 진행할 수 있다는 것이다. 이러한 사유로 턴키 계약은 민간 대규모 발주에서는 거의 찾아보기 힘든 실정이다.

신규 계약 체결 시에는 모든 이해관계자가 시행사가 이미 체결한 기존 계약들을 면밀히 검토하여, 권리관계, 인허가 진행 상태, 책임 준공 여부, 분양성 등 사업성에 영향을 미치는 요소를 종합적으로 분석하는 것이 필요하다. 아울러 체결 예정인 계약의 적법성과 법적 리스크 여부는 반드시 법률 전문가를 통해 사전에 검토받아야 한다. 계약 내용이 부적법하거나 법률에 저촉될 경우, 향후 분쟁 발생은 물론 전체 사업에 위협이 될 수 있기 때문이다.

계약

부동산 매매 계약

매매 계약은 기본적으로 매매 대금과 매매 목적물을 특정함으로써 성립된다. 이는 부동산 매매 계약에서도 동일한 원칙으로 적용된다. 일반적으로 주택을 매매하는 경우 부동산 중개 사무소에서 제공하는 표준 양식을 사용하는 경우가 많다. 이때 거래 당사자들은 매매 대금(계약금, 중도금, 잔금)의 액수와 지급 시기에만 주로 관심을 가지며, 다른 계약 조항에 대해서는 크게 신경 쓰지 않는 경향이 있다. 이는 해당 계약서의 내용이 대개 우리나라 민법 규정을 단순히 반복하는 수준이기 때문이며, 당사자들이 중요하게 여기는 특별한 조건은 별도의 특약 사항으로 기재되는 경우가 많기 때문이다. 특약 사항이 일반 조항과 배치되는 경우 특약 사항이 우선한다는 내용이 기재되어야 오해가 없다.

거래 규모가 큰 상업 시설이나 오피스와 같은 경우에는 부동산 중개 사무소의 양식을 사용하는 것이 적합하지 않은 경우가 있다. 이는 소규모 거래와 달리 관련 당사자(건물 관리인, 임차인, 보험자, 대출 기관 등)가 많고 인허가,

부담금, 세금 등 다양한 이슈가 존재하기 때문이다. 필요한 세부 사항을 계약서에 명확히 포함하는 것이 바람직하며, 이를 위해 전문 업체가 부동산 실사를 진행하기도 한다. 특히 매도인이나 매수인이 펀드집합투자기구인 경우에는 자산운용사, 투자자, 신탁사의 입장을 모두 고려해야 하므로 계약 내용이 더욱 구체적이고 복잡해진다. 복수의 이해관계자가 계약서 조항의 수정을 상충되게 요구할 경우 자문사의 입장은 더욱 까다로워진다. 이러한 이유로 일정 규모 이상의 부동산 실물 거래가 자산운용사 혹은 전문 자문사에서 진행되는 것이다. 계약서를 상세하고 명확하게 작성하는 이유는 당사자 간의 오해와 해석상의 차이를 방지하기 위함과 동시에 각자 목적을 달성하기 위함이다. 명확한 계약서는 미래에 발생할 수 있는 분쟁에 효과적으로 대비할 수 있게 해 준다. 특히 2022년부터 부동산 프로젝트 파이낸싱PF 시장이 급격히 위축되면서, 모호하거나 상충되는 계약 조항으로 인해 문제가 더 복잡해지는 사례가 많아졌다. 그러나 지나치게 세부적인 조항을 포함하면 계약 당사자뿐만 아니라 제3자가 계약의 내용을 이해하는 데 어려움을 겪을 수 있다. 계약을 담당하는 인력이 교체될 경우, 후임자가 기존 조항의 의미를 명확히 이해하지 못할 가능성이 있다. 또한 거래가 장기간 진행되면 계약 체결 당시의 원래 의도를 정확히 기억하지 못해 혼란이 초래될 수도 있다. 따라서 계약서를 작성할 때는 항상 구체적이고 명확한 표현을 사용하는 것이 중요하다. 만약 일반적인 거래 관행이나 법적 내용과 다르게 특별한 조항을 추가해야 한다면, 해당 조항의 목적과 의도를 명확히 설명하거나 별도의 기록으로 남기는 것이 바람직하다. 이를 통해 계약 당사자와 제3자 모두 해당 조항이 기존 법률이나 관행과 어떻게 다른지 쉽게 이해할 수 있다.

매매 계약의 기본 구성 요소로는 계약의 목적물인 부동산의 특정, 매매 대금과 지급 조건, 소유권 이전 시기 및 절차, 그리고 담보 책임에 대한 규정이 포함된다. 해당 내용이 확정되지 않거나 향후 구체적으로 확정될 가능성이 없으면 부동산 매매 계약 자체가 성립되지 않았다고 볼 수 있다. 이때 부동산에 소재하는 동산 및 주요 설비, 영업권이 있는 경우 영업권 관련 사항도 매매 목적물에 따로 명시하는 경우도 있다. 부가 가치세는 건물에만 부과되고 토지에는 부과되지 않는다. 토지는 자연에서 취득한 목적물이고, 부가 가치를 발생하지 않았기 때문에 그렇다. 따라서 산정을 위해 토지 부분과 건물 부분에 대한 매매 대금의 액수를 구별하여 기재할 수 있고, 감정 평가 등이 미비하여 구별하기 어려우면 전체 금액만 설정하고 상세 사항은 추후 설정할 수 있다. 공사비가 급등하는 시기에는 공기업이나 지자체에 신축 건물을 매각할 때 감정 평가 대신 원가 산정 방식이 사용되기도 한다. 신축 건물에 대한 평가를 거래 사례 비교 등으로 평가하는 것이 맞느냐는 의문이 제기되었기 때문이다. 물론 민간은 수익률에 따른 거래를 선호하기 때문에 감정 평가 방식이 더 유용할 수 있다.

부동산 거래 시 목적물의 특정은 핵심 요소로, 해당 부동산의 소재지,

면적 등 구체적인 정보를 명확히 명시해야 한다. 매매 대금 역시 계약금, 중도금, 잔금의 지급 시기와 방법을 계약서에 구체적으로 기재해야 하며, 소유권 이전을 위한 등기 절차는 언제, 어떤 방식으로 진행할 것인지 사전에 명확히 정해야 한다. 특히 매수인이 건물을 매수한 직후 철거하고 신축할 계획이라면 매매 목적물 중 건물 부분의 가치를 0으로 산정하는 방식도 활용 가능하다. 또한 담보 책임과 관련해서는 매도인이 부담할 하자의 범위와 책임을 명확히 규정함으로써 추후 발생할 수 있는 분쟁의 가능성을 최소화해야 한다.

매매 계약서 구성 요소 중 전문은 생략되는 경우도 종종 볼 수 있다. 전문에는 당사자들이 생각하는 특별한 목적 및 계약의 의도를 기술하는 경우가 보통이다. 하지만 전문 역시 부동산 매매 계약의 취소권, 해제권 발생 여부, 손해 배상에 있어서 특별 손해 범위 여부를 판단하는 증거 자료가 될 수 있다. 가령 토지 매수 목적이 주택의 건설인데 추후 사정에 의해 주택 건설이 불가할 경우 해제권 행사의 필요 조건이 되는 계약의 목적을 달성하기 어려운 중대한 사유에 해당한다고 볼 수 있다. 뿐만 아니라, 착오에 의한 취소권을 행사할 경우 당사자가 계약 체결 시 상대방에게 명시한 동기는 취소권 행사의 근거가 될 수 있다. 예를 들어 매수인이 부동산을 전매한다는 사실을 계약서 전문에 기재했다면 매도인은 자신의 계약 위반으로 인해 매수인이 전 매수인에게 손해 배상을 해야 할 상황이 발생했을 때 그러한 특별 손해의 가능성을 충분히 인지하고 있었다고 볼 수 있다. 따라서 계약서의 전문에 관련 내용을 막연하거나 추상적으로 기술하기보다는 본문의 개별 조항에서 구체적으로 명시하는 것이 더욱 바람직하다. 특히 전문을 작성할 때 매매 계약의 당사자가 집합 투자 기구^{펀드}인 경우에는 운용 지시에 따라 계약이 체결되었음을 명확히 하고, 집합 투자 기구의 책임 범위가 신탁 재산의 한도로 제한됨을 기본적인 계약 조항으로 명시할 필요가 있다.

계약 체결 후에는 소유권 이전 등기를 통해 법적 효력을 완성해야 하므로 등기 절차도 계약 내용에 포함되어야 한다. 계약서에는 불이행 시 위약벌 및 위약금^{손해 배상}에 대한 명시가 있어야 한다. 보수 조항에 대한 명시도 중요하다. 토지 거래 후 토목 작업 중 나오는 오염토 등에 관련된 중대한 하자에 대한 조항이 없으면 추후 법적 분쟁의 가능성이 생긴다. 외에 부동산 인도 의무, 말소 의무 및 토지 사용 승낙 등에 대한 조항 확립이 필요하다. 임대차 계약 종료 시 점유자 퇴거의 의무가 누구에게 귀속되는지를 기재하고, 인허가 진행을 위해서 토지 사용 승낙 제공 여부와 금전 지급 시기에 대해서 특정하는 것이 필요하다.

계약금 몰취와 관련해서는 민법 제565조 해약금을 면밀히 살펴볼 필요가 있다.

제565조(해약금) ① 매매의 당사자 일방이 계약 당시에 금전 기타 물건을 계약금, 보증금 등의 명목으로 상대방에게 교부한 때에는 당사자 간에 다른 약정이 없는 한 당사자의 일방이 이행에 착수할 때까지 교부자는 이를 포기하고 수령자는 그 배액을 상환하여 매매 계약을 해제할 수 있다.

여기서 이행의 착수라는 것은 객관적으로 외부에서 인식할 수 있는 채무의 이행 행위의 일부를 하거나 또는 이행을 하기 위하여 필요한 전제 행위를 하는 경우를 말한다. 일반적으로 중도금, 잔금을 지급하는 경우 이행의 착수로 볼 수 있다. 중도금 일정이 도래하기 전에 중도금을 납부한 사례가 있는데, 이 역시 이행의 착수로 인정받은 바 있다. 계약 해제 관련해서는 어떠한 경우에도 일방적으로 본 계약을 해제 또는 해지할 수 없는 특약을 설정하는 것이 가능하다. 이때 매도자가 양도, 잔금 수령 거부, 명도 거부를 진행할 때 매수자는 계약금의 배액 및 개발 사업을 위하여 기투입한 비용 및 사업 진행 지연으로 발생된 손해 전체를 위약금으로 청구할 수 있는 조항을 기재할 수 있다.

중도금 납입 방법 외 매수인이 토지 취득에 대해 법적 구속력을 더하고 싶을 경우에는 신탁사의 처분 신탁 및 취득 대리 사무를 활용하는 방법이 있다. 처분 신탁은 토지 소유자가 부동산을 매각할 목적으로 신탁사에 위탁하는 형태이다. 신탁사는 위탁받은 부동산을 매각하거나 경매를 통해 처분하며, 이 과정에서 발생한 수익을 위탁자에게 지급하거나 대출 상환 등으로 사용한다. 신탁사가 매각을 대행하기 때문에 거래의 신뢰도가 높고, 복잡한 이해관계를 조율하며 공정성을 보장할 수 있는 장점이 있다. 또한 처분 과정에서 공매를 진행하거나 관련 서류 작업도 수행하여 모든 절차를 체계적으로 관리한다.

취득 대리는 신탁사가 위탁자의 요청에 따라 특정 부동산을 대신 취득하는 업무다. 신탁사는 매매 계약을 체결하고 매매 대금을 관리하며, 취득한 부동산에 대한 소유권 이전 등기까지 처리한다. 이 과정에서 법률적 검토를 통해 계약상의 하자 여부를 확인하고, 위탁자가 안전하게 부동산을 취득할 수 있도록 지원한다. 복잡한 법적 절차를 대신 처리해 주기 때문에 투자자나 개발자가 안전하게 사업을 진행할 수 있는 기반을 마련할 수 있다.

부동산 매매 계약을 검토할 때 등기부 등본, 건축물대장, 토지 이용 계획 확인원 등을 통해 사실 관계를 명확하게 파악해야 한다. 해당 부동산의 등기부 등본을 통해 소유권 상태와 권리관계, 가압류 여부 등을 확인해야 하며, 토지 이용 계획을 점검하여 해당 부동산의 용도 지역이나 법적 제한 사항도 확인하는 것이 필요하다. 등기부 등본은 부동산의 소유권과 권리관계를 기록한 공적 장부로 표제부, 갑구, 을구로 구성된다. 표제부에는 부동산의 기본 정보인 위치와 면적 등이 기록되며, 갑구에는 소유권과 관련된 사항으로 소유자, 소유권 변동, 가압류 및 경매 등이 기재된다. 을구에는 저당권, 전세권, 지상권 등 소유권 이외의 권리 내용이 포함된다.

등기부 등본은 온라인 또는 오프라인으로 확인할 수 있다. 온라인으로 확인하려면 대한민국 법원 인터넷 등기소 www.iros.go.kr에 접속하면 된다. 오프라인은 해당 부동산의 관할 등기소를 방문해 주소를 제시하고 등기부 등본 발급받으면 완료된다.

등기부 등본을 확인할 때는 소유자 정보가 실제 소유자와 일치하는지 확인하고, 갑구를 통해 가압류나 경매와 같은 권리 제한이 있는지 살펴봐야 한다. 을구에서는 근저당권이 설정되어 있는 경우 채권 최고액을 확인하는 것이 중요하다. 만약 매도자가 채무 관계에서 일부 상환을 이행하였다고 주장하면 이에 따른 근저당권 갱신을 요구해야 한다.

부동산 등기 사항 전부 증명서 갑구에 신탁 등기가 되어 있으면 신탁 원부를 확인해야 한다. 신탁 원부는 등기소에 가서 부동산 주소 혹은 신탁 원부 번호로 조회할 수 있는데, 온라인으로 확인하는 방법이 생길 예정이다. 신탁 원부에는 부동산 담보 신탁 계약서가 포함되어 있다.

별첨 1. 신탁 부동산의 표시
별첨 1-1. 추가 신탁 부동산 목록
별첨 2. 우선 수익자 및 수익자 등의 표시
별첨 3. 신탁 보수
별첨 4. 신탁 특약

이때 별첨에 있는 위탁자, 수익자, 신탁 조건 및 목적, 기간, 책임 준공 여부와 채권 관계를 면밀히 파악해야 한다. 별첨으로 인해 본문의 가독성이 올라가기 때문에 기타 사항들을 사진과 같이 별첨으로 정리하고 있다.

건축물대장에는 그 건축물의 용도와 불법 건축물 여부가 기록된다. 불법 건축물을 인계받을 경우 행정 처분을 받을 수 있기 때문에 반드시 확인해야 하는 서류 중 하나다. 건축물대장의 갑구에는 부동산 고유 번호, 주소, 지번, 종류 등이 있다.

토지 대장에서는 면적, 토지의 종류인 지목, 소유자, 개별 공시 지가를 알 수 있다. 토지 대장이나 건축물대장과 등기부와 일치하지 않는다면 소유권 등 권리 사항은 등기부가 우선된다. 반면 지목이나 면적 등 물리적 현황은 대장이 우선시 된다. 그 이유는 등기부는 사법부가 관할이고,

대장은 행정부가 주관하기 때문이다.

마지막으로 토지 이용 계획 확인원에서는 소재지, 지번, 지목, 경계, 면적, 용도를 확인할 수 있다. 이때 경계, 면적, 용도에 대한 확인이 중요하다. 도시 계획도로 저촉 여부, 지구 단위 계획, 도시 개발 계획, 공원 녹지 계획 등 토지의 활용에 제한이 되는 요소가 있기 때문이다. 여기서 지구 단위 계획에 용도 등이 제한되면 해당 지자체 홈페이지에서 용도에 대한 확인도 반드시 진행해야 한다.

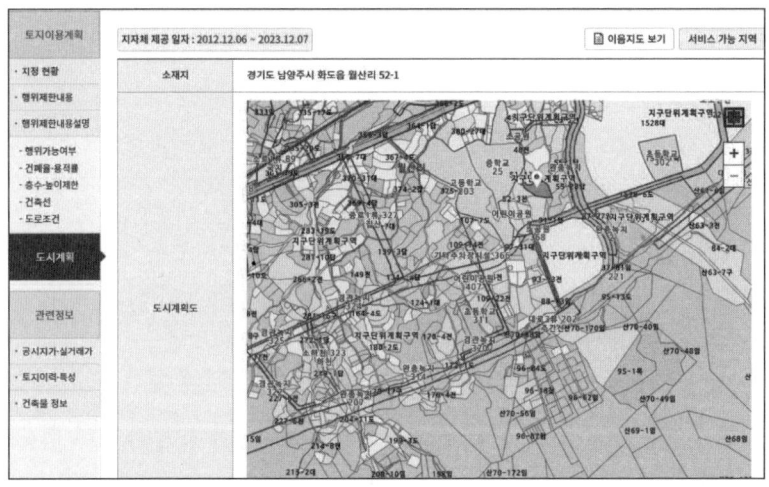

부동산 매매 계약 전 매입, 매도 의향서를 작성하는 경우가 있다. 거래 예정액이 높은 경우 상호 의사를 확정하기 위하여 미팅 전에 작성된다. 의향서에는 계약금, 잔금 비율 및 시기, 특약 조건이 기재되며 법적 구속력이 없다는 문구가 명기 되는 것이 특징이다. 이는 부동산 매매뿐만 아니라 모든 의향서LOI에 적용된다.

　매매 예약을 하는 경우도 있는데 이는 본계약에 대응하는 개념으로 본계약을 체결할 것을 약속하는 계약을 말한다. 계약을 청약하고 승낙해서 성립하는 건과 예약 권리자가 예약 완결 의사 표시를 진행할 경우 본계약이 성립하는 경우로 나눌 수 있다. 대부분의 경우 거래 조건에 관하여 성실히 협상할 것을 조건으로 한 매매 예약이 많다. 매매 예약에서는 자료 제공, 독점적 교섭권, 비밀 유지 등이 주를 이룬다. 해지 조항은 회생, 파산과 같은 절차나 당사자의 의무 불이행이 가장 일반적이다. 이에 따른 손해 배상은 자유롭게 규정할 수 있고, 일정 기간 동안 조건 협의가 되지 않으면 자연 해제 되도록 진행하는 경우가 많다. 일반적인 양해 각서 보다는 전체적인 내용에 법적인 구속력이 있다고 보는 것이 일반적이다. 기본적으로 법적인 구속력은 갖는 것으로 하되 당사자들이 자유로운 의사에 따라 본계약을 체결할 의무까지는 부담하지 않도록 하는 내용의 매매 예약을 하는 경우도 있다. 당사자들이 어느 정도까지 본계약 체결을 강제할 것인지와 매매 예약 계약의 법적 구속력 문제와는 별개로 생각하는 것이 맞겠다. 본계약의 체결 의무를 부여하는 강제력의 정도와 별개로, 매매 예약 계약 자체의 법적 구속력은 인정될 수 있기 때문이다.

　지주 작업 및 현지 전문가의 도움이 필요할 경우 부동산 매입 용역 계약서가 필요하다. 이때 용역의 범위는 토지 조서에 표시된 용역 대상 목적물의 매입을 위한 지주 작업 및 매매 계약과 관련된 일체가 들어가고 통상 토지 매매 대금의 1~3% 정도 지급하고 있다. 해당 비율을 초과하면 향후 금융 계약 및 도급 계약 시 문제가 될 수 있으니 유의하여야 한다. 지주 작업을 진행할 때 토지주에게 일정 비율의 계약금과 중도금을 지출하는 경우도 있고, 다수의 지주와 계약하는 경우에는 계약금 일시 지급을 조건으로 서류만 작성하기도 한다. 잔금은 PF 시점에 지급하는 것이 매수자 입장에서는 가장 유리한 조건이며, 매도자의 해지가 우려될 때는 중도금 등을 지급하는 것이 올바른 판단이라 하겠다.

실물 부동산 매입 과정에서는 우선 협상 대상자를 선정한 후 양해 각서MOU를 체결하는 절차를 밟는다. 양해 각서에는 거래 대상 자산, 거래 대금, 우선 협상 기간, 실사 절차 등이 포함되며, 실사 결과나 특정 조건의 성취 여부에 따라 매매 대금을 조정하거나 계약을 해제할 수 있다는 조항이 명시되기도 한다. 일반적으로 이행 담보를 위해 보증금을 수수하며, 이 보증금은 계약의 성격에 따라 몰취 되거나 반환, 또는 배액 배상되는 구조로 작성된다. 즉, 양해 각서 단계에서 조건부 보증금 반환 조항이 포함될 수 있다.

예를 들어, 여의도의 한 오피스 빌딩 매매 과정에서는 리츠REITs 구조의 간접 투자 방식으로 자금을 조달하는 조건 하에 양해 각서가 체결되었고, 리츠의 영업인가 획득이 우선 협상 기간 내 충족되어야 한다는 조항이 포함되었다. 그러나 영업 인가가 불허되면서 해당 조건 불성취에 따라 보증금은 반환되었고, 계약은 성립되지 않았다. 이처럼 양해 각서는 단순한 의사 확인서가 아닌, 조건부 법적 효력을 가질 수 있는 문서이므로 다양한 경우의 수를 상정하여 조항을 면밀히 검토해야 한다.

대출이나 매입 시 감정 평가 금액은 가치의 기본적인 범위를 산정하는 액수다. 감정 평가와 매매가 중 낮은 금액을 기준으로 대출 범위를 산정하는 것이 권고 사항이다. 하지만 취득 시기와 주변 거래 사례 등에 의하여 산정 기준이 변동할 수 있다. 감정 평가를 정식으로 의뢰하기 전에 탁상 감정 평가를 받기도 하는데, 이는 구두로 개략적인 금액에 대한 평가액을 확인하는 절차다. 하지만 실무에서는 사내 보고를 위하여 견적서의 형태로 평가 금액을 주고받기도 한다. 최근에는 주변 감정 평가 사례를 통해 대략적인 감정 평가 금액을 알려 주는 프로그램과 다양한 부동산 정보 및 상권 정보를 제공하는 사이트가 있으니 거래 시 참조하면 분석이 용이해질 수 있다.

매매 계약

1. 매매 계약의 기본 구성

- **목적물의 특정:** 거래되는 부동산의 명확한 식별 소재지, 면적 등.

- **대금의 명시:** 매매 가액과 지불 조건 계약금, 중도금, 잔금.

- **소유권 이전:** 소유권 이전 시기 및 관련 등기 절차.

- **담보 책임:** 매도인이 목적물에 대해 책임질 하자 법률적·물리적에 대한 규정.

2. 계약 체결 시 유의사항

- **등기부 등본 확인:** 부동산의 소유권, 권리관계, 가압류 여부 확인.

- **토지 이용 계획:** 해당 부동산의 용도 지역 및 법적 제한 사항 검토.

- **중도금 및 잔금 지급 조건:** 대금 지급의 시기, 방식, 조건 명시.

- **해제 조건:** 특정 상황에서의 계약 해제 가능성 명시.

3. 법적 유효성 요건

- 계약 당사자 간의 의사 합치가 있어야 하며, 계약서에 매매 목적물, 매매 가액, 계약 조건 등 명시 필요.

- 계약서 작성 시 부동산 중개업자를 통하거나 변호사와 함께 검토하면 법적 문제 예방 가능.

4. 관련 법령

- 「민법」 제563조~제567조(매매에 관한 규정).

- 「부동산 거래 신고에 관한 법률」: 부동산 거래 신고 의무와 거래 정보 제공.

- 「부동산 등기법」: 등기 절차와 관련된 사항.

위약금과 위약벌

1. 위약금

- **의미:** 계약을 위반한 경우 손해 배상액으로 지급하기로 약정한 금액.
- **목적:** 계약 위반으로 인한 손해를 보상하기 위한 실질적 손해 배상 수단.
- **특징:**
  - 손해 배상액의 **사전 확정적 성격**.
  - 계약 당사자 간 합의에 따라 결정되며, 실제 손해 발생 여부와 상관없이 지급 가능.
  - 다만 법원은 손해 배상의 예정액이 과도하게 높다고 판단되면 **감액** 가능 민법 제398조 제2항.

  적용 예시: 부동산 매매 계약에서 매수인이 계약금을 포기하거나 매도인이 계약금을 배액으로 반환하는 경우.

---

2. 위약벌

- **의미:** 계약 위반에 대한 처벌적 성격으로 부과되는 금전적 제재 성격.
- **목적:** 계약 위반을 억제하고, 계약 이행을 강제하기 위한 처벌적 수단.
- **특징:**
  - 처벌의 성격이 강해 실제 손해와 무관하게 지급.
  - 법원에서 위약벌의 금액을 감액하기 어렵고, 약정된 대로 지급해야 하는 경우 빈번.

‣ 위약벌은 손해 배상의 예정과 병존할 수 있으며, 위약금과 달리 실제 손해와 별개로 부과 가능.

적용 예시: 건설 계약에서 공사 지연 시 벌금 성격의 금액을 부과하는 경우.

3. 주요 차이점

구분	위약금	위약벌
목적	손해 배상(보상)	처벌 및 이행 강제
성격	실질적 손해에 기반	처벌적 성격
감액 가능성	법원의 판단에 따라 감액 가능	감액 가능성이 낮음
실제 손해와의 관계	실제 손해와 관련 있음 (손해 배상 예정)	실제 손해와 무관하게 지급

4. 법적 근거

- **위약금:** 민법 제398조 손해 배상의 예정.
- **위약벌:** 민법상 직접 규정이 없으나, 판례를 통해 인정됨 계약의 자유 원칙에 기초.

이행의 착수

1. 이행의 착수란 무엇인가?

- 계약에 따라 약속된 의무(금전 지급, 물품 전달, 서비스 제공 등)를 이행하기 위해 실질적이고 구체적인 행위를 시작하는 것을 뜻함.
- 단순한 준비 행위가 아니라, 계약 의무를 수행하기 위한 본질적인 실행을 포함.

2. 이행의 착수와 계약 해제

- 민법 565조에 따르면, 계약 당사자가 계약을 해제할 수 있는 권리는 상대방이 **이행에 착수하기 전까지** 인정.
- 이행에 착수한 이후에는 계약의 일방적 해제가 제한.

이행의 착수는 "계약의 본질적 이행에 직결된 행위"여야 하며, 단순히 이행 의사를 표명하는 것만으로는 불충분.

또한 이행기 전의 이행 착수 가능성에 대해서는 당사자가 이행기 전에는 착수하지 않기로 하는 특약이 있는 등 특별한 사정이 없는 한 이행기 전에도 이행에 착수 가능할 수 있음.

3. 이행의 착수 여부 판단 기준

- **행위의 실질성:** 계약 의무를 실제로 이행하기 위한 구체적인 행위가 시작되었는지 여부.

- **계약 내용과의 연관성:** 계약 의무 이행과 직접적으로 관련된 활동인지 여부.
- **상대방의 인지 가능성:** 상대방이 해당 행위가 이행의 시작임을 객관적으로 외부에서 인지할 수 있는 인지 여부.

4. 주요 사례

- **금전 채권 계약:** 매수인이 대금을 일부라도 지급했다면 이행의 착수로 인정될 가능성 높음.
- **물품 공급 계약:** 물품의 인도 준비가 완료되어 실제로 인도 절차를 시작한 경우 이행의 착수 간주.
- **건설 계약:** 공사 현장에서의 준비 작업토지 정리, 기초 작업 등이 본격적으로 진행되었다면 이행의 착수로 간주.

5. 관련 법 조항

- **민법 제543조**해약금의 효력**:** 계약 해제를 위해서는 상대방이 이행에 착수하기 전이어야 함.
- **민법 제548조**해제의 효과**:** 계약 해제 시 이행된 부분에 대한 반환 및 원상회복 의무가 부여됨.

해제와 해지

구분	해제	해지
의미	계약 성립 이후 당사자의 귀책사유로 인해 계약을 소급적으로 무효로 돌리는 것	계약이 유효하게 성립한 후, 장래를 향해 계약 관계를 종료시키는 것
효력	계약 성립 시점으로 소급하여 효력을 상실함	계약 해지 후 장래에 대해서만 효력이 소멸함
적용 시점	계약 이행 전 또는 이행 중에도 가능	계약 이행 중 또는 장기 계약에서 적용 가능
사유	계약의 중요한 의무를 위반하거나, 법적으로 정당한 사유가 있을 때 가능	정당한 사유(계약 위반 등)가 있거나, 약정된 해지 조건에 따라 가능
손해배상	해제 시 손해가 발생했다면 상대방에게 배상 청구 가능	해지로 인해 손해가 발생했다면 상대방에게 배상 청구 가능
법적 근거	민법 제543조(해제권) 등	민법 제620조(해지권) 등
예시	매매 계약에서 계약금을 반환받고 계약을 해제함	임대차 계약에서 중도 해지 후 이후의 차임 지급을 중단함

계약
도급 계약

공사 도급 계약은 도급인이 특정 공사의 완성을 목적으로 수급인에게 작업을 맡기고 이에 대한 대가로 공사비를 지급하는 계약이다. 도급인은 공사를 의뢰하고 대금을 지급하는 역할을 하며, 수급인은 공사를 완성하는 역할을 담당한다. 이때 한국에서 진행되는 거의 모든 공사는 책임 준공을 포함하여 계약을 진행한다고 볼 수 있다.

공사 도급 계약에서 중요한 요소는 계약 당사자 간의 역할과 책임을 명확히 하는 것이다. 계약서에는 공사의 내용, 설계 도서와 시방서에 따른 품질 기준, 대금 지급 방식, 공사 기간 등이 명시된다. 대금은 계약금, 중도금, 잔금으로 나뉠 수도 있으나 통상적으로 공정률에 따라 단계적으로 지급된다. 이때 분양에 대한 리스크를 얼마 만큼 시공사가 감내할지에 따라서 기성불과 분양불로 나뉘게 되고, 금융 구도가 바뀌게 된다. 건설사는 각자 비교 우위를 갖기 위하여 대여, 분양불, 낮은 도급 단가 등을 특화시켜 계약서에 포함시킨다. 공사 지연이 발생할 경우 도급인은 지체 상금을 청구할 수 있으며 수급인은 책임 준공 기한 미준수에 따른 손해 배상에 대한 책임이 발생한다. 수급인은 공사를 완료한 이후에도 하자 보수 책임을 부담해야 하고 하자 보수 증권으로 이를 담보한다. 공사 도중 발생할 수 있는 하자나 결함을 일정 기간 동안 보수할 의무로 공정에 따라 1년에서 10년의 기간 동안 유지된다. 이를 통해 도급인은 완성된 공사의 품질을 보장받을 수 있다. 공사 중 발생할 수 있는 사고나 재해에 대비하기 위해 계약서에는 화재 보험과 같은 책임 보험 가입 여부와 책임 범위도 포함될 수 있다.

도급 계약을 포함한 모든 계약에서 가장 중요한 것은 계약 내용을 명확하고 구체적으로 기재하는 것이다. 특히 도급 계약의 경우 공사 범위와 조건에 대한 명확한 기준 설정이 필수적이며, 이를 위해 설계 도서와 시방서를 철저히 검토해야 불필요한 분쟁을 예방할 수 있다. 시행사 입장에서는 마감재 등 세부 사양에 대한 이해 부족으로 인해 공사 품질 확보에 어려움을 겪을 수 있다. 이 경우 기 준공된 공동 주택의 마감 사양을 기준으로 삼거나, 브랜드 건설사의 경우 자체 마감 기준을 계약서에 명시하기도 한다. 또한 계약 불이행이나 대금 미지급 등의 상황에 대비해, 계약 해지 및 손해 배상 청구가 가능하도록 관련 조항을 명확히 두는 것이 중요하다. 관련 법령으로는 민법 제664조부터 제672조까지 도급에 관한 일반 규정이 있으며, 건설 산업 기본법은 하자 보수 책임 등 공사 관련 주요 사항을 규정하고 있다. 아울러 하도급 거래 공정화에 관한 법률은 하도급 계약의 공정성과 수급인 보호를 목적으로 하므로 하도급 계약서 작성 시 해당 법령에 위반되는 조항이 포함되지 않도록 유의해야 한다.

복합 시설의 경우 상가 시설, 업무 시설, 공동 주택 등으로 나누어 분양율을 표기하고, 상품과 매출액을 기준으로 분양율을 적어야 한다. 분양율과 관련해 트리거 수수료 등이 기재될 수 있는데, 분양율을 구분 기입하여 다툼의 여지를 줄일 수 있다. 특수 조건, 일반 조건 등 다양한 조건이 첨부될 때는 우선권을 가지는 순서를 기입하는 것이 분쟁 발생 시 이견이 적다. 공사 현장에서는 현장의 규모와 2D로 진행되는 일반적인 도면의 특성상 설계 변경과 공법 변경이 발생할 수밖에 없다. 이러한 사유로 해외에서 수주를 진행할 때는 BIM 등을 이용하여 법적 분쟁에 더 철저히 대비하고 있다. 설계 혹은 공법 변경에 따른 증액은 작업 지시서와 설계 변경 요청서 등과 같은 서류가 구비되지 않으면 다툼이 발생할 여지가 높다.

2024년 시공사 연쇄 부실 사태 이후, 책임 준공 관련 계약 문구가 점차 변경되고 있다. 기존에는 대부분의 시공사가 책임 준공 미이행 시 대출 원리금에 대해 중첩적 채무 인수를 부담했으나, 공사 원가 급등과 팬데믹으로 인한 공사 중단 등의 사유로 책임 준공 기한을 초과하는 사례가 빈번해졌다. 불황기에는 신용 등급이 낮은 건설사부터 유동성 위기를 겪게 되고, 이들이 연쇄적으로 책임 준공 의무를 이행하지 못하면서 신탁사 역시 연대 확약에 따라 채무를 인수해야 하는 상황이 발생하였다.

이에 따라 도미노식 부실 위험이 현실화되자 상대적으로 수주 여력이 있는 상위권 시공사부터는 책임 준공 조항을 '기한 초과 시 손해 배상' 형태의 위약금 조항으로 전환하기 시작했다. 금융 당국 또한 책임 준공 미이행 시 채무 인수 범위를 제한적으로 운영할 것을 권고하며, 제도 전반의 리스크를 완화하는 방향으로 조정이 이루어지고 있다.

브릿지 단계에서 도급 계약이 진행되는 경우 시공사는 지급 보증 등과 같은 방식으로 시행사를 지원할 수 있다. 이때 도급 계약이 해제되면 손해 배상에 대한 입증 책임은 건설사에게 있다. 이때는 공여 된 신용 금액의 추산이 중요해진다. 공사 진행 과정 중에는 현장 대리인 겸업도 문제가 될 수 있다. 건설 산업 기본법상 건설 기술인은 현장 대리인으로서 공사 예정 금액 700억 이상인 경우는 기술사, 500억 이상인 경우는 특급 기술인 이상의 기술인이 배치되어야 하며, 현장 관리자가 현장에 지장을 초래하거나 겸업을 하는 경우 시행사는 관리자의 교체를 요구할 수 있다.

공사 도급 금액은 전체 금액을 말하는 경우가 많다. 이때 무이자 대여 항목, 지급 자재, 민원 처리비에 대해서 구분해서 병기해야 향후 다툼의 여지를 줄일 수 있다. 지급 자재는 타일, 철근, 콘크리트, 위생 기기, 냉난방기와 같이 관리가 쉬운 항목 위주로 선정되는 편이다. 석고 보드나 각종 부자재의 경우에는 관리 부족으로 오히려 더 많은 비용이 낭비될 수 있다. 자재 검사 등에 있어서는 시행사의 여력 부족으로 시공사 품질 팀이 대체하는 경우가 많으나 시행사가 정기적으로 감독하지 않으면 품질이 저하되는 경우가 많다. 아무래도 주인이 검사하는 것과 기업에서 자체적으로 검수하는 것은 차이가 날 수밖에 없다.

    물가 변동으로 인한 조항은 과거에는 연간 물가 상승률 정도로 기입하는 경우가 많았다. 하지만 급격한 공사비 상승으로 인하여 인상에 대한 계약 조항이 이슈되었다. 증액 상한을 정해 두고 공사비 인상을 협상하는 경우도 있고, 공사비 지수나 원자재 ETF 등으로 기준을 정하고 증액과 감액을 이에 연동하는 방법도 있다. 이때 공사비 지수만을 기준으로 삼는 것은 편파적일 수 있다. 그 이유는 수급인의 이익을 위한 단체인 건설 협회가 발표하는 지수가 객관적이지 못할 수도 있기 때문이다. 이와 유사하게 수급인과 하수급인이 실내 건축에서 분쟁이 발생하면 하수급인은 실내 건축 협회에서 발표하는 공사비 지수를 근거로 내세운다. 도급 계약 조항은 앞으로 당사자 간 리스크를 줄이기 위해 더 치열하게 협상될 것이다. 금융의 역사에서 살펴보았듯이 위기 이후에는 법적 재정비가 늘 따라오기 때문에 더 주의 깊게 시장의 흐름을 관찰하여야 한다.

    공사 계약에서 자주 문제가 되는 사항 중 하나는 지반에 대한 조항이다. 지반 상태 조사 과정에서 암반이나 폐기물 발생 시 실행 공사비실제 시공사에서 공사를 수행함에 따라 발생하는 공사비가 늘어난다. 이에 대해 계약서상 명확히 규정되지 않은 경우, 건설사는 공사 원가 상승을 근거로 공사비 증액을 요구할 수밖에 없다. 그러나 이는 발주처의 수익성 감소로 직결되며, 사업성 전반에 부정적 영향을 미칠 수 있다. 따라서 이러한 리스크를 사전에 방지하기 위해서는 도급 계약 체결 전 지반 상태 조사 혹은 주변 지반 조사서에 대한 조사가 필요하다.

실무적으로는 계약서를 작성할 때 어느 정도의 유연성을 확보하는 것이 필요하다. 가령 공사비 지연 이자와 관련하여 계약서에 다음과 같은 내용을 명시하면 업무 처리를 더욱 간소화할 수 있다. 예를 들어 "공사비 지연 이자는 선금 예치 이자 한도 내에서 상계 처리가 가능하다"는 문구를 추가하거나, "금융 기관과의 협의 등 불가피한 사유로 지연되는 경우 양사 간 합의에 따라 지연 이자를 면제할 수 있다"는 조항을 포함시키는 것이다. 이러한 조항이 계약서에 명시되면 시공사 실무자는 결재 절차를 간소화하여 보다 신속하게 업무를 처리할 수 있다.

계약 해제 사유에서 수급인의 책임 있는 사유로 인하여 준공 기일 내에 공사를 완성할 가능성이 없음이 명백한 경우 도급인이 일방적으로 해제할 수도 있다. 실례로 시공사는 돌관 공사비 요구를 위해서 법적 효력이 있는 대외 공문을 통하여 공기 연장을 요청하는 경우가 있는데, 주의가 필요한 행위다. 공기 연장은 준공 기일을 준수할 수 없다는 의미이고, 이는 도급인에게 계약 해제의 사유가 될 수 있다. 또한 책임 준공을 조건으로 PF를 진행했다면 시공사의 의무 이행 부정으로 해석되어 채무 이행에 있어 불이행 상태가 될 수 있다. ABL 등을 검토할 때도 주의해야 한다. 채권 양도 조항은 공사 이행 목적 외에는 제3자에게 양도하지 못하는 것이 원칙이다. 공사 대금 유동화 시 책임 준공과 PF 원리금에 영향을 줄 수 있기 때문이다. 계약 시 손해 배상에 관한 내용도 민감하게 대처해야 한다. 분쟁 발생 시에는 손해를 입은 측에서 손해에 대한 입증을 해야 한다. 이때 명시적인 손해액을 추산하기 어려운 경우가 많으므로 각 분쟁 요소마다 구체적인 손해 배상 조건 혹은 위약별 조건을 수록하는 것이 현명한 판단이라 할 수 있다. 손해 배상 입증에서 가장 많이 활용되는 증거는 회의록, 작업 지시서, 이메일 내용, 대외 공문, 내용 증명 등이다. 계약서에는 분쟁에 대한 해결 절차를 기재해야 한다. 이때 건설 분쟁 조정 위원회 신청 시 위원회 조정으로 갈등을 해결한다고 기입할 경우 도급인과 수급인이 분쟁 조정 위원회에서 조정인의 의견에 따를 것에 동의하면 조정인의 의견이 재판 판결과 같은 효력을 지니게 된다. 이 방법으로 분쟁을 해결할 경우 양사 간 소송으로 인한 시간과 비용이 단축되는데, 긴 소송 기간을 감내할 체력이 없는 경우 유용할 수 있다. 특약 사항에는 브릿지 대출에 대한 실행 요건, 신탁 계약 체결 시기 및 내용, 분양 수입금 및 사업비 관리사업비 지급 우선 순위 지정, 미분양 판촉 수단등이 기재되는데 해당 사항도 꼼꼼히 살펴봐야 한다.

    마지막으로 공사 도급 계약서의 범주에서 보면 하도급 계약도 중요하게 다뤄져야 한다. 발주처가 지자체거나 공기업인 경우 원도급사에게 하수급인에 대한 공사비 분쟁 합의서를 요청하는 경우를 볼 수 있다. 향후 하수급인이 수급인과의 분쟁으로 발주처에게 공사 대금을 청구할 수 있기 때문이다. 이는 민간 발주에서도 마찬가지다. 하수급인과의 관계를 시행사가 꼼꼼히 챙기지 않으면 향후 유치권 등의 분쟁으로 시끄러워질 수 있다. 특히 인건비는 하도급사가 지불하지 않은 금액이 원도급사로 전이 될 수 있다. 원칙적으로는 하도급사는 독립된 법인체이므로 하도급사의 채무 혹은 인건비는 원도급사에 직접적인 책임이 없다. 하지만 하도급법하도급 거래 공정화에 관한 법률 및 근로 기준법에 따라 원도급사가 책임을 질 수 있다. 원도급사가 하도급사에게 모든 대금을 지불하지 않았을 경우 직접적인 근로자의 임금은 원청사에게 책임의 여지가 있기 때문이다. 뿐만 아니라 원도급사가 하도급사의 근로자를 직접 지휘하고 관리했으면 사용자로 인정될 수도 있다.

계약 당사자 간 책임과 역할을 명확하게 인지하고, 대등한 입장에서 계약을 검토하고 논의할 때 수급인과 도급인 모두가 만족할 수 있는 계약이 가능함을 명심해야 한다.

계약

신탁 계약

    신탁 계약은 위탁자가 자신의 재산권을 수탁자에게 이전하거나 그에 준하는 처분을 하고, 수탁자가 이를 수익자의 이익이나 특정 목적을 위해 관리·처분하도록 약정하는 법률 관계를 말한다. 믿고 맡긴다는 뜻의 신탁은 2자 관계인 일반 계약과 달리 위탁자, 수탁자, 수익자의 3자 관계로 이루어지는 것이 특징이다. 예를 들어 위탁자가 부동산을 신탁 회사에 맡기면, 신탁 회사가 그 부동산을 관리·운용하여 발생한 이익을 약정에 따라 수익자에게 돌려주는 식이다. 이러한 신탁 관계는 영미법에서 발전한 제도이지만, 우리나라에서도 1961년 신탁법 제정 이후 다양한 분야에서 활용되고 있다.

    신탁은 신탁법에 의해 그 기본 구조가 형성되었다. 신탁법 제1조 제2항에서 신탁의 정의와 성립 방식을 명시하고 있으며, 동법에 따라 신탁은 위탁자와 수탁자의 계약으로 설정되거나 위탁자의 유언으로도 설립될 수 있다. 신탁업을 영업으로 하는 경우예: 신탁 회사나 은행의 신탁 부서에는 상법상의 상행위로 간주되고, 신탁 회사 설립과 영업은 자본 시장과 금융 투자업에 관한 법률 등의 금융 법령에 따른 인가와 감독을 받는다. 이 외에도 부동산 신탁의 경우 부동산 실권리자 명의 등기에 관한 법률^{부동산 실명법}로 명의 신탁^{이름만 빌려 등기하는 것}이 원칙적으로 금지되어 있어 실무에서는 신탁법에 따른 실질적 신탁만 인정된다. 또한 공익 목적의 신탁은 공익 신탁법 등 특별법의 적용을 받을 수 있다. 신탁은 이처럼 여러 법령의 교차 영역에 있으므로, 계약을 체결할 때 관련 법률 요건을 충족하는지 면밀한 검토가 필요하다.

신탁은 목적이나 재산 종류, 운용 방식 등에 따라 여러 유형으로 구분된다. 일반적인 개인이나 기업의 이익을 위한 신탁은 사익 신탁이며, 학술·종교·자선 등 공공의 이익을 목적으로 하는 것은 공익 신탁이다. 위탁자 자신을 수익자로 하는 경우를 자익 신탁이라고 하며, 제3자를 수익자로 정하는 경우 타익 신탁이라고 한다. 자익 신탁은 위탁자가 수익자이기 때문에 원칙적으로 언제든 해지할 수 있다는 점에서 타익 신탁과 운용상 차이가 있다. 신탁 재산이 금전인 경우 은행 등에서 취급하는 금전 신탁 상품이 되며, 부동산·유가 증권 등 금전 이외의 자산을 대상으로 하면 재산 신탁으로 분류한다. 예를 들어 은행의 특정 금전 신탁은 고객이 맡긴 돈을 개별 지시에 따라 운용하는 상품이고, 증권사나 자산운용사의 투자 신탁은 여러 투자자의 자금을 모아 운용하는 집합 투자 형태다. 이때 부동산 신탁 회사는 원칙적으로 부동산 이외의 금전 및 재산을 수탁할 수 없으나, 부동산 개발 사업을 목적으로 하는 경우에는 사업비부동산취득 및 부대 비용 제외의 15% 이내의 금전 역시 수탁할 수 있다.

> **자본 시장과 금융 투자업에 관한 법률 제103조(신탁 재산의 제한 등)**
>
> ① 신탁업자는 다음 각 호의 재산 외의 재산을 수탁할 수 없다.
>   1. 금전
>   2. 증권
>   3. 금전 채권
>   4. 동산
>   5. 부동산
>   6. 지상권, 전세권, 부동산 임차권, 부동산 소유권 이전 등기 청구권, 그 밖의 부동산 관련 권리
>   7. 무체 재산권(지식 재산권을 포함한다)
>
> ② 신탁업자는 하나의 신탁 계약에 의하여 위탁자로부터 제1항 각 호의 재산 중 둘 이상의 재산을 종합하여 수탁할 수 있다.
>
> ③ 제1항 각 호의 재산의 신탁 및 제2항의 종합 재산 신탁의 수탁과 관련한 신탁의 종류, 손실의 보전 또는 이익의 보장, 그 밖의 신탁 거래 조건 등에 관하여 필요한 사항은 대통령령으로 정한다.
>
> ④ 신탁업자는 부동산 개발 사업을 목적으로 하는 신탁 계약을 체결한 경우에는 그 신탁 계약에 의한 부동산 개발 사업별로 제1항 제1호의 재산을 대통령령으로 정하는 사업비의 100분의 15 이내에서 수탁할 수 있다.

신탁의 운용 권한에 따라 수탁자가 재산을 관리하기만 하고 처분 권한이 없는 신탁을 관리 신탁, 수탁자가 재산을 처분매각 등할 권한까지 갖는 신탁을 처분 신탁이라고 한다. 부동산 신탁에서 많이 활용되는 구분으로 관리 신탁은 자산 보전이나 임대 관리 목적, 처분 신탁은 자산을 처분하여 부채를 상환하거나 개발 후 분양하는 목적 등에 쓰인다. 담보 신탁은 실무상 자주 언급되는 형태로 채무 담보를 위해 부동산 소유권을 신탁 자산으로 이전하는 신탁이다. 위탁자는 자기 또는 제3자의 채무를 담보하려는 목적으로 부동산을 신탁사에 맡기고, 수익자를 채권자로 지정한다. 담보 신탁은 근저당으로 인한 담보 대출보다 선진화된 기법으로 부동산 개발 사업에서 많이 사용된다. 부동산 담보 대출 시 전통적으로 설정하는 저당권과 담보 신탁은 모두 채권 담보를 위한 수단이지만 그 구조가 다르다. 저당권은 채무자 소유의 부동산에 대해 채권자에게 우선 변제권을 주는 것이고, 담보 신탁은 아예 부동산 소유권을 신탁사에 이전한 후 채권자를 수익자로 지정하여 신탁 방식으로 담보를 제공하는 것이다. 담보 신탁을 활용하면 채무 불이행 시 수탁자인 신탁사가 신속하게 부동산을 처분하여 채권자에게 변제할 수 있다. 실제로 저당권 실행경매에는 최소 수개월 이상의 법적 절차가 소요되지만, 담보 신탁의 경우 약정된 조건만 충족되면 수 주 내에도 처분이 가능하여 환가 속도가 빠르다. 또한 경매를 거치지 않으므로 채무자 입장에서도 경매로 인한 경락 손해, 명도 소송 등의 부대 위험을 줄일 수 있다.

살아 있는 동안 계약으로 설정하는 신탁을 생전 신탁이라 하고, 유언에 의해 사후에 효력이 발생하는 신탁을 유언 신탁이라고 한다. 고령화 사회에서는 상속 설계 수단으로 유언 대용 신탁이 활용되는 추세다. 이처럼 신탁은 자산 관리, 부동산 개발, 상속 및 증여 계획, 투자 상품 등 여러 분야에서 활용된다. 예를 들어 부동산 개발 신탁은 토지 소유자가 개발을 신탁사에 맡겨 전문적으로 사업을 추진하고, 상속 신탁은 미성년 자녀나 장애인 등을 위해 재산을 보호하면서 생활비 등을 지급하는 구조로 설계될 수 있다. 각 유형마다 계약 내용과 법적 효과가 다르므로 자신에게 적합한 신탁 형태를 선택하고 그에 맞는 계약서 조항을 마련하는 것이 중요하다.

신탁 계약의 주요 당사자는 신탁자, 수탁자, 수익자. 위탁자는 자신의 재산을 신탁으로 맡기는 당사자다. 부동산에서는 시행사가 위탁자인 경우가 많다. 위탁자는 신탁 계약을 통해 특정 재산권을 수탁자에게 이전하고 신탁 목적과 조건을 정한다. 위탁자는 신탁 설정 시점 이후로는 원칙적으로 신탁 재산에 대한 직접적 지배권을 상실하지만 계약에 따라 일정 권한을 유보할 수도 있다. 또한 위탁자는 자신이 수익자 겸임 여부에 따라 신탁의 해지권 등에서 차이가 생길 수 있다.

수탁자는 신탁 재산을 이전받아 관리·운용·처분하는 의무를 지는 당사자다. 수탁자는 신탁 목적에 부합하도록 선량한 관리자의 주의 의무로 신탁 사무를 처리해야 하며 수익자의 이익을 최우선으로 고려할 충실 의무를 지닌다. 우리나라에서는 영업으로 신탁을 인수하려면 금융 당국 인가를 받은 신탁 회사나 은행 등만 가능하며 이러한 법인 수탁자는 다수의 신탁을 취급하므로 각 신탁 재산을 고유 재산과 분리하여 관리해야 한다.

수익자는 신탁으로부터 발생하는 이익을 받을 권리를 가진 자다. 수익자는 신탁 계약에서 지정되며 다수가 될 수도 있다. 수익자가 여러 회사일 경우 각 수익권의 비율이나 범위를 정하고, 수익자 전원의 동의 요건이나 다수 대주 동의와 같은 의사 결정 방식을 규정해야 분쟁을 예방할 수 있다. 수익자는 자기 권리로서 수익권을 양도하거나 담보 제공 할 수도 있지만, 신탁의 목적상 제한될 때도 있다. 경우에 따라 위탁자가 자기 자신을 수익자로 지정하기도 하고, 공익 법인을 수익자로 정하기도 한다. 우선 수익자라는 개념도 있는데, 이는 특히 부동산 담보 신탁 등에서 담보권자채권자를 제1 수익자로, 남은 이익에 대한 채무자를 제2 수익자로 두는 식의 수익권 순위를 말한다. 이 외에도 신탁에 따라 신탁 관리인이나 보호자를 두어 수탁자를 감독하거나 교체 권한을 부여하는 경우도 있지만, 이는 주로 해외 신탁에서 발달한 개념이며 국내 일반 신탁 계약에서는 흔치 않다. 다만 대규모 프로젝트에서는 시행사나 대주단금융 기관이 신탁 계약의 이해관계자로 참여하여 계약상 중요한 동의권이나 보고 의무 등을 약정하는 경우가 있다.

신탁 재산이란 신탁에 따라 수탁자 명의로 이전된 재산을 말하며, 법적으로 독립된 별개의 재산으로 취급된다. 가장 중요한 원칙은 신탁 재산의 분별 관리 및 독립성이다. 신탁법은 수탁자로 하여금 신탁 재산을 자신의 고유 재산과 엄격히 구분하여 별도로 관리하고 각각의 신탁 재산임을 표시하도록 의무화하고 있다. 이를 통해 신탁 재산은 수탁자의 임의 처분이나 유용으로부터 보호되고 여러 신탁 간 재산이 뒤섞이는 것을 방지한다.

특히 신탁 재산의 독립성으로 인해 수탁자나 위탁자의 채권자가 신탁 재산에 대해서는 강제 집행이나 압류를 할 수 없다. 예를 들어 신탁 회사가 파산하더라도 그가 보관 중인 신탁 재산은 파산 재단에 속하지 않고 별도로 유지되어 신탁 목적에 따라 처리된다. 다만 이는 신탁과 무관한 제3자의 채권에 대한 보호이고, 신탁 재산 관리에 필요한 비용이나 수탁자의 보수 청구와 같은 신탁 자체와 관련된 채권에 대해서는 변제가 이루어질 수 있다. 또한 수익자의 채권자는 수익자가 받을 이익에 대해 채권 집행을 할 순 있어도 그것이 신탁 재산 자체에 대한 집행은 아니다.

신탁 재산은 수탁자가 신탁의 이름으로 보유하지만, 수탁자의 고유 재산이 아니므로 신탁 외의 목적으로 처분하거나 담보 제공 할 수 없다. 신탁법은 이를 위반하는 수탁자의 행위를 금지하고 있으며 위반 시 형사 처벌이나 손해 배상 책임이 따를 수 있다. 한편 위탁자도 일단 신탁을 설정하고 나면 신탁 재산에 대해 직접 처분권을 행사할 수 없고 수탁자가 아닌 위탁자 본인이 해당 재산을 다시 담보로 제공하거나 제3자에게 이전하면 법률적으로 효력이 인정되지 않는다. 이러한 구조는 신탁 재산을 철저히 신탁 목적에만 봉사하도록 함으로써 신탁 수익자의 이익을 보호하려는 취지다.

신탁 계약서를 작성하거나 검토할 때는 일반 계약과는 다른 특수성에 유의해야 한다. 신탁 원부로 신탁 계약서는 대외적으로 공개될 수 있고, 한 번 체결되면 위탁자가 임의로 변경하거나 해지하기 어렵다. 특히 신탁의 목적과 재산, 당사자 권한 등 핵심 요소를 명확히 정의하는 것이 중요하다.

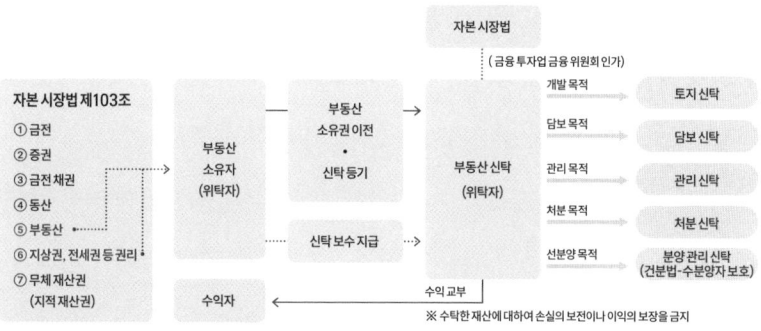

신탁을 설정하는 구체적인 목적을 계약서 서두에 분명히 밝혀야 한다. 예를 들어 부동산 개발을 통한 분양 대금 회수 및 채권자 보호와 같이 목적이 구체적일수록 이후 해석상의 다툼을 줄일 수 있다. 목적 조항이 불명확하면 신탁의 유효성 자체가 문제될 수 있고 신탁법은 불법 목적 신탁을 무효로 규정, 수탁자의 재량 범위도 모호해지기 때문이다. 신탁에 넣는 재산을 종류, 목록, 권리관계까지 정확히 특정해야 한다. 부동산이라면 지번, 면적, 등기 사항 전부 증명서상의 표시를 써야 하고, 금전이라면 금액과 계좌 정보를 명시해야 한다. 신탁 재산에 근저당권이나 임차권과 같은 조건이 있다면 그 말소 조건 등도 계약서에 반영해야 한다. 나아가 추가로 신탁할 재산이나 신탁 재산의 교체가 가능한지 여부도 규정해 두는 것이 좋다. 위탁자가 신탁 설정 후 갖는 보고나 수탁자 해임 청구와 같은 권리와 제한 사항을 검토해야 한다. 신탁법상 위탁자가 수익자를 겸하면 언제든 신탁을 해지할 수 있지만, 계약으로 그 권리를 유보하거나 제한할 수 있으므로 관련 조항을 확인해야 한다. 수익자의 경우 권리가 확정적이라 수탁자에 대해 직접 이행을 청구할 수도 있고, 수익자 변경이나 추가를 허용할지 등도 계약서에 명시되어야 한다. 여러 명의 수익자가 있을 때 의사 결정 방식과 이익 배분 규칙, 수익자 간 분쟁 시 조정 절차 등을 두면 향후 분쟁 예방에 도움이 된다. 수탁자가 수행해야 할 업무와 권한의 한계를 구체적으로 적어야 한다. 예컨대 수탁자는 신탁 부동산을 개발 사업을 위해 관리·처분하며, 필요 시 자금 차입과 담보 제공을 할 수 있다처럼 권한을 부여하거나, 반대로 수탁자는 일정 금액 이상의 자산 처분 시 위탁자의 사전 동의를 얻어야 한다처럼 제한을 둘 수 있다. 또한 수탁자의 책임 한계를 정하는 것도 중요하다. 통상 신탁 계약에는 수탁자가 고의나 중대한 과실 없이 선량한 관리자로서 의무를 다한 경우 책임을 지지 않는다는 조항이나, 수탁자의 보수 및 업무상 비용은 신탁 재산에서 우선 충당된다는 조항 등이 포함된다. 공매 시 신탁 수수료에 대한 점은 대출 약정 등과 충돌될 수 있으며, 보증 상품이 들어갈 경우도 이견이 있을 수 있다. 해당 조항을 면밀히 검토하여 수탁자의 리스크를 명확히 해야 한다. 동시에 수탁 보수와 비용 정산 조항도 빠뜨리지 말아야 하겠다. 신탁이 영속적인 것이 아니라면 기간을 정하거나 종료 사유를 규정해야 한다. 예를 들어 "본 신탁의 유효 기간은 설정일로부터 5년으로 한다", "신탁의 목적이 달성되면 신탁을 종료한다" 등의 조건을 명시해야 한다. 또한 신탁 조기 종료에 관한 합의도 검토가 필요하다. 위탁자·수익자·수탁자 간 합의 해지 조항, 위탁자의 임의 해지권 또는 특정 사유 발생 시 해지권 등을 규정할 수 있다. 단, 수익자가 있는 타익 신탁에서는 위탁자가 함부로 해지할 수 없으므로 그 절차를 신중히 정해야 한다. 수탁자 파산이나 중대한 위반 등의 사유로 수탁자 교체가 필요한 경우 이를 위한 절차와 새 수탁자 선정 방식도 고려 사항이다. 신탁이 종료된 이후 신탁 재산 및 남은 이익이 누구에게 어떻게 귀속될지 정해야 한다. 일반적으로는 신탁 종료 시 위탁자 또는 수익자에게 반환하도록 하나, 상황에 따라 제3자를 귀속 권리자로 지정할 수도 있다. 예컨대 부동산 개발 신탁의 경우 사업 종료 후 미분양 자산은 위탁자에게 귀속시키되, 담보 신탁에서는 처분 대금 중 채권자 몫을 지급하고 나머지를 위탁자에게 돌리는 식으로 명시한다. 계약서에는 신탁 종료와 함께 수탁자는 신탁 재산을 OO에게 이전한다는 식으로 귀속 조항을 분명히 두어야 다툼의 여지가 없다. 원만한 신탁 운영과 분쟁 예방을 위해 커뮤니케이션 및 분쟁 해결 절차를 마련해야 한다. 예를 들어 수탁자의 정기 보고 의무를 규정하고, 위탁자나 수익자가 이의가 있을 시 협의하는 절차를 넣을 수 있다. 또한 분쟁을 대비해 준거법과 관할, 조정이나 중재 여부와 같이 분쟁 해결 방법을 정하면 좋다. 국내 거래라면 당연히 한국법을 준거법으로 하나, 국제 요소가 있거나 특수한 신탁이라면 이를 명문화해야 한다. 필요하면 본 계약과 관련한 분쟁은 금융 분쟁 조정 위원회의 조정을 거친 후 서울 중앙 지방 법원을 1심 관할로 한다처럼 기입하여 분쟁 시 처리 여부를 간소화할 수 있다. 이와 함께 수탁자 의무 위반 시 해임 및 손해 배상, 위탁자 위반 시 신탁 종료 및 위약벌 등 조치도 명시해 둔다면 억지스러운 분쟁을 억제할 수 있다. 계약 체결 시 위법적이거나 불명확한 목적은 없는지, 등기 정보 일치 여부와 현금 및 유가 증권의 수량, 운용 및 처분 권한과 제한 사항, 보고 의무와 비용 처리, 수익자 비용 정산, 고의 및 중과실 제외 면책 등이 통상 범위인지, 해지권 보유 의무와 수익자의 승인이 필요한 사항 등에 대해서 꼼꼼히 확인하고 사업 특수성에 맞는 특약 사항 등을 확인해야 한다. 신탁 계약의 부속 서류는 책임 준공 이행 확약서계약에 따라 상이, 주식 근질권 설정, 예금 근질권 설정, 화재 보험 금질권 설정, 사업 시행권 포기 및 양도 각서, 시공권 유치권 포기 각서 등이 있다. 이를 통해 신탁 계약의 실행 과정과 관리 책임을 명확히 할 수 있다.

신탁이 된 사항을 외부에서 파악하려면 신탁 원부를 발급받아 보는 것이 좋다. 원부는 신탁에 관련된 내용이 기재되어 있으며 별첨에서는 우선 수익자, 수익자, 채무자 등을 확인할 수 있다. 1순위 우선 수익자는 대부분 금융사다. 금융사는 단독 트렌치인 경우도 있지만 많은 경우 선순위, 중순위, 후순위 혹은 선순위와 후순위로 나누어져 있다. 숫자가 높은 우선 수익자를 선순위라 부르고, 그 다음부터 차례로 중, 후순위라고 한다. 4개 이상의 트렌치로 구분될 때는 Tr. A~D순으로 기입된다. 우선 수익권은 사업이 실패하거나 수익이 발생했을 때 원금과 이자채권 최고액 120%-130% 한도를 우선적으로 배당받는다는 뜻이다. 금융사 다음의 우선 수익권자로는 건설사로 설정되는 경우가 많다. 금융사보다 건설사가 먼저 우선수익권을 가질 수는 없는지 의문점이 들 수가 있다. 시공사는 금융사와 공사비 확보 비율로 먼저 협의를 진행한다. 책임 준공 연대 보증이 없는 관리형 토지 신탁의 분양불 사업장은 건설사와 금융사 양자 간에 공사비 확보에 대한 논의를 진행한다. 그 외 신탁사가 보증을 진행하는 상품에서는 대부분 공사비 80-100%가 확보된다. 대출로서 시공사는 안전성을 확보했기 때문에 금융사가 우선순위로 설정되고, 건설사는 다음 순서의 수익권을 받게 된다. 즉 공사비 대출 확보 구도로 이미 수익권의 합의를 본 것이라고 봐도 무방하다. 하나의 계약이 아닌 복수의 계약이 거미줄처럼 상호 관계를 가지기 때문에 모든 계약서를 유기적으로 검토해야 한다.

분양이 진행되면 분양 계약금과 중도금을 신탁사가 관리하는 사업비 계좌와 대출금 상환 계좌, 이자 유보 계좌 등에 분배하여 입금시키고, 선행 조건에 맞는 인출을 진행하게 된다. 이때 분양율별로 분배율을 바꾸기도 하고, 일정 비율로 진행하기도 한다. 분양불 사업장은 수분양자가 납부하는 돈의 대부분이 사업비 계좌로 입금되어 시공사가 공사비로 사용할 수 있고, 기성불 사업장은 반대로 대부분 대출금 상환 적립 계좌로 입금되어 한도 대출의 규모를 차감한 뒤 일시 대출을 선순위부터 순차적으로 차감하게 된다.

시행사는 우선 수익자로 기재되기보다는 수익자로 기재될 수도 있고 후순위 수익권을 분배받을 수도 있다. 신탁사가 계좌를 나누어 관리하고, 수익자를 구분하는 이유는 사업의 성공적인 완수를 위하여 다양한 이해관계자의 계약 조건이 마찰 없이 이행되도록 관리하는 것이다.

신탁 계약의 유형으로는 관리형 신탁, 처분형 신탁, 투자형 신탁, 담보 신탁처분 특약 가능 등이 있다. 관리형 신탁은 주로 부동산의 임대 관리나 자산 보호에 사용되며, 처분형 신탁은 재산 매각이나 유동화를 목적으로 한다. 투자형 신탁은 시행 사업에 투자가 들어올 때 금융 상품 운용에 활용되며, 담보 신탁은 부동산 개발 등에서 담보 제공을 목적으로 한다.

신탁은 소유권이 신탁사로 변경되는 것이 가장 큰 특징이다. 이로 인하여 사업 주체 변경이 안되는 경우에 간혹 문제가 되기도 한다. 관련하여 대법원은 수탁자가 대내외적으로 소유권이 위탁자에게 유보되어 있는 것이 아니라 수탁자에게 이전되었다고 판결한 바 있다. 수탁자가 신탁 재산에 대한 관리권을 갖는 것이며, 그 방식이 계약에 정해진 바에 따른 것이다. 이로 인하여 공모 사업, PFV 방식, 시행자 지정이 수반되는 도시개발사업, LH 혹은 SH와의 매매 협약 등에서 관리형 신탁 방식이 어려워 문제가 된 바 있다.

신탁 계약 시 수익권과 신탁 종료 시 재산의 귀속 처리, 기한 이익 상실에 따른 환가 절차를 반드시 확인해야 한다. 일반적으로 공매 진행 시 채무자 환가 사유 해소 요청, 감정 평가, 공고, 공매 기일, 낙찰, 매매 계약, 정산순으로 진행된다. 절차가 비교적 간단하며 신탁 계약에 따라 수의 계약 역시 가능하다. 공매의 경우 신탁 계약상 인허가권 등 기타 조건을 공매 조건으로 할 수 있어 개발 사업 물건 인수 시 유리하다. 반대로 저당권은 법원의 임의 경매이며 인허가권 등을 경매 조건으로 낙찰받을 수 없다는 단점이 있다. 실무에서는 건설사가 대물 변제 물건을 취득하였을 때 신탁을 이용하여 취득세를 절세한 사례가 있다. 또한 소유권 이전 시에도 신탁은 활용된다. 신탁 없이 소유권 이전 할 때 법인 지주일 경우 내부 소송으로 인해 토지 매매가 해제되는 등 다양한 리스크에 노출이 될 수 있다. 반면 신탁을 진행할 경우에는 소유권 이전 리스크를 감소할 수 있고, 지주 작업자가 예비 매수인 지정을 가능하게 설정하면 취득세 절감 효과 역시 동시에 누릴 수 있다. 준공 후 신탁 약정에는 미분양 물건에 대하여 수탁자와 처분 특약이 포함된 부동산 담보 신탁 계약을 체결하고 미변제 대주의 피담보 채권을 담보하는 수익권 증서를 발행하여 대주에게 지급한다는 조건을 검토할 필요가 있다.

신탁업에서 가장 논란이 되는 이슈 중 하나는 신탁사의 책임 준공 특약이다. 이 특약은 신탁사가 시공사와 함께 연대하여 준공 책임을 부담하는 구조로 시공사가 기한 이익을 상실하거나 공사를 이행하지 못하는 경우, 신탁사가 대신 준공을 완료하거나 손해를 배상해야 하는 부담이 발생한다. 이러한 구조에서는 대체 시공사 선정 및 공사 재개에 필요한 자금 확보가 필수적이므로, 신탁사는 사전에 준공까지 필요한 최소한의 자금인 필수 사업비를 우선적으로 설정하게 된다. 필수 사업비는 일반적으로 토지비 전액, 건축비 대부분, 금융 비용 전액, 분양비 일부 등으로 구성되며, 분양이 미진하더라도 책임 준공 이행이 가능하도록 보장하는 재무적 안전장치 역할을 한다. 이로 인해 신탁사는 사업비 집행의 우선순위 및 용도 제한에 대해 강력한 권한을 행사하게 되며, 시행사 및 시공사의 자금 운용 자유도가 제한되는 구조가 형성된다.

이에 대한 필수 사업비 기준은 금융 당국에서 25년 가이드라인을 제시하였으며, 각 신탁사별 별도의 기준을 보유하고 있다. 2024년 상반기까지 책임 준공 특약은 책임 준공 미이행으로 인해 대주에게 발생한 손해를 대주에게 배상할 것으로 기입되어 있다. 손해에 대한 구체적인 명시로 대출 원리금은 대부분 기입되었고, 대주에 따라 연체 이자 혹은 제반 수수료까지 그 손해 범위로 명시된 경우가 있었다. 시공사가 책임 준공을 이행하지 못하는 경우 차주의 대주에 대한 모든 피담보 채무를 중첩적으로 인수하게 되어 있었지만 시공사의 연쇄 부도가 신탁사의 재무 건전성에 영향을 끼치자 24년도에 바뀌게 되었다. 현재는 상황에 따라 다르지만 책임 준공 기일이 초과된 기간만큼만 구체적으로 손해를 명시하여 배상하려 하거나 단계별 인수 범위를 제한하는 것으로 진행하고 있다. 신탁업 가이드라인에도 해당 사항이 반영되어 있고, 평가 역시 더 구체적으로 진행하도록 권고하고 있다. 또한 신탁사의 자기 자본과 익스포저를 연동하게 하는 절차 역시 진행되고 있다. 물론 계약은 사적 자치의 영역이기 때문에 한쪽으로 강제될 수는 없다. 하지만 신탁업은 인가가 필요한 업종으로 금융 당국의 가이드라인에서 자유롭기가 어려워 당국의 가이드라인이 업계에 자리 잡고 있는 상황이다.

계약

투자 계약

　투자 계약이란 투자자가 특정 사업, 프로젝트, 기업 등에 자금을 투입하고 그에 대한 수익이나 권리를 확보하기 위해 체결하는 계약을 말한다. 이 계약을 통해 투자자는 자신의 자금에 대한 수익 획득 및 권리 보호를 도모하고, 피투자자는 필요한 자금을 확보하여 사업을 추진할 수 있게 된다. 부동산 시행 사업은 토지 매입부터 인허가, 시공, 분양에 이르는 전 과정에 많은 자금이 필요하므로 이러한 투자 계약이 사업 추진에 필수적인 자금 조달 수단으로 활용된다.

　부동산 개발 사업에서의 투자 계약은 프로젝트 단위로 이루어지는 경우가 많아서 일반 기업 투자와 달리 한정된 기간과 특정 프로젝트의 성과에 연동되는 특징이 있다. 비소구 금융의 특징을 그대로 가져가는 것이다. 투자금의 사용처가 토지 매입비, 인허가 비용, 금융 비용 등으로 지정되며 프로젝트 진행 단계에 따라 자금 집행이 이루어진다. 예컨대 초기에는 토지 계약금과 설계비 등 브릿지 자금이 필요하고, 착공 시에는 본격적인 프로젝트 파이낸싱이 실행되어 기존 브릿지를 상환하게 된다. 금융 구조에 따라서 에쿼티는 100% 상환된다기보다는 일정 부분만 상환되거나 시행사 운영비 등의 별도 수수료로 상환될 수 있다. 부동산 투자 계약은 시행사와 시공사, 금융 기관 간 여러 계약PF 대출, 신탁 계약, 도급 계약 등과 밀접하게 얽혀 있으므로 투자 계약을 체결할 때 이러한 다른 계약들과의 정합성을 확보하는 것이 중요한 특징이다. 부동산 개발 사업에서 활용되는 투자 방식에는 대표적으로 지분 투자, 채권 투자 형태가 있다.

지분 투자는 투자자가 시행사 또는 프로젝트 법인의 지분을 취득하는 방식이다. 투자자는 보통주나 우선주 형태로 참여하며, 사업 성공 시 배당금이나 지분 가치 상승에 따른 차익을 얻는다. 지분 투자자는 회사의 주주로서 의결권 등을 통해 어느 정도 의사 결정에 참여할 수 있고, 사업에 직접적인 이해관계를 갖는다. 다만 사업 실패 시 잔여 재산에 대한 청구권이 후순위이므로 원금 손실 위험을 감내해야 한다.

지분 투자에서 등장하는 익명 조합은 현재 부동산 개발 관련 실무를 진행하는 담당자도 다소 생소할 수 있다. 익명 조합은 투자자가 특정 사업에 자금을 제공하고 그 사업에서 발생하는 이익을 분배받는 계약 형태이다. 상법 제84조부터 제90조까지 규정된 법적 구조로서 익명 조합원 투자자은 자금을 출자하지만, 사업의 대외적 운영과 법적 책임은 영업자사업 주체가 전적으로 부담한다. 익명 조합원은 자신의 출자액을 초과하는 손실을 부담하지 않으며 사업이 실패하더라도 추가적인 변제 의무가 없다.

일반 조합과 비교했을 때 익명 조합은 법적 독립성을 가지지 않는다는 점에서 차이가 있다. 민법상 조합은 조합원 간의 연대 책임을 수반하는 반면 익명 조합원은 대외적으로 사업 운영에 대한 책임을 지지 않는다. 또한 익명 조합에서 발생한 자산과 채무는 영업자의 명의로 귀속되므로 익명 조합원은 직접적인 소유권을 주장할 수 없다.

익명 조합 계약이 체결되면 익명 조합원은 출자금 제공 이후 사업의 운영에 개입할 수 없고, 의결권이나 경영 참여권을 갖지 않는다. 다만 계약을 통해 사업 계획 변경, 추가 차입과 같은 특정 사항에 대한 동의권을 부여할 수도 있다. 사업 종료 시에는 약정된 방식에 따라 수익이 분배되며 손실이 발생한 경우 익명 조합원은 출자금 범위 내에서만 손실을 부담한다. 부동산 개발 사업에서 익명 조합은 프로젝트 단위의 투자 구조를 형성하는 데 유용하게 활용된다. 시행사는 익명 조합 계약을 통해 초기 투자금을 조달할 수 있으며, 프로젝트의 성공 여부에 따라 수익을 투자자에게 분배한다. 이는 프로젝트 파이낸싱과 달리 별도의 법인SPC 설립 없이 계약만으로 투자 관계를 설정할 수 있다는 점에서 장점이 있다. 시행사는 사업의 전 과정을 관리하고, 익명 조합원은 출자자 역할을 수행한다. 익명 조합을 통해 투자금을 모집하는 경우 시행사는 투자자의 개입 없이 독자적으로 사업을 추진할 수 있다. 또한 사업이 완료되면 투자자는 약정된 비율로 이익을 배분받고, 경영권을 행사할 수 없는 만큼 사업 진행 과정에서 정보 접근이 제한될 수 있다.

익명 조합의 가장 큰 장점은 간편한 계약 구조와 절세 효과이다. 별도의 법인 설립 없이 계약만으로 투자 관계를 형성할 수 있어 법적 절차가 간소하며 투자자의 신원이 외부에 공개되지 않는다. 또한 익명 조합 투자는 부동산 공동 투자의 절세 전략으로 거론되기도 한다. 익명 조합에서 발생한 소득은 영업자의 영업 소득으로 간주된다. 실제로 P2P 금융 업계 등에서는 익명 조합 수익이 비영업 대금 이자 소득으로 분류되지 않아 세율이 낮다는 점을 투자 유인으로 내세운 사례도 있다. 다만 이러한 세제상 이점은 투자 구조와 과세 당국의 해석에 따라 달라질 수 있으므로 개별 구체성에 따른 실제 적용 가능 여부를 전문가와 확인해야 한다.

익명 조합의 단점은 금융 규제의 사각지대에 놓이기 쉽다는 것이다. 은행법이나 자본 시장법상 인가를 받지 않고도 사모 형식으로 다수에게서 투자금을 받을 수 있어 자칫 잘못하면 유사 수신이나 불법 펀딩으로 오인될 소지가 있다. 다만 원금이나 수익을 확정 보장 하지 않는 한 현재 법령으로는 명확히 제재하기 어려운 면이 있어 이에 편승한 무자격 업체들이 투자자를 모집하는 사례도 존재한다. 또한 사업이 예상과 다르게 진행될 경우 익명 조합 투자자는 법적 지위가 불안정하다. 예를 들어 시행사가 사업 도중 부도를 내면 익명 조합원은 보통 일반 채권자에 불과하여 우선 변제권을 주장하기 어려우며 투입된 자금을 회수하기 어려울 수 있다. 이러한 리스크 때문에 대형 개발 사업보다는 규모가 작은 프로젝트나 초기 사업 자금 모집 시에 제한적으로 익명 조합이 활용되며, 투자자는 법률 검토와 시행사의 신용도 평가 등 사전 조사를 철저히 해야 한다. 부동산 개발에서 익명 조합은 유용한 투자 방식이지만 법적 보호 장치가 약하기 때문에 정관과 계약서를 철저히 검토해야 한다. 투자자는 정관을 통해 자신의 권리를 보장받을 수 있도록 해야 하며, 불확실성이 높은 조항은 전문가의 검토를 거치는 것이 바람직하다.

채권 투자는 투자자가 채권 형태로 자금을 제공하는 방식이다. 예를 들어 시행사가 발행하는 사모 사채를 인수하거나 대여금 계약을 통해 일정 기간 후 원금 상환과 이자를 약정하는 경우이다. 채권 투자자는 법적으로 채권자 지위에 있으므로 약정에 따라 원리금 상환을 요구할 수 있고, 담보 설정이 있다면 담보를 통한 강제 집행도 가능하다. 다만 대한민국 이자 제한법상 법정 최고 이자율은 연 20%이므로 그 이상의 수익을 약정할 경우 무효로 판단될 위험이 있다. 고율의 수익을 약속하면서 이를 우회하기 위해 자문 수수료 계약 등을 별도로 체결한 사례에서 법원은 해당 계약들을 단순 금전 대차가 아닌 투자 계약의 일종으로 보아 이자 제한법을 직접 적용하지 않은 판례도 있다. 투자 계약으로서의 성격이 인정되면 원금과 수익에 대한 강제 집행성이 제한되기 때문에 일반 대출과 구별하여 판단해야 한다.

투자 계약을 통해 당사자들은 서로의 역할과 권리를 명확히 정해야 한다. 투자자는 금전 제공자로서 수익 배분권, 의결권, 중요 사항 동의권과 같은 계약에 따른 권리를 확보하고, 피투자자는 투자금을 수령하는 대신 자금의 지정 용도 사용, 성과 보고와 같은 의무를 진다. 예를 들어 투자자는 사업 진행 상황에 대한 정보 열람권이나 보고 요구권을 가짐으로써 자신의 투자금이 제대로 쓰이고 있는지 확인할 수 있고, 피투자자는 정기적으로 자금 집행 내역과 프로젝트 현황을 공개해야 할 수 있다.

투자 계약서에는 투자금의 용도가 명확히 규정된다. 이는 투자된 자금이 사업 이외의 목적으로 유용되는 것을 방지하고, 투자자가 예상하지 못한 위험에 노출되지 않도록 하기 위함이다. 예컨대 계약서에 투자금은 ○○ 사업의 토지 매입 및 개발 비용으로만 사용된다는 식으로 명시하여, 시행사가 임의로 다른 용도로 자금을 전용할 경우 계약 위반이 되도록 한다. 또한 자금 관리를 위해 별도의 에스크로 계정이나 신탁 통장을 활용하는 경우도 있는데, 이는 투자금이 사업 비용으로만 지출되도록 통제하려는 실무적 장치이다. 일부 계약에서는 투자자가 파견한 자금 관리자나 회계 법인이 자금 집행을 모니터링하도록 정하기도 한다. 이러한 장치는 피투자자가 투명하게 자금을 사용하고 결과를 보고할 의무를 확실히 이행하도록 만들어 투자자를 보호한다.

투자 계약의 법적 구조상 수익의 배분 방식은 투자 형태에 따라 다르게 설계된다. 지분 투자의 경우 잔여 이익 분배 구조를 취하며, 사업에서 발생한 이익을 주주 간 지분 비율 등에 따라 배당하는 방식이다. 한편 우선주 투자의 경우 우선 배당권이 부여되어 보통주보다 먼저 약정된 비율로 이익을 배당받는다. 다만 부동산 개발 투자에서는 우선주임에도 불구하고, 특정 주요 의사 결정에 대한 거부권이나 프로젝트 진행에 대한 사전 승인권 등 제한적 의결권을 부여받은 형태의 우선주가 실무에서 활용되는 경우도 있다. 이러한 경우 우선주는 상대적으로 낮은 수익률을 가져가며 위험을 낮추는 전략으로 운용된다. 의결권이 동일하게 주어질 때 리스크가 높은 보통주 투자가 먼저 앵커 투자를 하면 뒤이어 우선주 투자 유치가 용이해지는 효과도 생긴다.

채권 투자의 경우 투자자가 이자 지급을 통해 고정 수익을 얻고, 원금 상환을 받는 구조가 많다. 법적 권리상 채권자는 약정된 변제기에 원리금 상환을 청구할 수 있으며, 담보가 있다면 담보 실행이나 강제 집행을 통해 회수를 강제할 수도 있다. 반면 지분 투자나 익명 조합 투자는 강제 집행을 통해 회수할 수 없는 것이 큰 차이점이다. 예컨대 사업이 실패하여 이익이 나지 않는다면 지분 투자자는 배당을 받을 수 없고, 익명 조합 투자에서는 영업자가 이익이 발생하지 않은 경우 분배 의무가 없다. 이는 투자자가 사업 리스크를 공동 부담 한다는 의미이다.

투자 계약에서 중요한 요소 중 하나는 투자자의 의사 결정 참여권이다. 일반적으로 보통주 투자자는 주주 총회 의결권, 이사회 참여 등을 통해 직접 경영에 영향을 미칠 수 있다. 반면 우선주 투자자는 의결권이 제한되지만 계약에 따라 특정 사항에 대해 동의권을 부여받거나 경영에 간접 참여할 수 있도록 하는 조항을 넣을 수 있다. 예를 들어 우선주 투자자에게 사업의 주요 자산 처분, 추가 차입, 사업 계획 변경 등에 대한 사전 동의권을 주어 중요한 사항에서는 투자자의 의견이 반영되도록 한다.

익명 조합 투자는 구조상 투자자가 명의를 드러내지 않고 사업에 관여하지 않는 형태이므로 익명 조합원은 경영 의사 결정권이 없다. 모든 영업상 거래와 책임은 영업자인 시행사에 귀속되고, 익명 조합원은 이익을 배분받을 권리만 가질 뿐 사업 운영에는 권한이 없다는 것이 법적 구조상 특징이다. 따라서 익명 조합 방식에서는 투자자가 경영 간섭을 하지 않는 대신 사업 결과에 따른 이익만 요구하게 되며 법적으로도 제3자에 대해 어떠한 책임도 지지 않는다.

이러한 구조는 투자자가 내부자적으로만 존재하고 대외적으로는 시행사 단독으로 사업을 수행하는 형태로 사업성이 높지만 세부 경영에 관여하고 싶지 않은 투자자나 세제상 익명성을 원할 때 활용되곤 한다. 다만 투자자는 경영 통제력을 포기하는 것이므로 신뢰할 수 있는 시행사인 경우에 한정되어 투자해야 한다.

투자 계약서를 작성할 때에는 몇 가지 핵심 조항들을 특히 신중하게 검토해야 한다. 이는 계약의 성패와 분쟁 발생 여부를 좌우할 수 있는 중요한 사항들로 실무적으로 다음과 같은 요소들을 포함한다. 먼저 투자금의 지급 조건과 일정을 분명히 해야 한다. 예를 들어 일시에 투자금을 납입하는지 아니면 트랜치 투자를 진행하는지, 개발 단계별로 추가 납입하는지 등을 정한다. 부동산 개발 사업에서는 인허가 단계, 착공 단계, 분양 완료 단계 등 마일스톤별로 투자금을 분할하여 투입하는 경우가 많다. 이렇게 하면 투자자는 단계별로 위험을 분담하고 사업 진행 상황을 확인하면서 자금을 투입할 수 있다. 계약서에는 각 지급 단계의 조건을 명시하여 조건 불충족 시 투자자가 지급을 유예하거나 계약을 해지할 수 있도록 규정하기도 한다. 또한 투자금 납입 후 사업이 진행되지 않을 경우를 대비해 예치 약정조건 충족 전에는 자금을 인출하지 못하게 함 등을 두어 투자금을 보호하기도 한다.

투자자가 어떤 방식으로 원금 회수 및 이익 실현을 할 수 있는지도 중요하다. 지분 투자의 경우 Exit 전략이 중요하여 계약상 IPO, 제3자 매각, 시행사의 콜 옵션이나 투자자의 풋 옵션 등 회수 전략을 명시해야 한다. 예를 들어 사업 준공 후 2년 이내에 투자자의 지분을 시행사가 우선 매수한다거나 준공과 동시에 자산을 처분하여 투자자에게 우선 분배한다와 같은 조항이 그것이다. 채권 투자에서는 만기일과 상환 방법을 정확히 정하고, 필요시 담보권 실행 절차를 기술해야 한다. 익명 조합의 경우 사업 종료 시 잔여 재산 분배 방법과 출자금 반환 방법을 규정하게 된다. 상법상 익명 조합에서는 영업자가 계약을 통해 조합원에게 출자금 반환을 약정할 수 있으므로, 해당 조건과 반환 시기의 명확한 설정이 중요하다. 또한 우선수익권이나 손실 분담 조항을 통해 일정 수익률까지는 투자자가 우선적으로 배분을 받고 그 이상의 이익은 지분대로 배분한다든지, 반대로 손실 발생 시 투자자와 시행사의 부담 비율을 정해 두는 식의 워터폴 구조를 계약서에 담기도 한다. 이러한 회수 및 분배 구조를 명확히 하지 않으면 향후 이익 분배를 둘러싼 분쟁으로 비화될 수 있다.

투자 계약의 수익 설계는 당사자 간 이해관계의 핵심이다. 계약서에는 투자자의 수익이 어떤 형태로 산정되는지 구체적으로 명시되어야 한다. 예를 들어 투자자가 받게 될 수익이 배당금 형태로 연간 ○○%, 사업 완료 후 잔여 이익의 ○○%, 분양 대금에서 우선 상환 등으로 약정될 수 있다. 로우 리스크-로우 리턴을 원하는 투자자는 우선주 투자로 고정적 배당률을 택할 수 있고, 하이 리스크-하이 리턴을 추구하면 보통주 투자로 잔여 이익을 극대화하는 구조를 취할 수 있다. 중요한 것은 위험 관리 장치인데 투자자는 자신의 수익이 어느 정도 보장되는지를 꼼꼼히 따져야 한다. 다만 원금이나 최소 이익을 보장하는 조항은 자본 시장법상 이익 보장 금지 규정 위반이나 공서 양속 위반으로 무효가 될 소지가 있다. 실제 판례에서도 투자자에게 일정 이익을 보전해 주겠다는 풋 옵션 조항이 자본 시장법의 이익 보장 약속 금지 규정을 우회하기 위한 탈법 행위로 무효로 판단된 사례가 있다. 따라서 확정 수익 조항을 둘 때에는 법적 리스크를 검토하여 허용 범위 내에서 우선적 수익 배분이나 손실 보전 메커니즘을 설계해야 한다. 예컨대 명목상 우선 배당이나 우선 상환권을 통해 실질적인 우대만 부여하고 사전에 정한 일정 수익을 지급하지 못하면 지분으로 전환하는 등 변형된 방식으로 위험을 조정하기도 한다. 수익 산정 시 비용 처리나 회계 기준을 어떻게 적용하는지도 분쟁 소지가 되므로 계약서에 개발 이익 계산 방법, 비용 항목의 처리 방법을 미리 합의해 두는 것이 좋다.

투자 계약은 기간이나 종료 조건을 명시하여 계약 관계의 종료 시점을 정해 두어야 한다. 예를 들어 본 계약은 ○○ 프로젝트 준공 및 분양 대금 회수 완료 시 자동 종료된다거나 계약 기간은 ○년이며 상호 합의로 연장할 수 있다 등으로 기간을 정한다. 또한 중도 해지를 허용하는 상황과 절차를 규정해야 한다. 일반적으로 투자자가 예정된 투자금을 납입하지 않거나 시행사가 투자금을 목적 외 용도로 사용하거나 사업을 방치하는 경우가 발생하면 상대방은 계약을 해지할 수 있게 규정한다. 그리고 해지 시 투자금의 반환, 위약금 지급, 손해 배상 등과 같은 조치를 함께 정해 놓는다. 예컨대 시행사가 △△까지 인허가를 득하지 못하면 투자자는 통지 후 계약을 해지하고 기투자금을 반환받는다는 조항이나, 투자자가 사업을 임의로 중단하면 기투자금은 반환되지 않고 손해 배상 책임을 진다는 식이다. 불가항력이나 사업 여건 변화에 따른 종료 규정도 검토할 사항이다. 사업 부지의 수용, 정부 정책 변화 등으로 사업이 무산될 경우 투자금을 어떻게 정산할지에 대한 약정을 두어 예측하지 못한 종료 상황에 대비한다. 계약 해지 및 종료에 관한 조항은 분쟁 발생 시 해결 기준이 되므로 가능한 상세하고 명확하게 작성해야 한다.

투자 계약에는 투자자의 권익을 보호하기 위한 다양한 보호 장치가 포함된다. 대표적인 예가 의결권 보존 및 거부권 조항이다. 투자자가 소수 지분을 갖는 경우 중요한 결정에 대해 거부권을 부여받아 지분율에 관계없이 자신의 투자 가치를 지킬 수 있도록 한다. 또한 경영 참여권을 인정하여 이사회에 참관인을 파견하거나, 주요 경영진을 선임할 때 의견을 제시할 수 있게 하는 조항도 있다. 정보 열람권 및 보고 의무 조항도 필수적이다. 이를 통해 투자자는 정기적으로 재무제표, 사업 진행 상황 자료를 제공받고, 필요 시 회사의 장부나 현장을 열람하여 투명성을 확보한다. 만약 투자자가 실질적으로 경영에 참여하지 않는 구조라면 이러한 정보 접근권이 유일한 통제 수단이 되므로 더욱 철저히 보장되어야 한다. 그 밖에도 우선 매수권, 동반 매도권이나 동반 매수권 등의 조항을 통해 추후 제3자 거래에서도 투자자의 지위를 보호하기도 한다. 그리고 시행사의 임의 자금 차입을 제한하거나 담보 설정에 대한 동의권을 두어 과도한 부채 부담으로 투자자의 지분 가치가 희석되는 것을 막는 조항도 생각해볼 수 있다. 이러한 보호 장치들은 투자자가 소수이거나 수동적 투자자인 경우 특히 중요하며 계약서에 명문화함으로써 법적으로 효력을 갖게 된다. 하지만 투자자가 개발 사업이 본업이 아니거나, 다수가 함께 투자를 진행할 땐 해당 사항이 독이 될 수 있다. 사업을 진행함에 있어 절차가 많아지고, 투자자의 재무 상태에 따라 속칭 도장 값을 요구할 수 있기 때문이다.

부동산 개발 사업 투자 계약은 단독으로 존재하지 않고, 다른 금융 계약 및 사업 계약들과 밀접히 연결되어 있다. 따라서 투자 계약을 검토할 때 브릿지 대출, 프로젝트 파이낸싱 대출 약정, 시공사 도급 계약, 신탁 계약 등 관련 계약들과 양립할 수 있는 내용인지 확인해야 한다. 예를 들어 투자 계약에서 투자자에게 과도한 우선 변제권을 주거나 담보를 설정해 주면 후속 PF 대출을 해 줄 금융 기관 입장에서는 자신의 선순위 확보에 장애가 되므로 PF 조달이 어려워질 수 있다. 실제로 투자자의 권리를 지나치게 두텁게 보호한 계약서가 PF 금융 조건과 충돌하여 금융 기관이 대출을 거부하거나 투자 조건을 변경해야 했던 사례도 있다. 따라서 실무적으로는 투자 계약 체결 전, PF 금융 기관이나 시공사와의 협의를 통해 주요 조건을 미리 파악해 두는 것이 중요하다. 예컨대 PF 대출 실행을 위해 투자자가 담보권을 신탁으로 대체하거나 자금 우선순위를 PF 대출 다음으로 하향 조정하는 식의 협의를 미리 해 두기도 한다. 또한 도급 계약과 관련해서는 투자자가 시공사의 공사 진행 상황에 개입하거나 공사비 지급과 연계된 조건을 병기할 경우 분쟁 소지가 있으므로 조심해야 한다. 관련 계약들의 정합성을 확보할 수 있도록 내용을 정비하고, 필요 시 실무 전문가의 자문을 받아 종합적인 계약 구조를 마련하는 것이 바람직하다. 정리하면 투자 계약서는 독립적으로 보기보다는 프로젝트 전체 계약 패키지의 일부로 이해하고 검토해야 하며 어느 한쪽에 치우친 조항 없이 사업 성공과 투자자 보호를 균형 있게 담아내야 한다.

부동산 시행 투자 계약과 관련하여 나타나는 법적 분쟁과 쟁점들은 다양하다. 투자금 회수, 이익 배분, 계약 해지, 익명 조합의 법적 지위 등과 관련된 주요 사례와 판례를 통해 이러한 쟁점을 살펴보자. 투자금의 회수를 둘러싼 분쟁은 주로 사업 실패나 상환 불이행 시 발생한다. 예를 들어 투자자가 개발 사업에 거액을 투자하였는데 프로젝트가 중단되거나 분양 수익이 저조하여 약정한 수익을 지급받지 못하는 상황이 발생할 수 있다. 이때 투자자는 자신의 투자금을 대여금으로 볼 것인지, 투자로 볼 것인지에 따라 법적 대응이 달라진다. 법원은 투자 계약을 대여금채권으로 볼지 투자로 볼지 결정할 때 계약의 명칭보다 실질을 중시하여 여러 요소를 종합적으로 고려한다. 판례에 따르면 당사자의 의사, 원금 및 대가의 보장 여부, 수익 배분 방식, 투자자의 경영 관여 정도, 자금 제공 경위와 동기 등을 살펴 개별 계약이 이자 제한법이 적용되는 대출인지 아니면 투자 계약인지 판단한다. 일반적으로 원금과 수익을 확정적으로 보장하고 있고 투자자가 사업 위험을 부담하지 않으며 강제 집행을 통한 회수가 가능한 구조라면 법원은 이를 실질적인 대여로 보아 이자 제한법 등의 규제를 적용할 수 있다. 반면 원금 손실 가능성을 투자자가 부담하고 수익이 사업 성과에 연동되어 있으면 투자로 인정되어 대여금에 비해 강제력이 약한 것으로 본다. A 회사가 부동산 개발 회사 B에 13억 원을 투자하며 연 20% 이자를 지급받기로 하고, 형식상 사모 사채 인수 계약과 자문 계약을 맺은 사건이 있었다. B사가 약정을 어겨 원리금 지급이 지연되자, A 회사는 공정 증서를 통해 강제 집행을 시도했고, B사와 연대 보증인들은 해당 계약이 초과 이자 약정을 숨기기 위한 것이므로 이자 제한법 위반 부분이 무효라고 주장하며 소송을 제기했다.

이에 대해 법원은 당초 부제소 합의 존재와 계약의 성격 등을 들어 원고들의 청구를 각하하면서, 이 계약이 단순한 금전 소비 대차가 아니라 투자 계약 내지 혼합 계약이어서 이자 제한법이 직접 적용되지 않는다고 판단하였다. 결국 A 회사는 B사로부터 약정한 수익을 회수할 수 있었다. 이 사례는 투자 계약의 형태를 어떻게 구성하느냐에 따라 법적 해석과 회수 가능성이 달라질 수 있음을 보여준다. 투자 계약에 채권적 요소와 투자적 요소가 혼재되어 있을 경우 법원은 개별 조항과 배경을 두루 검토하여 이자 제한법 적용 여부나 채권 관점의 보호를 판단하므로 계약 단계에서부터 리스크를 조율해 둘 필요가 있다.

또 다른 유형의 분쟁으로 사업권 승계와 투자금 회수가 얽힌 사례를 들 수 있다. 예를 들어 시행사가 변경되거나 사업 주체가 바뀌는 경우 원 투자 계약상의 채무나 의무가 승계되는가가 문제된다. 한 사례에서 건설사 A는 시행사 C와 사업 약정을 맺고 C에게 개발 자금을 대여하며 그 대가로 A가 해당 사업의 시공을 맡기로 했다. 이후 C의 재정 악화로 사업 시행권이 신규 시행사 B로 넘어가고 B가 사업을 계속 수행했는데, 사업 완료 후에도 A에 대한 대여금이 상환되지 않자 A가 B를 상대로 대여금 반환 소송을 제기했다. 이때 B는 "우리는 사업 시행권과 관련된 권리 의무만 인계받았을 뿐 C의 부채는 승계하지 않았다"고 항변했으나, 법원은 B가 C와 사실상 동일인에 가깝고 C의 채무까지 승계하였다고 판단하여 B에게 상환 책임을 인정하였다. 이처럼 투자금 회수와 관련해서는 사업 구조의 변경이나 계약 당사자 변경 시에도 투자자의 권리를 어떻게 보호할 것인가가 쟁점이 된다. 계약서에 채무 승계에 대한 사전 동의나 담당자 변경 시 책임 소재 규정 등을 명확히 하여 이러한 분쟁 가능성을 줄이는 것이 바람직하다.

프로젝트가 성공적으로 끝났지만 수익 분배를 둘러싼 다툼이 발생하는 경우도 많다. 이는 주로 이익 계산 방식이나 비용 공제 항목에 대한 해석 차이 혹은 약정한 배분 비율의 이행 여부가 문제가 된다. 예를 들어 개발 사업이 완료되어 수익이 발생했지만 시행사가 예정보다 비용이 많이 들었다며 순이익을 줄여 계산하면 투자자는 이에 반발할 수 있다. 만약 계약서에 수익 산정 방식이 모호하거나 시행사가 특정 비용을 임의로 계상할 수 있는 여지가 있었다면 분쟁으로 발전하게 된다. 이러한 경우 투자자는 회계 감사를 요구하거나 법원에 분쟁 해결을 구하게 된다. 익명 조합 투자에서는 영업자인 시행사가 모든 거래를 자신의 이름으로 행하고 이익을 산정하므로 익명 조합원인 투자자가 손익 계산의 투명성에 이의를 제기하기 어렵다는 문제가 있다. 따라서 애초에 계약 시 정기적인 보고와 감사권을 두지 않았다면 투자자는 정보 부족으로 어려움을 겪게 된다. 실제 익명 조합에서 영업자가 충분한 이익이 났음에도 분배를 늦추거나 축소하여 분쟁이 된 사례들이 있다. 이러한 분쟁을 예방하려면 계약서에 분배 절차와 투자자 확인권을 명문화해야 한다. 또한 만약 시행사가 정당한 이유 없이 이익 배분을 거부하거나 지연하면 투자자가 지연 손해금을 청구할 수 있도록 하는 규정도 고려된다.

    계약 당사자 일방의 귀책으로 계약이 해지될 경우 손해 배상 문제가 뒤따른다. 투자 계약에서도 일반 계약과 동일하게 민법상의 해지권 및 손해 배상 원칙이 적용된다. 예컨대 시행사가 사업을 포기하거나 중대한 위법 행위로 신뢰 관계를 깨뜨린다면 투자자는 계약을 해지하고 기투자금 회수 및 손해 배상을 청구할 수 있다. 반대로 투자자가 투자금 납입 의무를 이행하지 않거나 사업 진행을 방해하면 시행사가 투자 계약을 해제하고 손해를 청구할 수 있다. 손해 배상의 범위는 통상 예상 가능한 손해로 한정되지만 투자 계약에서는 특약을 통해 범위를 정하기도 한다. 위약금 조항이나 위약벌 조항이 그 예이다. 민법 제398조는 손해 배상 예정위약금을 허용하고 있고, 위약벌은 별도 규정은 없지만 판례를 통해 유효성이 인정된다. 따라서 계약서에 어느 한쪽의 귀책사유로 계약이 해지될 경우 ○○ 원또는 투자금의 ○%을 위약금으로 지급한다는 조항이나, 일정 행위를 하지 못하도록 하는 위약벌 조항을 둘 수 있다. 실제 분쟁에서 이러한 사전 약정된 배상액이 과다한지 여부가 쟁점이 되어 감액될 여지도 있지만 대체로 법원은 계약 자유의 원칙에 따라 특별한 사정이 없으면 약정대로 인정하는 경향이 있다. 한편 투자 계약과 관련하여 사기나 착오로 인한 무효·취소 주장이 문제되는 경우도 있다. 투자자가 중요한 사항을 잘못 알고 계약했다면 민법상 착오로 인한 취소를 시도하거나 시행사가 고의로 허위 사실을 알려 투자를 유치했다면 사기에 의한 의사 표시 취소 및 손해 배상을 청구할 수 있다. 그러나 개발 사업의 특성상 예상 수익 등의 불확실한 요소는 사기로 인정되기 어렵고, 정보 비대칭을 이유로 계약을 쉽게 취소할 수는 없다. 결국 분쟁이 생기면 계약 조항 해석과 입증을 통해 배상 범위가 결정되므로 계약 단계에서 책임 한계를 명확히 해 두는 것이 중요하다.

익명 조합 형태의 투자는 앞서 언급한 바와 같이 투자자가 법률적으로는 겉으로 드러나지 않는 동업 형태이다. 이는 세제 혜택이나 간편한 계약 체결 등 장점이 있으나, 여러 법적 위험을 내포한다. 첫째, 익명 조합원의 출자금은 일단 시행사의 자산으로 귀속된다. 따라서 시행사가 그 돈으로 사업 이외의 일을 하거나 개인 용도로 사용하더라도 그것만으로는 형법상 횡령죄로 처벌하기 어렵다. 실제 판례에서도 민법상 조합이라면 동업 재산을 함부로 처분하면 횡령죄가 될 수 있지만, 상법상 익명 조합에서는 출자금이 영업자 소유이므로 처분하더라도 횡령죄가 성립하지 않는다고 보고 있다. 이는 투자자 입장에서 큰 리스크인데, 사업이 실패하거나 시행사가 부도를 내도 형사적으로 제재하기 어려워 투자금 보호에 한계가 있다. 둘째, 익명 조합원은 제3자에 대한 책임이 없지만 권리도 없다. 사업과 관련하여 대외적으로 어떠한 지위도 없기 때문에 만약 프로젝트가 성공하더라도 영업자가 이익을 분배하지 않고 버틸 경우 직접 개입할 방법이 제한적이다. 투자자는 오로지 계약상 약속에 의존해야 하고, 소송을 통해 분배를 받아 내려면 영업자의 회계 자료에 대한 증거 확보 등이 필요하여 복잡해진다. 셋째, 익명 조합 투자는 경우에 따라 증권 규제나 인허가 이슈가 생길 수 있다. 투자자가 다수이거나 출자 규모가 크면 금융 당국이 이를 펀드 등 집합 투자 기구로 보아 자본 시장법상의 요건을 문제 삼을 수 있다. 익명 조합 자체는 상법상의 계약이지만 실질이 투자 신탁과 유사한 경우 규제 대상이 될 가능성도 배제할 수 없다. 이러한 위험성 때문에 실무에서는 익명 조합 활용에 신중을 기한다. 만약 익명 조합 구조를 취한다면 신뢰할 수 있는 파트너와 진행하거나 투자자가 사전에 공동 계좌 관리, 주요 결정 사항 사전 합의 등 충분한 통제 권한 및 투자금 반환 절차를 별도 약정으로 확보해야 한다. 관련 판례를 보면 일부 익명 조합 사례에서 투자자는 자신의 지위를 민법상 조합으로 주장하며 권리를 확보하려 했으나 법원은 계약의 명칭과 구조가 익명 조합인 이상 조합으로의 법리적 전환을 쉽게 인정하지 않았다. 결국 투자자는 익명 조합 계약의 틀 안에서 보호받을 수밖에 없었다. 이를 통해 계약서를 면밀히 작성하고 최악의 상황에 대비한 안전장치를 두어야 한다는 것을 배울 수 있다.

투자 계약에서 분쟁이 발생하면 크게 협의, 중재·조정, 소송의 경로로 해결을 모색한다. 우선 당사자들은 가능한 한 협상을 통해 원만한 해결을 시도하는 것이 바람직하다. 부동산 개발 사업의 분쟁은 장기화될 경우 금융 비용과 인허가 등의 사유로 사업 자체가 좌초되어 모두가 손해를 볼 수 있다. 이해관계자는 조정을 통해 프로젝트를 살리면서 분쟁을 해결하는 전략을 취하는 것이 바람직하다. 예를 들어 지급 시기를 조정하거나 수익 배분율을 재협상하는 등의 방법으로 합의에 이를 수 있다. 만약 직접 협의로 해결되지 않는다면 계약상 약정된 분쟁 해결 절차에 따라 중재나 조정을 고려해야 한다. 많은 투자 계약서에 중재 조항을 두고 있어 대한 상사 중재원 등에서 중재로 해결하는 사례가 있다. 중재는 비교적 신속하고 비공개로 진행되므로 민감한 개발 정보 노출을 막을 수 있고 국제 투자자의 경우 관할권 문제를 피할 수 있는 장점이 있다. 한편 지방 자치 단체가 관련된 사업이나 지역 사회와의 갈등이 있는 경우 조정 위원회나 공공 조정을 거치기도 한다. 그래도 해결이 안 되면 민사 소송으로 가게 되는데 소송에 앞서 가처분 등을 통해 사업 진행을 멈추거나 자금 유출을 막는 조치를 취할 수 있다. 예컨대 투자금 반환 청구 소송과 함께 시행사의 자산에 대해 가압류를 신청하여 판결 전 재산 도피를 방지하는 것이다. 소송에서는 계약 조항의 해석, 사실 관계 입증, 손해액 산정 등이 핵심이며, 전문 증인의 분석이 활용되기도 한다.

    부동산 개발을 본업으로 하지 않으면 계약서 조항을 협의함에 있어서 갈등의 여지가 있을 수 있다. 필자 역시 갈등을 해결하기 위해 피투자자에게 편지까지 적어 가며, 계약 조항을 수정하였다. 하지만 상세하게 적지 않은 계약서는 사업이 성공적이면 성공적인 대로, 실패하면 실패하는 대로 갈등을 낳는다. 피투자자 역시 모든 사항을 투자자에게 투명하게 공개하지 않고, 숨기거나 회피 방안을 기입하는 것은 좋지 않다. 긴 시간을 함께 진행해야 하는 투자자가 중간에 계약서가 불합리하다는 것을 깨달으면 피투자자에 대한 신뢰가 사라지기 때문이다. 그렇게 되면 사업 정산 전에 소송 등의 문제로 예상치 못한 리스크가 발생할 수 있다. 그러므로 상호 간에 신뢰를 돈독히 할 수 있는 계약서 작성이 중요하다고 하겠다.

계약
금융 자문 계약

    부동산 개발 사업에서 금융 자문 계약은 시행사가 프로젝트에 필요한 자금을 조달하기 위해 금융 전문가(주로 증권사나 자산운용사 등)와 맺는 계약이다. 금융 자문사는 해당 사업의 금융 주관사로서 프로젝트 파이낸싱이나 브릿지론 등 개발에 필요한 자금을 마련하도록 조언하고 주선하는 역할을 수행한다. 이 계약을 통해 시행사는 금융 분야 전문 지식과 네트워크를 갖춘 자문사의 도움을 받아 효과적으로 자금 조달 전략을 수립하고 실행할 수 있다. 금융 자문 계약서에는 여러 조항들이 포함되며 이는 계약의 권리와 의무, 절차를 명확히 규정한다. 이해하기 쉽도록 주요 요소들을 하나씩 살펴보면 다음과 같다.

    자문 범위란 금융 자문사가 제공할 구체적인 업무 내용을 뜻한다. 사업 계획서나 IM 작성, 금융 시장 분석, 투자 유치 전략 수립, 자금 조달 계획 및 구조화, 재무 모델링 등 프로젝트 금융에 관련된 다양한 서비스가 포함될 수 있다. 계약서에는 자문사의 업무 범위와 목표가 정확히 명시되어야 한다. 예컨대 브릿지론 단계까지만 자문할 것인지, 본 PF 대출과 이후 리파이낸싱까지 포함하는지 등을 분명히 구분해 기재한다. 이를 통해 시행사와 자문사 간 기대하는 업무 범위에 대한 이해를 일치시키고, 추후 분쟁을 예방할 수 있다. 금융 자문 수수료는 자문사에 지급할 보수로서 계약서의 핵심 사항 중 하나이다. 수수료 구조는 고정 수수료와 성과 기반 수수료로 나뉜다. 고정 수수료는 일정 금액을 자문 대가로 지급하는 방식이고, 성과 기반 수수료는 프로젝트 자금 조달 목표를 달성했을 때 조달 금액의 일정 비율을 자문사에게 지급하는 형태이다. 실무에서는 일반적으로 조달 자금의 일정 비율을 인센티브로 정하며 조달 규모가 매우 큰 경우 상한액을 두기도 한다. 수수료 수준은 사업 규모와 난이도, 위험도, 자금 조달 기간 등에 따라 달라진다. 통상적으로 인정되는 금융 자문 수수료는 약 2.35%[1]~3% 수준이며, 대출 취급 수수료는 약 1.7%로 본 판례가 있다. 만약 수수료가 과도하게 높게 책정되면 법적으로 문제가 될 소지가 있으며 실제로 지나친 수수료를 약정했다가 자문사가 시행사로부터 받은 수수료를 반환한 사례도 있다. 따라서 수수료는 업계 관행과 사업성에 비추어 적정한 수준으로 협의해야 하며 계약서에 구체적인 지급 조건예: 중도 지급 여부, 성공 시 지급 시점 등을 명시해야 한다.

　부동산 개발 사업에서는 사업 정보의 기밀 유지가 매우 중요하다. 금융 자문 계약에는 비밀 유지 조항이 포함되어, 자문사가 시행사로부터 제공받은 정보를 외부에 유출하지 않도록 하는 의무가 부과된다. 실무적으로는 극소수의 유력 투자자나 금융 기관에 비밀 유지 확약서 수령 후 자료 제공, 잠재 투자 의향이 확인된 일부 기관에 추가 정보 제공, 다수 투자 희망자에게 정보 배포하여 광범위한 투자자 모집 3단계로 구분되어 정보를 제공한다. 물론 프로젝트에 따라 관련 자료를 제3자에 제공할 경우 반드시 사전에 해당 기관으로부터 비밀 유지 확약서NDA를 받아야 하는 경우도 있다. 정보가 무분별하게 확산되면 투자자들로 하여금 해당 프로젝트의 신뢰도와 수익성에 의구심을 가지게 할 수 있으므로 계약서에서 정보 제공의 범위와 절차, 그리고 정보 유출 시 책임에 대해 명확히 규정하는 것이 중요하다.

대부분의 금융 자문 계약에는 독점 조항이 포함된다. 이는 시행사가 해당 프로젝트의 자금 조달 업무를 계약 기간 동안 해당 자문사에게만 전적으로 맡기고, 제3의 자문사를 중복 선임 하거나 별도로 금융을 주선하지 않겠다는 약속이다. 자문사는 자신의 시간과 자원을 투입하여 금융 기관을 섭외하고 딜을 성사시켜야 하므로 중복 경쟁을 피하기 위해 독점적 권한을 요구한다. 자문사 입장에서는 대주 혹은 투자자를 유치했는데, 다른 자문사와 업무를 진행하면 손실이 커지기 때문에 그렇다. 독점 조항을 위반하여 시행사가 자문사를 통하지 않고 다른 경로로 자금을 조달하거나 다른 금융 주관사를 추가로 선정하면 위약벌 등 페널티가 부과되는 것이 일반적이다. 예를 들어 계약서에 시행사가 독점 조항을 위반할 경우 자문사에게 예상 수수료 상당액과 같은 일정 금액을 위약벌로 지급

한다는 내용을 넣어 자문사의 권리를 보호한다. 독점 계약의 이러한 특성 때문에 시행사는 금융 자문사 선정에 매우 신중해야 한다. 일단 계약을 맺으면 계약 기간 동안 다른 금융 경로를 자유롭게 모색하기 어렵기 때문에 자문사의 능력과 신뢰도를 충분히 검토한 후 계약을 체결해야 한다.

금융 자문 계약이 유효한 기간은 상호 협의하여 설정한다. 통상 PF 자금 조달은 수개월에 걸쳐 진행되므로 계약 기간을 프로젝트 일정에 맞게 설정해야 한다. 계약 체결 시 자문 수행 기한을 특정하여 해당 기간 내에 자문사가 자금 조달을 완료하거나 일정 성과를 달성하도록 목표를 설정한다. 예를 들어 계약 기간은 체결일로부터 6개월로 하며 상호 합의 하에 연장 가능 등의 문구를 넣을 수 있다. 계약 해지 조항도 중요하다. 만약 자문사가 성실히 노력하지 않거나 부득이한 사정으로 프로젝트가 중단될 경우 계약을 조기에 해지할 수 있는 조건을 정해 두어야 한다. 일반적으로 쌍방 합의 해지나 위약 해지 조건 등을 규정하며 해지 시 수수료 정산 방법도 함께 명시한다. 예컨대 해지일까지 발생한 실비 비용이나 특정 단계까지 완료된 경우의 수수료는 정산한다 등의 내용을 넣어 분쟁을 예방하는 경우도 있지만 대부분 기간이 넘어갈 동안 PF를 진행하지 못하여 해지된 자문 약정의 수수료는 받지 못한다.

금융 자문 계약에는 계약 위반 시 적용될 위약벌이나 손해 배상 책임 조항도 포함된다. 앞서 언급한 대로 독점 의무를 위반하면 사전에 정한 위약벌을 지급해야 할 수 있다. 또한 자문사가 계약상 의무를 다하지 못해 손해가 발생한 경우나 반대로 시행사가 정당한 이유 없이 계약을 파기하여 자문사에 손해를 끼친 경우 등의 대비 조항도 마련된다. 시행사가 자문사와 계약을 맺은 후 계약 기간 중 다른 자문사와 함께 사업을 진행하면 기존 자문사에게 수수료 상당액을 청구하는 조항이 포함되는 경우가 많다. 이는 자문사가 투자 구조 설계나 대주단 협의 등 실질적인 업무를 진행한 뒤 계약이 종료되면 인적 비용과 영업 손실이 발생하기 때문이다. 다만, 딜 자체가 매력적일 경우 시행사는 특정 자문사에 독점적 권한을 주지 않는 경우도 많다. 투자자나 금융 기관의 관심이 높은 프로젝트에서는 자문사가 오히려 협상에서 우위에 서기 어렵고, 자문 구조도 유연하게 설정되는 경향이 있다. 이처럼 자문 조건은 시장성과 딜의 특성에 따라 달라지는 커머셜한 성격이 강하다. 또한 금융 자문사는 일반적으로 계약서에 면책 조항을 넣어 자문 결과에 대한 책임을 제한하려 한다. 예를 들어 "최종 결정은 시행사 책임"이라는 식으로 법적 책임을 회피하는 조항이 많다. 따라서 시행사는 수수료·책임 관련 조항이 과도하게 자문사에 유리하게 설정되어 있지 않은지 면밀히 검토하고 협의할 필요가 있다.

　금융 자문사(주관사)는 부동산 개발 사업의 재무 파트너로서 금융 구조화, 자료 준비 및 투자 설명, 투자자 및 금융 기관 섭외, 협상 및 금융 약정 주선, 종결 및 사후 관리의 역할을 수행한다. 금융 구조화는 프로젝트에 적합한 금융 구조를 설계한다. 이를 통해 사업에 필요한 총투자 비용과 자금 조달 계획을 수립한다. 그 다음 사업성 분석 자료와 투자 제안서IM를 작성하여 금융 기관이나 투자자에게 프로젝트를 효과적으로 소개한다. 또한 네트워크를 활용해 잠재적 투자자나 대주단을 물색하고 접촉한다. 이 과정에서 자문사는 프로젝트의 장점과 수익성을 어필하여 투자 의향을 이끌어 내는 중개자 역할을 한다. 이때 금융 기관들과 대출 조건이나 투자 조건을 협상한다. 시행사 대신 또는 함께 금융 계약 조건을 조율하고, 최종적으로 대출 약정서나 투자 계약이 체결되도록 주선한다. 금융 계약이 체결되면 자금이 적시에 공급되도록 관리하고, 필요에 따라 후속 리파이낸싱이나 추가 자금 조달 자문도 이어서 수행한다.

금융 자문사는 해당 프로젝트의 성공적인 자금 조달을 위해 최대한의 노력을 기울일 의무를 가진다. 다만 자금 조달의 성공을 보장하지는 않으며, 어디까지나 전문 지식과 네트워크를 동원하여 시행사가 최적의 금융 조건을 얻도록 돕는 역할임을 이해해야 한다. 시행사는 자문사의 조언을 참고하여 최종 의사 결정을 내리고, 필요 시 협상에 직접 참석하여 프로젝트 오너로서 신뢰를 심어 주는 등 적극 협조 하는 것이 바람직하다.

시행사 입장에서는 금융 자문 계약을 맺기 전에 신중을 가해야 한다. 우선 금융 자문사의 평판과 실적을 조사하는 것이 좋다. 과거에 유사한 규모의 PF 자금 조달을 성공적으로 이끈 경험이 있는지 확인하고, 가급적 프로젝트 파이낸싱 분야에서 공신력이 있는 기관을 선정하는 것이 안정적이다. 또한 자문사가 관련 인허가나 라이선스를 갖추고 합법적으로 자문업을 수행하는지도 살펴본다. 법인 설립도 되지 않은 채 기관처럼 보이는 이름을 사용하는 업체를 제외하는 것이 현명한 판단이다. 업무를 담당할 팀 구성원들의 경력과 네트워크를 검증해야 한다. 담당자가 건설사, 시행사, 금융 기관 등 업계에서 충분한 경험과 인맥을 보유하고 있을수록 복잡한 딜을 성사시킬 가능성이 높다. 오래되고 복잡한 프로젝트를 경험이 부족한 담당자에게 맡기면 회사랑 상관없이 부결될 가능성이 높아진다. 특히 PF 금융은 관계자의 전문성과 협상력이 크게 작용하므로 팀의 전문성, 협상 경험, 문제 해결 능력 등을 면밀히 따져본다. 단순히 계약만 체결하고 소극적으로 행동하는 자문사는 피해야 한다. 프로젝트의 자금 조달이 완료될 때까지 포기하지 않고 책임지고 추진할 의지가 있는지 확인한다. 이를 위해 과거 고객들의 피드백이나 해당 팀의 평판을 참고하거나 미팅 시에 프로젝트 성공에 대한 자문사의 열의를 평가해 볼 수 있다. 제시받은 수수료율이 시장 평균 수준인지, 사업 수익성으로 감당 가능한지 검토해야 하고, 성과 보수의 조건이 합리적인지 확인해야 한다. 계약서에 단계별 마일스톤이나 중간 보고 의무 등을 넣어 자문사가 진행 상황을 주기적으로 공유하도록 하면 초보 시행사도 과정을 추적하기 쉽다.

계약 위반이나 분쟁 상황 발생 시 절차를 미리 염두에 둔다. 예를 들어, 시행사가 자문 계약을 유지한 상태에서 다른 자문사를 통해 몰래 자금을 조달하는 경우, 기존 자문사가 이에 대해 어떤 제재 조치를 취할 수 있는지 명확히 해야 한다. 반대로, 자문사가 자문을 성실히 수행하지 못해 시행사가 계약을 종료하게 되는 경우, 자문사 측의 수수료 청구 가능 여부나 정산 및 손해 배상 방식도 사전에 규정해 두는 것이 필요하다. 위약벌 조항이 어떻게 적용되는지 구체적으로 이해하고, 과도하면 협상을 통해 완화하거나 단계적으로 적용하도록 할 필요가 있다. 그 밖에도 계약서에 흔히 포함되는 분쟁 해결 조항관할 법원 또는 중재, 계약의 양도 금지 자문사가 임의로 제3자에게 계약을 넘기지 못하게 등의 사항도 확인한다. 모든 조항을 이해하기 어려운 경우 금융 법률 전문가의 검토를 받아 독소 조항이나 누락된 중요한 조항이 없는지 확인하는 것도 초보 시행사에겐 권장되는 방법이다. 마지막으로 계약 체결 후에도 자문사와의 소통과 협업이 성공의 열쇠이다. 정기적으로 진행 상황을 점검하고 피드백을 주고받으며 프로젝트 금융 구조에 변화나 문제가 생기면 함께 해결책을 모색한다. 건전한 파트너십을 바탕으로 금융 자문 계약을 체결하면 시행사는 안정적으로 필요한 자금을 조달하고 사업을 추진할 수 있을 것이다.

계약

브릿지 계약

부동산 개발 사업이나 기업의 대규모 투자에서는 자금 조달 시점의 차이로 인한 공백이 자주 발생한다. 이를 메우기 위한 수단으로 활용되는 것이 바로 브릿지 계약이다. 브릿지 계약은 말 그대로 두 지점 사이를 잇는 다리 역할의 자금 조달 계약으로 단기 자금을 긴급히 조달하여 향후 예정된 장기 자금이나 본격 자금 조달이 이루어질 때까지 연결해 주는 역할을 한다.

시행사는 토지 매입 자금 등 초기 자금이 부족할 때 브릿지론을 활용한다. 예를 들어 부지 매입 시 계약금은 자체 조달하고 잔금을 브릿지론으로 충당한 뒤, 이후 확보되는 프로젝트 파이낸싱 자금으로 해당 브릿지론을 상환한다. 부동산 PF 대출 실행 전까지 필요한 자금을 연결하는 다리가 브릿지론이며, PF 대출을 받기 위한 중간 단계의 금융으로 활용된다.

대부분의 브릿지 대출은 만기 일시 상환 구조를 따른다. 일반적으로 대출 기간 동안 이자를 정기적으로 지급하고, 원금은 만기에 일괄 상환한다. 일부 계약에서는 이자도 만기 시 함께 지급하는 구조를 취하기도 한다. 상환 재원은 향후 조달될 PF 대출, 대환 대출, 자산 매각 대금 등으로 마련되는 것이 일반적이다. 이처럼 브릿지론은 차환을 전제로 하는 구조이기 때문에 약정된 시점에 자금 조달이 지연되거나 실패할 경우 유동성 위기로 이어질 수 있다. 브릿지론은 일반적인 장기 대출이나 PF 대출보다 금리가 높은 편이다. 이는 대출자가 단기간 높은 리스크를 감수하는 만큼 그에 상응하는 수익률을 요구하기 때문이다. 높은 금리는 차입자의 조달 시기 및 구조적 위험을 반영한 결과다.

브릿지 대출은 고위험 단기 자금 조달 수단이므로 담보 제공을 전제로 실행된다. 특히 부동산 개발 사업과 관련된 브릿지론의 경우 대출 대상 토지 또는 부동산에 근저당 등 담보권을 설정하는 것이 일반적이며 경우에 따라 시행사가 보유한 타 부동산이나 자산까지 추가 담보로 요구받을 수 있다. 기업 자금 목적의 브릿지론에서도 유사하게 보유 자산, 주식 지분 담보, 또는 모회사의 지급 보증을 요구하는 방식으로 신용 보강이 이루어진다. 신용보강사는 이자 상환에 대한 지급 보증만을 제공하는 구조도 있으며, 이 경우 만약 해당 프로젝트의 신용 등급이 낮아 보증 이자율이 신용보강사 자체 차입 금리보다 높을 경우 직접 해당 채무를 인수하는 방식으로 전환되기도 한다. 브릿지론의 담보 비율은 통상 대출금 대비 충분한 담보 가치LTV를 확보하는 수준으로 설정되며 사업성이 저하되거나 담보 가치가 하락할 경우 금융 기관은 추가 담보 제공이나 일부 상환을 요구할 수 있다.

브릿지론은 주로 2 금융권 및 사모 자금에 의해 제공된다. 사업 초기에는 인허가 미비 등으로 사업 불확실성이 높아 1 금융에서는 직접 대출을 꺼리는 경우가 많기 때문이다. 이 때문에 초기 자금을 위해 저축 은행, 캐피탈사, 증권사, 사모 펀드 PEF 등이 브릿지론 대주단으로 참여하는 것이 일반적이다. 경우에 따라 시행사의 추가 자금 투입도 병행되는데 이는 향후 PF 심사에서 필요한 자기 자본 비율을 충족하기 위함이다. 금융감독원 규정에 따르면 PF 대출 실행 시 총사업비의 최소 20% 이상의 자기 자본 투입이 요구될 수 있다.

브릿지론은 그 성격상 유연한 운용이 필요한 자금이다. 계획대로라면 단기간 내 상환되지만, 현실에서는 사업 지연 등으로 만기 연장이 불가피한 경우가 많다. 실제 부동산 개발 사업에서는 인허가 지연, 분양 일정 조정 등으로 인해 브릿지론을 여러 차례 연장하는 사례가 발생하고 있다. 브릿지 계약에는 연장 옵션을 두어 사전에 합의된 조건 하에 만기를 연장할 수 있도록 하는 것이 일반적이다. 예컨대 대출 만기 도래 시 차주가 연장 수수료 지급 및 일부 이자 납부를 조건으로 3개월 단위 연장 가능 등의 조항을 넣어 일정 횟수까지는 연장을 보장받기도 한다. 다만 연장은 어디까지나 대주의 동의 하에 이루어지므로 사업 여건이 악화되거나 금융 기관의 여신 정책이 바뀌면 연장이 거절될 수 있다. 최근에는 PF 대출 부실 우려로 저축 은행 등 금융사들이 브릿지론 만기 연장을 엄격히 관리하고 있어 사업성이 양호한 수도권 재개발 사업조차 브릿지 대출 단계에서 연장이 어려워지는 사례도 보고되고 있다. 따라서 연장 옵션에 지나치게 의존하지 않고, 여유 있는 기간 설정과 보수적인 일정 계획이 필요하다. 한편 조기 상환에 대한 조항도 함께 고려된다. 향후 자금이 조기에 마련되었을 때 브릿지론을 미리 상환할 수 있도록 허용하되 대주 입장에서는 수익 손실을 보전하기 위해 중도 상환 수수료를 계약서에 명시하는 경우가 많다. 실무에서는 중도 상환 수수료율과 조건을 협상하여 과도한 비용 없이 유연한 상환이 가능하도록 하는 것이 바람직하다.

 브릿지 계약은 부동산 개발 및 기업 금융에서 필수 불가결한 자금 조달 수단이다. 단기간에 큰 자금을 융통하여 프로젝트를 이끌어 갈 수 있다는 장점이 있지만, 그만큼 위험과 비용도 높기 때문에 신중한 접근이 필요하다. 초보자라도 본 서를 통해 브릿지론의 개념과 목적, 특성을 정확히 이해하고 계약 체결 시 주의할 점과 계약서 작성 요령을 숙지한다면 실무에서 브릿지 계약을 보다 안전하고 효과적으로 활용할 수 있을 것이다. 가장 중요한 것은 철저한 계획과 대비이며 투명한 조건 설정을 통해 예상 밖의 상황에서도 대응할 수 있는 탄탄한 계약을 맺는 것이다. 이를 뒷받침하는 충분한 소통과 협의, 전문가 조언을 곁들인다면 브릿지 계약은 위험을 관리하면서 목표한 사업을 성공적으로 잇는 든든한 다리 역할을 해 줄 것이다.

계약

PF 계약

    프로젝트 파이낸싱PF 계약은 부동산 개발이나 인프라 사업에 필요한 자금을 조달하기 위한 금융 기법이다. 일반 담보 대출과 달리 개발 사업 자체의 미래 수익성과 가치를 담보로 자금을 조달하고, 사업을 기초로 발생하는 현금 흐름으로 대출금을 상환하는 구조이다. 즉 대출의 주된 보증은 사업의 성공 가능성과 현금 창출력이며, 차주의 일반 자산에 대한 법적 소구는 제한되는 경우가 많다. 이러한 PF 구조의 목적은 대규모 프로젝트에 필요한 자금을 스폰서의 신용이나 자산에 의존하지 않고 사업의 수익성에 기반하여 조달함으로써, 개발 사업을 가능하게 하는 데 있다. 이를 통해 시행사는 상대적으로 적은 자기 자본으로도 큰 프로젝트를 추진할 수 있고, 금융 기관은 프로젝트의 수익을 통해 대출금을 회수하게 된다. 다만 PF는 무담보 또는 제한적 담보로 거액이 투입되고 사업 성공 여부에 따른 높은 리스크를 수반한다. 그 때문에 금액이 커지면 어느 한 금융 기관이 단독으로 자금을 공급하기보다 여러 금융 기관이 컨소시엄을 구성하여 신디케이트 방식으로 참여하는 것을 선호한다. 또한 PF 계약은 일반 대출 계약서 대신 프로젝트에 특화된 계약서를 사용하고, 다양한 부속 계약담보 설정 서류, 보증서 등을 함께 묶어 체결한다. PF 계약의 궁극적 목적은 프로젝트의 성공적인 완수와 대출금 회수이므로 계약서는 사업 추진 일정과 현금 흐름 맞춤형 조건과 보호 장치들을 담고 있다.

주요 참여자는 시행사, 시공사, 금융 기관대주, 신탁사 등이 있으며 각 참여자는 자신의 역할과 책임을 계약을 통해 명확히 정의한다. 시행사는 프로젝트의 기획자이자 주체로서 사업 부지 확보, 인허가 취득, 자금 조달 및 사업 총괄을 담당한다. 필요 시 프로젝트 수행을 위해 특수 목적 법인SPC을 설립하며, PF 대출의 차주가 된다. 시행사는 일정 수준의 자기 자본 투입으로 사업에 참여하고, 사업 완료 시 남는 이익을 획득하지만, 사업이 부실화될 경우 자기 자본을 상실할 위험을 진다. 실무에서는 시행사의 사업 수행 능력과 재무 건전성이 PF 참여의 전제 조건이며, 경우에 따라 시행사의 모회사나 대표가 연대 보증을 서기도 한다.

금융 기관은 PF 자금을 공급하는 은행, 저축 은행, 증권사 등 금융 회사다. 대출 규모가 클 때는 여러 금융 기관이 대주단을 형성하며, 주관사가 신용 평가와 계약 체결을 주도하고 다른 참여 금융 기관을 모집한다. 금융 기관은 PF 대출 약정에 따라 자금 집행, 조건부 승인, 사후 모니터링을 수행하고, 사업에서 발생하는 현금으로 이자 및 원금을 상환받는다. 선순위와 메자닌 투자로 대주단이 구성되고, PF 대출 채권을 기초로 유동화 증권 등을 인수·발행하거나 채무 보증 형태로 참여하기도 한다. 금융 기관의 궁극적 역할은 필요 자금 공급과 대출 채권 보호다. 이를 위해 엄격한 대출 심사를 진행하며 선행 조건과 후행 조건을 병기하여 리스크를 관리한다.

부동산 PF에서는 신탁사가 사업 부지의 소유 및 자금 관리를 담당하는 형태로 자주 참여한다. 시행사가 사업 부지를 신탁사에 신탁하면 신탁사는 해당 부동산의 소유 및 처분을 대신 관리하며, 이를 통해 대출 채권의 담보 자산에 대한 관리 역할을 수행한다. 특히 관리형 토지 신탁 구조에서는 신탁사가 사업의 외부 관리인으로서 시행자 역할 일부를 수행하고, 자금 흐름을 통제하여 사업비 집행과 수입 배분을 관리한다. 이를 통해 대주단은 담보권 확보와 자금 유용 방지 효과를 얻고, 시행사는 신뢰도를 제고하여 금융 조달을 용이하게 하는 장점이 있다. 신탁사는 대주단 등 수익자의 이익을 보호하는 동시에 신탁 계약에 따라 자금이 정해진 용도 외로 유출되지 않도록 통제하며, 사업 부지와 분양 대금에 대한 담보권을 유지하는 중립적 관리자로서의 역할을 수행한다.

실제 공사를 수행하는 건설사 역시 PF 구조에서 핵심 이해관계자다. 시공사는 도급 계약을 통해 공사를 수주하고 일정 기간 내 책임 준공을 약정한다. 대형 프로젝트일수록 시공 능력과 신용 등급이 우수한 1군 건설사가 선정되며, 경우에 따라 책임 준공 확약이나 이행 보증 보험 등을 통해 공사 완수를 보증한다. 시공사는 공사 대금을 받는 방식에 따라 기성불 또는 분양불 조건을 협의하게 되며, 분양불 구조에서는 미분양이 발생하여 자금 부족 시에도 공사를 완료해야 하는 책임을 부담한다. 또한 일부 PF에서는 시공사가 지분 투자자로 참여하거나 시행사와 이익 공유 조건을 맺어 위험을 분담하기도 한다. 이 밖에도 PF 구조에는 인허가 기관, 분양 대행사, 회계·법률 자문사 등 다양한 이해관계자가 관여하지만, 계약의 직접 당사자는 아니므로 생략한다.

 PF 계약의 주 구성 요소는 대출 금액, 기한과 이자, 담보 설정, 채권 보전, 자금 관리 방법, EOD 선언이며 개별 프로젝트의 특성에 따라 맞춤화된다. 대출 금액은 PF 대출의 한도 금액으로 초기 사업비로 인출되는 금액과 사업비 계획에 근거한 한도 자금 조달액을 의미한다. 선순위는 대부분 한도로 진행되며, 후순위는 일시 인출로 먼저 집행되는 경우가 많다. 금융 기관은 사업성 분석을 통해 필요 대출액을 산정한다. 이때 과도한 차입을 억제하기 위해 LTV가 활용된다. 이 때문에 간혹 선순위 금융 기관에서 사업성에 대한 분석을 면밀히 하지 않는 경우가 있다. 건설사의 신용 등급만 높으면 LTV가 50% 이내이기 때문에 준공 후 처분으로 탈출 전략이 명확해진다는 판단이다. 이런 해이한 사업 집행은 금융권 전체의 위기가 될 수 있으므로 지양해야 한다. 개인적인 생각으로는 리스크만큼 사업에 대한 분석력이 올라간다고 생각한다. 선순위, 중순위, 후순위 대주, 건설사, 시행사순으로 리스크가 커지기 때문에 사업을 더 면밀히 분석한다. 시행사는 규모에 따라 사업 분석 능력이 부족할 수는 있지만 일반적으로는 가장 보수적으로 판단할 수밖에 없다. 대출 금액은 사업비 변경, 금융 비용 증가 등에 따라 가변적일 수 있기 때문에 약정서에는 증액이나 추가 자금 조달 시의 조건도 명시하는 것이 현명한 판단이다.

PF에는 만기, 상환 일정, 이자율 등에 관한 사항도 상세히 기입된다. 만기는 프로젝트의 공사 기간과 분양 기간을 고려하여 설정된다. 만기는 공사 기간에 3~9개월 정도 가산하여 정해진다. 각종 사고에 대비한 여유 기간을 두는 것이다. 또한 만기 전에 분양 수입금 등 사업 수입으로 상환하는 경우에는, 중도 상환 수수료를 면제하는 예외를 두는 편이다. 필요 시 약정에 따라 연장 옵션이나 조건부 만기 연장 조항이 포함될 수 있다. 이자율은 프로젝트 위험도와 시장 금리에 따라 가산 금리가 붙은 형태로 결정되며, 시장 상황에 따라 고정 금리와 변동 금리 등으로 다양하게 운용된다. PF는 고위험 대출인 만큼 이자율이 일반 담보 대출보다 높게 책정되며 선순위와 후순위 간 금리 차등이 있다. 이자는 분기 또는 반기 단위로 지급하도록 약정하나 프로젝트 현금 흐름이 초기에는 없으므로 대출금에 이자를 포함하거나 이자 유보 계좌 적립 방식을 활용한다. 약정서에는 연체 이자율 및 이자 미지급 시 제재 조치도 규정되어 있다.

PF 대출의 채권 확보 수단은 담보 설정이다. 가장 기본은 사업 부지에 대한 저당권이지만, PF에서는 토지 신탁을 통해 담보를 대체하거나 보강하는 경우가 많다. 신탁 외에도 시행사의 SPC 지분에 대한 질권 설정, 분양 대금 및 임대 수입 등에 대한 채권 양도나 금전 채권 신탁 설정,

프로젝트 관련 계좌에 대한 예금 담보질권 등이 이루어져 자금 유출을 통제한다. 공사 중에는 화재 등 사고에 대비해 공사 보험의 보험금 청구권에 질권을 설정하고, 준공 후에는 완성된 건물에 담보를 설정하여 채권을 보호한다. 담보 설정은 선순위 대출자에게 우선 권한이 주어지며, 후순위 대출자는 담보 가치 하락 시 손실을 볼 수 있으므로 담보 평가에 더욱 보수적인 입장을 취한다.

담보 외에도 PF 계약에서는 대출 채권을 보호하기 위한 여러 조치가 포함된다. 대표적으로 각종 보증과 약정이 활용된다. 시행사 측에서는 모회사나 대표 이사가 연대 보증을 서거나 추가 신용 공여를 제공하기도 하고, 시공사는 책임 준공 약정을 통해 공사 미완공 시 발생하는 손실을 부담한다. 경우에 따라 제3의 금융 보증 기관으로부터 보증서를 발급받아 채권을 보전하거나, 특정 요건이 미충족될 경우 스폰서의 추가 출자를 의무화하는 조항을 설정하기도 한다. 재무적 약정도 중요한 채권 보전 수단이다. 예를 들어 LTV 유지 조건, 분양률 충족 조건, 추가 차입 제한, 용도 외 자금 사용 금지 등의 약정을 통해 프로젝트 리스크가 증가하지 않도록 통제한다. 이러한 조치들은 대출 기간 동안 채권자의 안전장치로 기능하며, 위반 시 EOD 등 엄격한 조치를 취할 수 있다.

PF 사업에서는 자금의 용도별 관리와 통제가 필수다. 약정서를 통해 자금 관리 체계를 명문화하고, 일반적으로 신탁사 또는 금융 기관이 관리하는 지정 계좌로 집중 운영 한다. 대출금의 인출 조건도 상세히 규정되어, 공사 진행률이나 선행 조건이 충족될 때에만 단계적으로 자금을 인출할 수 있다. 또한 분양 대금 등의 수입 관리 방법도 약정한다. 예컨대 분양 계약금 및 중도금을 수령할 수납 계좌와 이를 대출 상환 및 사업비로 배분하기 위한 관리 계좌를 구분 운영하여 투명성을 확보한다. 자금 관리 대리인을 두어 자금 집행을 감독하고, 승인 없이 자금을 임의로 사용하지 못하게 한다. 이러한 자금 관리 규정은 자금 유용 방지와 우선순위 있는 지출을 보장하여 사업이 계획대로 진행되고 대출 상환 재원이 확보되도록 하는 핵심 장치이다.

EOD는 기한 이익 상실이라고도 하며, 디폴트 상황 발생 시 대주단이 대출금을 즉시 회수할 수 있도록 하는 조항이다. 통상 PF 계약서에는 EOD 사유를 상세히 열거한다. 주요 사유로는 이자 연체, 약정 위반, 분양률의 현저한 미달, 공사 진행 중단, 시행사의 파산 또는 법정 관리 신청, 담보 가치 급락 등이 포함된다. EOD가 선언되면 채권자는 만기 전이라도 대출 원리금의 즉시 상환을 요구할 수 있고, 차주는 만기까지 대출을 사용할 권리를 상실하게 된다. 이는 금융 기관이 채무자 신용 위험이 커졌다고 판단할 때 발동되며 일단 선언되면 대출금 일괄 상환, 담보 처분, 보증인에 대한 청구 등 강제적인 회수 조치가 뒤따른다. EOD 조항은 PF 대출에 있어서 최후의 수단이자 강력한 협상 수단으로 차주에게 약정 준수를 강제하는 효과가 있다. 따라서 시행사 입장에서는 EOD 상황이 발생하지 않도록 사전에 리스크 요인을 관리하는 것이 매우 중요하다. 반대로 사업의 분양이 저조할 때 금융 기관의 위험 회피 수단으로 사용하기도 한다. 예를 들어 선행 조건 중 이행하지 못하거나 까다로운 부분을 찾아 EOD를 선언하고, 책임 준공 미이행 상황으로 만들어 신용도가 높은 시공사나 신탁사에게 채무를 인수시키는 방식이다.

PF 대출은 프로젝트의 현금 흐름으로 상환되는 구조이므로 상환 계획이 현실성 있게 수립되어야 한다. 분양 사업의 경우 분양 대금 납입 일정과 대출 상환 일정을 연계시켜 자금 미스매치를 방지해야 한다. 예를 들어 분양 대금이 들어오는 대로 상환 계좌에 일정 비율 적립하여 선순위 대출부터 순차적으로 상환하도록 약정할 수 있다. 이자 지급 방법도 고려해야 한다. 이자가 사업 중에 발생하지만 경우에 따라 이자 지급을 위한 이자 유보 계좌를 대출금의 일부로 확보해 둘 수 있다. 상환 구조 설계 시 원금 상환은 후순위 대출보다 선순위 대출이 우선되며, 모든 대출 상환이 끝나야 비로소 남은 자금으로 시행사 이익을 실현하거나 시공사 유보금을 지급할 수 있다. PF 계약 체결 시 상환 구조에 관한 조항을 통해 현금 흐름 배분 우선순위를 명확히 정하고, 예상 분양률이나 운영 수익이 달성되지 않을 경우의 대응 방안도 협의해야 한다.

공사비 지급 조건은 PF 구조에 큰 영향을 미치는 요소다. 기성불은 공사 진행분에 따라 대금을 지급하는 방식으로 필요 공사비를 사전에 대부분 대출로서 확보한 후 차례로 지출한다. 이 경우 시행사는 자기 자본과 PF 대출금으로 전체 사업비의 약 75~90%에 해당하는 필수 사업비를 확보하여 공사를 시작하며, 공사 완료 시까지 자금 부족이 없도록 한다. 기성불 조건에서는 보통 공사비의 90% 가량을 공사 중에 지급하고 잔여 10%는 준공 후 지급유보금하는데, 이 10%는 시공사의 이윤에 해당하는 경우가 많아 시공사는 큰 무리 없이 수용할 수 있다. 따라서 기성불 PF에서는 대출금 규모가 커지지만 공사가 안정적으로 진행될 가능성이 높다. 반면 분양불은 분양 수입으로 공사비를 지급하는 방식으로 초기에 공사비 전액을 확보하지 않은 채 사업을 시작한다. 분양 대금이 유입될 때마다 그 중 일정 비율을 시공사에 지급하여 공사비로 충당하며 분양이 되지 않으면 시공사 대금도 지급되지 않는 구조. 이 방식에서는 시공사가 미확보 공사비에 대한 위험을 부담하므로 일반적으로 신용도 높은 건설사의 분양불만 수용된다. 시공사는 높은 리스크를 지는 대신 공사비 단가를 높게 책정하거나 사업 이익에 대한 일부 지분 참여를 요구하여 보상받기도 한다. 분양불 PF는 초기 차입금 부담이 줄어드는 장점이 있으나 분양 실패 시 공사가 중단될 위험이 있으므로 대주단도 시공사의 신용도를 면밀히 검토한다. 계약 체결 시 분양불인지 기성불인지를 명시하고, 분양불의 경우 시공사의 책임 준공 범위와 분양 저조 시 대책을 함께 약정해 두는 것이 바람직하다.

    PF에는 여러 계층의 자금이 투입될 수 있다. 선순위 대출은 가장 먼저 상환받는 안정적 채권으로 금리가 상대적으로 낮고 담보권이 최우선이다. 중순위와 후순위 대출은 선순위 다음 순서로 상환받으며, 위험이 높아 금리가 높다. 계약 체결 시 선·중·후순위 구조를 명확히 하여 각 자금 제공자의 권리와 한도를 규정해야 한다. 특히 각 계층별로 LTV 한도를 설정해 차입 구조를 통제하고, 후순위 투자자에게는 선순위 자금 회수에 대한 동의권 등을 부여해 이해관계를 조정한다. 이러한 컨소시엄을 구성하는 주간 수수료는 대출 금액의 1~2%, 대리 금융 기관 별도 책정 시 연 3-5천만 원, 미인출 수수료 1~2%, 분양 수입 외 중도 상환 수수료 1%가 일반적인 PF 약정 시 책정되는 수준의 비용이다. 취급 수수료는 금융사 사정에 따라서 금리와 연동하여 책정한다. 명확한 취급 수수료와 금리 기준이 있는 것이 아니기 때문에 차주에게는 All-in Cost 금리로 안내하고 있다. 취급 수수료와 금리를 합쳤을 때 금리를 안내하는 것이다. PF 인출 선행 및 후행 조건은 각 사업장 및 대주 상황에 따른 인출 직전 확보 권리 등이 기입된다. 예를 들어 LH 택지의 경우에는 중도금 반환 채권 등의 내용이 기재되며 화재 보험, EOD 선언 사유가 상세히 기재된다. 실제 기한 이익 상실 선언 조건을 2/3 이상의 대주가 동의하지 않으면 EOD선언은 할 수 없다고 기입된 조항이 문제된 적이 있다. 2/3 이상 대주가 동의하면 선언할 수 있다고 생각한 선순위 대주와 대우 명제가 아니므로 전체 동의가 있어야 한다는 후순위 대주의 다툼이었다. 결국 후순위 대주 방식으로 진행되었으며 각 조건은 명확하게 문서에 기재함으로써 분쟁의 여지를 줄이는 것이 바람직하다.

부동산 PF 사업은 분양 시장 상황, 공사 진행, 금융 환경 변화 등에 따라 여러 가지 위험에 직면할 수 있다. PF 계약 단계부터 아래와 같은 리스크 관리 방안을 강구하여 안정성을 높여야 한다. 분양이 계획보다 저조하거나 지연되면 프로젝트에 현금 유입이 부족해져 이자 지급과 원금 상환에 차질이 생긴다. 이를 관리하기 위해 목표 분양율 미달성 시 수수료를 부과하거나 해당 수수료만큼 판촉 행위를 요구할 수 있다. 또한 미분양 대비책도 마련해야 한다. 분양 지연 시 대주단이 인정하는 비상 대책으로 추가 담보 제공이나 스폰서의 자금 지원을 약정할 수 있다. 일부 PF에서는 미분양 담보 대출 확약서를 체결하여, 분양이 끝까지 안 될 경우 제3의 금융 기관이 미분양 물량을 담보로 대출을 제공하거나 채권을 인수하도록 장치한다. 분양 지연이 장기화될 경우를 대비해 이자 보상 준비금을 충분히 확보하고, 필요 시 분양성 강화 전략(가격 조정, 마케팅 비용 투입 등)을 시행사가 실행하도록 합의한다. 가장 중요한 것은 분양 상황을 정기적으로 모니터링하여 조기에 경고 신호를 포착하고, 대주단과 시행사가 협력해 판매 전략 조정이나 리파이낸싱 등 대응책을 신속히 시행하는 것이다.

　공사 기간 중 자재비, 인건비 상승이나 설계 변경 등으로 공사비가 증액될 가능성이 있다. 공사비가 크게 늘면 당초 책정된 PF 자금과 자기 자본으로는 부족해져 공사 중단 또는 추가 차입이 필요해질 수 있다. 이를 방지하기 위해 충분한 예비비를 사업비에 포함하고, PF 대출 약정에서도 예비비 사용 규정을 명시한다. 또한 시공사와 고정가 계약을 체결하여 웬만한 원가 증가 위험을 시공사가 흡수하도록 할 수 있다. 만약 변동

폭이 큰 자재 가격이 우려된다면 슬라이딩 조항을 두어 일부 증액은 시행사와 시공사가 분담하도록 정하기도 한다. PF 계약에서는 공사비 초과 시 자금 조달 방안도 사전에 계획한다. 예컨대 일정 범위를 넘는 초과 비용은 시행사 추가 출자로 충당하거나 시공사가 후순위 대여 형태로 부담하고 추후 분양 수입으로 상환받도록 약속할 수 있다. 그리고 공사 진행 중에는 정례 보고와 현장 점검을 통해 예산 집행을 통제하고, 변화 조짐이 있을 때 즉각 원인 분석 및 대책을 수립해야 한다. 이러한 방안들로 공사비 상승 위험을 관리하여, 공사가 자금 부족으로 중단되지 않고 완료되도록 유도해야 한다.

부동산 경기 하락이나 경기 침체로 인해 분양가 하락, 판매 저조, 임대 수요 감소 등이 발생하면 PF 사업의 수익성이 악화된다. 이는 대출 상환에 직접적인 위험으로 작용한다. 시장 침체에 대비해 보수적인 사업성 분석과 여유 있는 금융 구조를 갖추는 것이 선행되어야 한다. 예를 들어 분양가를 낙관적으로 책정하지 않고 시장 하방 시나리오로 사업성을 검토하며 예상 분양률 미달 상황에서도 손익 분기점을 넘길 수 있도록 자기 자본 비율을 높인다. 정부 정책 변화나 금리 상승도 시장 침체를 심화시킬 수 있으므로 금리 변동 리스크 헤지고정 금리 조달, 금리 스왑 계약 등와 정책 동향 모니터링도 중요하다. 시장 침체기에는 사업 속도 조절, 비용 절감, 추가 자본 투입 등이 필요하며, 이러한 대응 방안을 사전에 합의해 두면 위기 시 신속한 대응이 가능하다.

PF 구조에서는 참여자의 신용 보강을 통해 위험을 줄이기도 한다. 대표적으로 시공사의 책임 준공 및 지급 보증이 있다. 시공사가 책임 준공을 확약할 경우 미분양이나 자금 부족과 관계없이 자체 신용으로 공사를 완공해야 하므로 대주단 입장에서는 사업 안정성이 확보된다. 금융 기관의 지급 보증을 활용하는 방식도 있다. 예를 들어 HUG의 PF 보증을 받으면 분양 대금으로 대출을 상환하지 못할 경우 HUG가 금융 기관에 대해 보증 의무를 이행하게 되므로 금융 기관은 대출 회수에 대한 안정성을 확보할 수 있다. 이러한 신용 보강책은 수수료나 보증 비용이 수반되지만 어려운 시장 환경에서는 PF 성사를 위한 필수 조건이 되기도 한다. 이 밖에 보험 가입으로 예기치 못한 사고에 대비하고, 인허가 지연이나 소송 발생 등의 리스크에 대해서도 전문가 검토를 거쳐 계약서에 특약 조건을 넣을 수 있다.

내용을 종합하면 부동산 개발 관련 PF 계약은 복잡하지만 각 요소를 면밀히 검토하고 적절한 보호 장치를 마련하면 리스크를 통제하면서도 프로젝트를 성공적으로 추진할 수 있는 해결책이 된다. PF 조건을 수립할 때 사업 특성에 따른 맞춤 설계가 필요하며 각 조항이 상호 연관 되어 있으므로 종합적인 시각에서 균형 있게 검토해야 한다. 무엇보다 투명한 소통과 사전 대비가 PF 성공의 열쇠이므로, 모든 참여자들이 공통의 목표 아래 역할을 다할 수 있도록 계약을 체계적으로 구성하는 것이 중요하다.

PF 계약 구성 요소

기본 약정서	구성 문서
사업 및 대출 약정서	📄 대출 실행 요청서 📄 사업 시행권 포기 및 양도 각서 📄 사업 주체 명의 변경 동의서 📄 건축주 명의 변경 동의서 📄 시공권 유치권 포기 각서 📄 책임 준공 확약서 📄 연대 보증
책임 준공 관리형 토지 신탁	📄 책임 준공 이행 확약서
예금 채권 근질권 설정 계약서	📄 근질권 설정 등의 승낙서
주식 근질권 설정 계약서	📄 처분승 낙서, 양도 증서 및 위임장
화재 보험 근질권 설정 계약서	📄 근질권 설정 통지 및 승낙서
토지 매매 계약서	📄 대상 토지의 소재지, 면적 등 📄 매도인 / 매수인 정보 📄 매매 대금 총액, 지급 방법, 시기 등 📄 손해 배상 명시
도급 계약서	공사 기간, 착공일 및 공사 대금 📄 책임 준공 및 손해 배상 책임 📄 지체 상금 📄 하자 담보 책임 📄 하도급 계약 관련 📄 유치권
업무 위탁 계약서	📄 SPC의 업무 관리
자산 관리 위탁 계약서	📄 SPC의 자산 관리

유동화 증권 인수 약정서	📄 ABL 및 ABCP 등 증권 회사의 인수 또는 매입 약정 관련 📄 금융 회사의 신용 공여
사모 사채 인수 계약서	📄 금전 채권 신탁 계약 등에 따른 부속 약정서

계약
선매각 / 선임차 계약

　부동산 개발 사업의 선매각 계약은 말 그대로 준공 전에 미리 매각을 확정 짓는 계약을 뜻한다. 이는 주택 분양 시장의 선분양과 비슷한 개념으로 건물이 준공되고 임차인이 입주하기 이전에 매매를 완료해 두는 방식이다. 업계에서는 이를 두고 미리 사업 뒷 단을 막아 놓는다고 표현하기도 한다. 즉 개발 사업의 출구 전략을 PF 혹은 착공 이전에 확보해 두는 것이다.

　매각 계약의 주요 목적은 개발 사업자의 위험을 낮추고 자금 조달을 원활하게 하기 위함이다. 개발 사업자는 프로젝트 완료 후 부동산을 팔지 못하면 막대한 미분양 또는 미매각 리스크를 떠안게 된다. 선매각 계약을 맺으면 사업 준공 후 정해진 가격으로 매입해 줄 최종 매수자가 확보되므로 준공 후 시장 상황 악화로 인한 손실 위험을 크게 줄일 수 있다. 금융 기관 입장에서도 사업 수익이 이미 확보된 상태로 인식되기 때문에 프로젝트 파이낸싱 자금 조달이 수월해지는 장점이 있다. 요컨대 선매각 계약은 개발 사업자의 Exit 전략으로서 완공과 동시에 확정 매각 대금을 회수하여 PF 대출 등을 상환할 수 있게 해 주는 장치이다.

선매각 계약은 일반적으로 시행사와 매수 예정자 간에 맺는다. 투자자는 주로 자산운용사, 리츠REITs, 기관 투자자, 대형 실수요 기업 등이 될 수 있다. 계약 형태는 프로젝트 완료를 조건으로 하는 매매 예약의 형식이며, 통상 계약금을 선지급하고 준공 시 잔금을 치르는 구조다. 개발 사업자는 이 계약을 통해 개발 단계에서 미래 현금 흐름을 미리 확정하여 안정적으로 공사를 진행할 수 있고, 확보한 계약금을 에쿼티로 활용할 수도 있다. 선매각 확약은 해결사 역할을 수행하기도 하지만 인플레이션, 불경기 등 악재가 겹칠 때는 계약이 취소가 되는 경우도 볼 수 있다. 운영 수익이 나지 않거나 매매가가 떨어지는 경우 물류 센터, 데이터 센터 등의 사업에서 선매각 계약이 취소되었다. 투자자 입장에서는 실제 사용 가능한 임차인이 구해지지 않을 때 더 많이 계약을 취소하게 되는데, 이러한 사유로 PF 시 금융 기관은 선임차사를 매입사와 함께 확보하는 것을 선호하게 되었다.

선임차 계약은 완공 후 건물의 임차인을 미리 확보하는 계약을 말한다. 개발 단계에서 향후 임차인이 임대차 계약을 체결하여 일정 기간 임대료를 지급하겠다는 확약을 받아 두는 형태이며, 이를 선임차 확약이라고도 부른다. 쉽게 말해 착공 전에 핵심 임차인을 미리 구해 두어 건물의 수익성을 담보하는 방식이다. 예컨대 오피스 빌딩 개발 시 주요 공간을 임차할 앵커 테넌트를 미리 계약하거나 물류 센터 개발 시 핵심 화주 기업과 임대차 MOU를 맺는 식이다. 선임차 계약의 목적 역시 공실 위험을 사전에 제거하고 금융 조달을 원활히 하는 것에 있다. 임대차 확약이 있으면 준공 이후 공실률에 대한 우려가 감소하고 안정적인 임대 수익이 예상되므로 PF 대주단을 설득하기가 훨씬 용이하다. 실제로 최근 데이터 센터나 물류 센터 개발 사업에서도 공실 리스크를 사전에 차단하기 위해 착공 전 선임차 확약서를 확보하려는 움직임이 늘고 있다.

데이터 센터는 토지 담보액 대비 건축 공사비가 높다. 메가와트당 190억, 평당 공사비로는 2900만 원 정도가 되는 데이터 센터는 선임차가 없으면 PF가 어렵다. 준공 전 담보가 될 수 있는 토지 가격의 비율이 낮기 때문에 데이터 센터가 부동산 금융이라기보다는 기업 금융이 아니냐는 분석도 함께 나오고 있다. 최근 AI 수요 증가와 클라우드 산업 성장으로 데이터 센터 수요는 증가 추세지만, 그만큼 신규 공급도 늘어나고 있고 데이터 집약 기술도 발전하고 있기 때문에 수요 확보에 실패하면 공실 위험이 커질 수 있다. 이러한 특성 때문에 많은 데이터 센터 시행사는 사업 안정성을 높이기 위해 주요 조건 충족 후 핵심 임차인에 선임차 확약서를 받아 내는 데 사활을 걸고 있다. 데이터 센터의 임차인으로 대주단이 인정해 주는 곳은 국내 기업은 네이버, 카카오 혹은 통신 3사 정도이다. 하지만 이들은 직접 개발이 가능한 임차사이기 때문에 일정 이상의 금액으로 임차료를 지불하지 않는다. 데이터 센터는 토지 대비 공사비가 큰 사업 영역이기 때문에 임차사 없이 PF가 불가능하다. 임차사 입장에서는 자체 개발 하는 것보다 임대료가 저렴한 수준일 때 매력을 느낄 수밖에 없다. 결국 인허가 등의 리스크로 국내 직접 개발이 어려운 해외 임차사나 국내 회사 중 중견 규모의 임차사에게 비싼 값에 임차 확약을 받은 뒤 신용 등급이 좋은 회사에 해당 상품의 운영권을 판매하는 방식으로 임차사를 구하는 방식으로 방향이 바뀌게 되었다. 선임차 확약을 통해 준공 직후부터 일정 수준의 임대료 현금 흐름이 보장되면 금융 기관 입장에서는 대출금의 이자 상환과 원금 상환 재원이 확보된다고 판단할 수 있다. 개발사 입장에서도 공실 상태로 자산을 홀로 떠안는 위험을 피할 수 있고, 운영 초기의 현금 흐름 불안을 해소하게 된다. 시행사는 수익 극대화를 위해 선임차 계약을 진행할 때 전체 면적이 아닌 일부 면적에 대해서만 확약을 맺고, 나머지 공간은 준공 후 임차인을 찾는 식으로 진행하는 경우가 많다. 모든 공간에 대해 임대를 선확보하는 것은 현실적으로 어려우며, 임대료를 개발 단계에서 미리 고정하면 향후 임대 시장 호전에 따른 수익 상승 여력을 포기해야 하는 단점이 있기 때문이다. 예를 들어 선임차 계약으로 임대료를 100으로 정해 두었다면 나중에 시세가 150으로 올라도 추가 이익을 얻을 수 없게 된다. 따라서 선임차율은 사업 안정성과 수익성의 균형을 고려해 결정해야 한다. 또한 데이터 센터는 전문 운영 능력이 중요하고 자산의 규모가 커서 선매각보다는 다양한 기업운영사, 전문 건설 업체, 투자자 등의 지분 투자 유치와 선임차 확보가 병행되는 경향이 있다.

　물류 센터 개발에서 선매각 및 선임차 계약은 필수 전략이다. 물류 센터는 수요층이 한정되어 있고 이커머스 성장 둔화나 공급 과잉 등 변수가 많아 개발사 입장에서 리스크가 큰 분야다. 이를 헷지하고 안정적인 PF를 위하여 선매입 계약을 진행하는데, 물류 센터 시장이 급변하면서 선매각 계약의 이행 문제도 나타났다. 저금리와 물류 센터 호황기에 맺은 선매각 확약이 준공 시점의 시장 악화로 파기되는 사례가 등장한 것이다. 실제로 2020년에 A 투자 운용이 인천의 한 냉동 물류 센터를 2,000억 원에 선매입하기로 확약했지만, 2023년 준공을 앞두고 매입을 거부하여 소송전으로 번졌다. 선매입 확약 당시 선매입사는 계약금 100억 원까지 지급했으나 시행사의 하도급 공사비 미지급 및 유치권 문제 등을 이유로 매수를 완료하지 않고 계약금 반환 소송을 제기한 상황이다. 단순히 생각해도 시세가 100억 이상 떨어졌는데, 계약의 이행이 없었다면 그대로 구매하는 것이 오히려 배임이지 않을까라는 생각도 들었다. 이 사례는 계약 당사자 간에 시장 상황 변화에 따른 이해 충돌이 얼마나 심각해질 수 있는지를 보여 준다. 계약 이행중도금이 없다면 금리 상승 등으로 캡레이트가 초기 계약 대비 높아질 경우 선매입을 약정한 기관들이 계약금을 포기하고서라도 매입을 철회할 가능성 역시 높다고 할 수 있다.

　부실화 된 PF 사업장이나 NPL 투자에서도 선매각·선임차 계약이 구원 투수 역할을 할 수 있다. 부동산 PF 대출이 부실해져 NPL로 거래될 때 새로운 인수자는 해당 사업장의 가치를 높이기 위해 사업 구조를 재편한다. 이 과정에서 미리 매수 희망자를 확보하여 선매각 계약을 체결하거나 핵심 임차인을 유치해 선임차 확약을 받는 전략이 활용된다. 예를 들어 공사가 중단된 채 경매로 나온 개발지를 인수하려는 투자자가 있다고 가정해 보자. 이 투자자는 인수를 확정 짓기 전에 대형 임차 기업과 임대차 의향서를 체결하거나 완공 시 자산을 매입할 최종 투자자를 미리 섭외할 수 있다. 이렇게 하면 NPL 투자 후 사업 정상화 계획에 대해 금융 기관과 투자자의 신뢰를 얻어 추가 자금 조달이 용이해진다. 실제 시장에서도 PF 사업장 구조 조정 시 기존 금융 기관 출자 전환 및 신규 투자자 유치와 함께 선임차 확보 조건을 붙여 리파이낸싱을 실행하는 사례들이 보고되고 있다. 즉, 신규 자금이 부실 프로젝트에 유입될 때는 얼마나 사업성을 담보할 장치를 마련했는가가 핵심인데, 선매각·선임차 계약은 유력한 방안이다. 특히 NPL 펀드 등은 인수한 부실 채권을 회수하기 위해 프로젝트를 완료해야 하므로 엑시트 전략이 필수다. 선매각 계약을 맺어두면 향후 매각 대금으로 NPL 인수 가격과 대출 상환을 충당할 계산이 서고, 선임차를 확보하면 완공 후 운영 단계에서의 현금 흐름으로 채무 상환을 기대할 수 있다. 이렇듯 부실 채권 투자자도 선매각·선임차를 적극 활용하여 리스크를 분산하고 투자 수익을 확보하려 한다. 다만 부실 사업장의 경우 이해관계인이 다수고 진행 과정이 복잡하므로 이러한 계약을 체결할 때 PF 대출 약정이나 담보권과 충돌이 없는지 법적으로 검토해야 한다. 또한 선매각 계약의 매수자가 끝까지 이행을 보장할 수 있는 신용 있는 주체인지 선임차를 약정한 임차인의 재무 안정성이 충분한지도 따져 보아야 한다.

선매각 및 선임차 계약은 PF 금융 조달에 지대한 영향을 미친다. 가장 직접적인 효과는 PF 대출 심사 통과를 용이하게 한다는 점이다. 금융 기관은 개발 사업의 미래 현금 흐름에 기반하여 대출을 실행하는데, 미매각이나 공실 위험이 해소되면 사업성에 대한 확신이 높아질 수밖에 없다. 앞서 살펴본 대로 선매각 계약이 있으면 대출금 상환 재원인 매각 대금이 확보된 것이고, 선임차 계약이 있으면 준공 후 임대 수익으로 이자 및 원금 상환이 가능할 것으로 기대된다. 결과적으로 PF 대주단은 낮은 위험에 근거해 더 많은 자금을 빌려주거나 금리를 인하하는 등의 조건을 제시할 수 있다. 실제로 부동산 PF 시장이 경색될 때 금융 기관들이 대출 실행 조건으로 선매입이나 선임차 확약을 요구하는 경우가 일반화되었다.

선매입 계약에서는 대출 기관은 매수인이 신뢰할 만한지 매각 대금이 충분한지를 면밀히 검토한다. 필요 시 매수인의 계약 이행 보증이나 일정 이상의 계약금을 담보로 요구하기도 한다. LTV 한도 역시 선매각 가격을 기준으로 산정되기 때문에 일반적인 시세 대비 보수적으로 설정될 수 있다. 반면 선임차 계약의 존재는 PF의 DSCR 산정에 영향을 준다. 즉 선임차로 확보된 임대료 수입분은 확정 수익으로 간주되어 초기 몇 년간의 DSCR 계산에 포함된다. 이를 통해 대출 한도가 늘어나거나 이자 보상 비율 충족이 용이해져 대출 약정 조건을 완화하는 효과가 있다. 또한 선임차 계약은 브릿지론이나 메인 PF 이전 단계의 자금 유치에도 영향을 준다. 예를 들어 착공 전 필요한 브릿지 자금을 조달할 때도 선임차 확약이 있다면 투자자가 보다 안심하고 참여한다. PF 단계에서는 선임차 면적이 몇 퍼센트인지가 대주단 구성과 금리에 반영되는데, 선임차 비율이 높을수록 PF 금리가 낮아지거나 대출 규모가 커질 여지가 있다. 한편 반대로 선매각이나 선임차 확약이 없는 경우에는 금융 조달에 큰 제약을 받는다. 시행사의 신용도나 담보만으로 PF를 구성해야 하므로 대출 금리가 높아지고 인출 조건이 까다로워진다. 다행히 사업성이 뛰어나거나 신용도 높은 모회사가 보증을 서는 경우 등에는 이러한 계약 없이도 PF를 조달할 수 있지만, 이는 예외적인 케이스로 받아들여진다.

선매각·선임차 계약을 맺었다고 해서 리스크가 완전히 사라지는 것은 아니다. 계약상의 리스크와 상대방 신용 리스크가 남는다. 사업이 계획대로 진행되지 않으면 매수인·임차인이 계약을 파기할 수 있다. 예컨대 공사 지연, 허가 취소, 준공 후 시설 하자 등의 문제가 발생하면 선매각 매수자가 인수를 거부하거나 선임차 임차인이 입점을 철회할 위험이 있다. 또한 협의 없는 설계 변경을 빌미로 매입을 취소하거나 가격을 내리는 사례를 볼 수 있었다. 시행사 측이 계약 조건을 충족하지 못하면 이미 받은 계약금을 반환해야 하고, 추가로 손해 배상 청구를 받을 수도 있다.

마지막으로 수익의 기회 손실도 리스크 관리 측면에서 고려해야 한다.

선매각이나 선임차를 하면 사업 리스크를 줄이는 대신 미래의 추가 이익 기회를 일부 포기하게 된다. 이는 앞서 언급한 대로 선매각 시 준공 후 시세 차익을 더 얻을 수 있는 가능성을, 선임차 시 향후 임대료 상승분을 확보하지 못하는 것을 의미한다. 즉, 개발 이익의 일부를 보험료처럼 내는 셈인데, 이 비율을 잘못 산정하면 필요 이상으로 이익을 양보할 수 있다. 예컨대 매우 보수적인 가격에 선매각을 확정 지으면 실제 준공 시 시장이 좋을 경우 개발 이익을 대폭 놓치는 결과가 된다. 따라서 안전과 수익의 균형을 고려한 계약 조건 설정이 중요하다. 개인적으로는 시간 리스크를 가장 높게 치기 때문에 최대한 안전하게 딜을 만들어서 엑시트하고 사업 이익을 유동화시킨 후 다른 사업을 진행하길 권하고 있다.

선매각의 경우 단순한 양해 각서 수준이 아닌, 법적으로 집행력 있는 매매 계약 또는 매매 예약의 형태로 체결해야 안정성이 높다. 계약서에는 매매 목적물과 대금, 잔금 지급 시기 등 본계약 조건을 구체적으로 정하고, 준공 시 소유권 이전을 완료한다는 내용을 명시한다. 선임차의 경우에도 단순 LOC에서 한 걸음 나아가 임대차 계약서 주요 조건에 합의해 두는 편이 안전하다. 임대 면적, 임대료, 임대 기간, 임대 시작일(준공일 연동) 등을 사전에 합의하고, 정식 임대차 계약은 준공 직전에 체결하는 방식으로 진행하기도 한다. 중요한 것은 선확약이 실제 이행으로 이어질 수 있도록 계약의 구속력을 담보하는 것이다.

선매각과 선임차 계약에는 여러 조건부 조항이 포함된다. 대표적으로 준공을 전제로 한 조건부 계약임을 명시하고, 준공 요건을 정의해야 한다. 예를 들어 2027년 12월 31일까지 사용 승인준공필 취득, 연면적 XX㎡ 규모의 물류 센터 완공 등을 조건으로 건다. 또한 선행 의무를 기입해야 한다. 인허가 완료, 일정 기한 내 준공, 하자 보수 의무, 담보권 말소 등과 같은 개발사 측 의무와 계약금 지급, 중도금 일정, 임대 보증금 예치 등과 같은 매수인·임차인 측 의무를 구체화해야 한다. 조건 불이행 시 계약 해제권에 대해서도 명확히 규정하여, 어느 한쪽이 의무를 이행하지 못할 경우 상대방이 계약을 해제할 수 있는 권한이 발생하는지를 분명히 해야 한다.

선매각 계약에서는 계약금, 중도금, 잔금 스케줄을 정하고 계약금 규모를 신중히 결정한다. 계약금은 보통 매매 대금의 5~10% 수준이나 협의에 따라 달라질 수 있다. 매수인이 계약을 일방적으로 파기하면 계약금은 개발사에 귀속되도록 하고, 개발사 귀책으로 계약이 해제되면 계약금 환불은 물론 개발사가 동일 금액을 배상하도록 약정한다. 선임차 계약에서도 임대차 보증금이나 이행 보증금 조항을 둘 수 있다.

PF 이후 선매각 계약이 체결되기 전에 이를 PF 대주단에게 통지하고 승인을 받는 절차가 필요하다. 대출 약정서에는 중요 계약 체결 시 대주단 동의 조항이 있기 때문이다. 또한 대주단은 선매각 계약의 양수도에 관여하게 된다. 대주단이 담보로 해당 부동산에 대한 근저당권을 설정하고 있으므로 잔금 납입과 동시에 담보해지 및 소유권 이전 절차를 어떻게 진행할지 3자 간에 합의해야 한다. 경우에 따라서는 대주단이 선매각 계약의 당사자에 준하는 권리를 확보하기도 한다. 예컨대 매수인이 잔금을 지급하면 우선적으로 PF 대출 상환에 사용한다는 3자 합의서 또는 시행사가 계약 불이행 시 대주단이 시행사 지위를 승계한다는 내용의 약정을 추가하기도 한다. 선임차의 경우에는 임대료 수입에 담보권이 설정될 수 있다. 임대차 계약 논의 시 임대료의 질권 설정이나 계정 통제 등을 PF 금융 기관과 조율해야 한다.

선매각 계약은 부동산 매매의 일종이므로 민법 및 부동산 거래 관련 법령을 준수해야 한다. 특히 대상 자산의 특정성을 확보하고, 향후 소유권 이전을 위한 절차에 법적 하자가 없도록 해야 한다. 또한 공공사업의 경우 선매각 계약에 행정 기관 승인이 필요할 수도 있으므로 사전에 확인한다. 선임차 계약에서도 임대차법 등 관련 법규를 검토하여 임대차 보호법상의 대항력이나 우선 변제권 부여 시점, 임대 사업자 등록 등의 사항을 챙겨야 한다. 임차인이 외국 기업인 경우 외국인 투자 신고나 환율 변동 위험 등도 고려 대상이다.

선매각 계약을 체결할 때 매수인의 자금 조달 계획을 함께 검토해야 한다. 최악의 경우 매수인이 자체 자금으로 살 수 있는지 추가 대출이 필요한지에 따라 거래 종결의 확실성이 달라지기 때문이다. 필요한 경우 매수인의 대출 금융 기관과 PF 대주단 간 크레딧 조율도 선행된다. 선임차의 경우 임차인의 신용도 평가가 중요하다. 임차인의 신용 등급, 재무제표 등을 확인하고, 임대차 보증 보험 가입이나 모회사 지급 보증 등을 요구하여 임대료 지급 불이행 위험에 대비한다. 또한 보험 측면에서도 건설 공사 보험 및 임대인 배상 책임 보험 등을 통해 사업 기간 중 발생할 수 있는 사고나 지연에 대비하고, 혹시 계약 상대방이 이탈하더라도 2차 피해가 최소화 될 수 있도록 설계해야 한다.

선매각 및 선임차 계약은 부동산 개발 PF 금융의 실무에서 핵심적 도구로 자리매김하고 있다. 특히 물류 센터, 데이터 센터처럼 수요가 한정되거나 토지 대비 건물 공사비가 큰 분야에서 더욱 중요하다. 이러한 계약은 사업 추진의 촉매제가 되어 주며 동시에 안전핀 역할을 한다. 선매각·선임차 계약을 적절히 활용하면 PF 자금 조달의 문턱을 낮추고, 사업 완료 후의 불확실성을 크게 줄일 수 있다. 물론 그 이면에는 포기해야 하는 이익과 관리해야 할 새로운 위험도 존재하지만 이는 계약 조건의 정교한 설정과 철저한 사전 검증으로 대응이 가능하다.

계약
분양 계약서

　분양이란 분양 사업자가 부동산 개발 사업에서 일정한 대가를 받고 건축된 건물이나 토지를 일정 부분씩 나누어 판매 또는 공급하는 과정을 말한다. 이는 주로 아파트, 상가, 오피스텔 등과 같은 건물이나 택지, 산업용 부지 등에서 이루어진다. 분양은 부동산 개발 사업의 수익 창출을 위한 중요한 단계이며, 개발 사업의 성공 여부를 결정짓는 핵심 요소다. 이때 분양 사업자는 건축주로서 건축물을 분양하는 자를 말하고, 수분양자_{분양받은}자는 분양 사업자와 건축물의 분양 계약을 체결한 사람을 말한다.

　부동산 선분양은 주택 분양과 비주택 분양으로 나눌 수 있으며, 관련 법령과 절차에 차이가 있다. 주택 분양은 주택법의 규제를 받으며, 비주택 분양은 건축물의 분양에 관한 법률의 적용을 받는다. 두 경우 모두 완공 전에 분양 계약을 체결한다는 공통점이 있지만 분양 절차와 요건에서 차이가 발생한다.

　주택 분양 사업의 경우 관할 관청의 주택 건설 사업계획승인을 받은 후 입주자 모집 공고를 통해 청약을 받는다. 정부 승인과 공고 절차를 거쳐 분양이 시작되고, 수분양자는 청약 경쟁이나 추첨을 통해 분양받을 기회를 얻는다. 반면 비주택 분양은 주택법상의 청약 절차가 적용되지 않아 시행사가 분양 일정을 정해 일반 분양을 실시한다.

주택 분양에서는 수분양자 보호를 위한 법적 장치가 잘 마련되어 있다. 분양 보증이 의무화되어 있어 만약 시행사가 부도나 사업 실패로 분양 이행이 불가능해지면 보증 기관이 대신 분양 대금을 환급하거나 사업을 마무리하여 수분양자를 보호한다. 또한 주택 분양 계약에는 국토교통부 승인 표준 계약서를 사용하고, 약관 규제법 등 소비자 보호 규정의 적용을 받는다. 설계 변경, 지체 상금, 하자 보수 등에 관한 사항도 주택법령 및 표준 약관에 일정 기준이 있다. 예를 들어 계약서에는 약정된 공급 면적, 세대수, 주요 설계 사항 등이 기재되며 추후 부득이 변경될 가능성과 절차가 포함된다. 반면 비주택 분양은 주택법상의 보호 장치가 직접 적용되지 않아 계약 내용에 따라 권리가 결정된다. 대신 건축물 분양에 관한 법률을 통해 분양 보증 또는 신탁이 요구될 수 있고, 부실 공사를 막기 위한 보험 가입, 하자 담보 책임 기간 등의 규정이 있다. 요컨대 주택 분양은 공공 관리와 표준화된 틀 안에서 이루어지고, 비주택 분양은 보다 자유 계약의 성격이 강하다.

분양 계약은 일단 체결되면 당사자에게 법적으로 구속력을 가지며, 임의로 취소하거나 해제하기 어렵다. 분양 계약의 취소 및 해제란 특정 사유가 발생했을 때 계약을 끝내고 원상태로 돌리는 것을 말한다. 실무에서 분양 계약 취소라는 표현을 쓰지만 법적으로는 취소와 해제로 구분된다. 분양 계약에서는 주로 해제가 문제가 되는 편이다. 시행사가 계약 위반을 하는 경우 수분양자는 계약 해제를 요청할 수 있다. 그 이유는 주로 중대한 하자, 설계 변경, 허위 및 과장 광고, 인허가의 문제, 준공 지연이다. 완공된 건물에 심각한 하자가 있어 거주나 사용 목적을 달성할 수 없는 경우 수분양자는 민법의 하자 담보 책임 규정에 따라 계약을 해제할 수 있다. 예를 들어 구조적 안전에 문제가 있거나 설계상의 중대한 결함으로 정상적인 사용이 어려울 정도라면 계약 해제 및 손해 배상이 가능하다. 다만 경미한 하자는 보수나 보상으로 해결되고, 하자의 정도가 계약 해제 사유에 이를 정도로 중대해야 함을 유의해야 한다.

분양 계약 당시 약정된 설계가 일방적으로 변경된 경우에도 해제 사유가 될 수 있다. 예를 들어 공급 면적이 계약 대비 크게 축소되었거나 단지 배치, 동호수, 층수 등 중요한 설계가 수분양자의 동의 없이 변경된 경우가 있다. 이러한 경우 법원은 해당 변경이 계약의 본질적 내용인지, 수분양자에게 미치는 불이익이 중대한지 등을 고려하여 계약 해제를 판단한다. 실무상 계약서에는 부득이한 설계 변경은 관계 법령상 허용되는 범위 내에서 가능하며, 경미한 변경은 해제 사유가 되지 않는다는 취지가 포함된다. 따라서 마감재 색상 일부 변경 등과 같은 경미한 변경은 수분양자가 수인해야 하지만 중대한 변경은 분양자의 채무 불이행으로 보고 계약을 해제할 수 있다. 관련 판례에서도 분양자가 계약상 약속한 본질적인 부분을 이행하지 않으면 수분양자는 계약 해제를 통한 분양 대금 반환을 요구할 수 있다고 판단한다. 반대로 계약서에 구체적으로 명시되지 않은 사항이나 단순 기대에 불과한 사항의 변경은 해제 사유로 인정되지 않는다.

분양 과정에서 분양자가 중대한 사실을 허위로 알리거나 수분양자를 기망하여 계약을 체결한 경우 이는 사기에 의한 의사 표시로서 계약을 취소하거나 해제할 수 있는 사유가 된다. 예를 들어 중요한 시설이나 환경에 대해 사실과 다르게 설명하여 수분양자가 착오에 빠진 경우가 해당한다. 다만 모든 광고가 곧바로 해제 사유로 인정되는 것은 아니다. 대법원은 일반적으로 분양 광고의 내용은 계약의 유인에 불과하며 계약 내용으로 편입되지 않는다고 보고 있다. 광고상 제시된 전망, 일조권, 주변 개발 계획 등의 막연한 기대나 홍보 문구만으로는 계약 해제가 어렵다는 뜻이다. 실제 판례에서도 인접 토지에 고층 건물이 들어서기 어렵다는 분양 담당자의 설명을 믿고 조망 확보를 기대했으나, 이는 주관적 추측일 뿐 구체적 보증으로 볼 수 없어 기망 행위에 해당하지 않는다고 판단하여 계약 해제를 인정하지 않았다. 따라서 허위 광고로 계약을 취소하려면 그 광고 내용이 계약의 중요 부분으로 편입되어 있고 분양자가 그 내용을 사실인 것처럼 확약하거나 악의로 속인 정황을 입증해야 한다. 만약 이러한 입증이 가능하다면 민법 제110조[사기]에 따라 계약을 취소하고 손해 배상을 청구할 수 있다. 아울러 표시·광고의 공정화에 관한 법률 위반으로 분양자를 고발하거나 행정 처분을 구하는 방법도 있다.

인허가가 취소되거나 무효인 경우에도 계약 자체가 무효 또는 해제 대상이 된다. 예를 들어 분양 허가를 받지 않은 불법 분양이었거나 해당 사업이 허용되지 않는 용도에 대해 분양한 경우 수분양자는 계약의 무효를 주장할 수 있다. 또는 사업 시행 인가 조건의 중대한 변경으로 당초 계약의 목적을 달성하기 어려워진 경우에도 해제를 검토할 수 있다.

분양자가 약정한 입주 예정일을 크게 넘겨도 이행하지 못하면 수분양자는 해제를 고려할 수 있다. 일반적으로 분양 계약서에는 분양자의 귀책으로 3개월 이상의 기간 공사가 지연될 경우 수분양자가 계약 해제권을 행사할 수 있다는 조항이 있다. 이러한 경우 수분양자는 내용 증명을 통해 분양자에게 상당 기간 내 이행을 촉구하고, 그래도 이행되지 않으면 계약을 해제한다고 통보한다. 실제로 공사가 장기간 중단되거나 시행사가 부도난 경우 수분양자들은 집단으로 계약 해제를 통보하고 분양 대금 반환을 청구하는 사례가 있다. 다만 주의할 점은 분양자가 지체 후 완공을 해서 입주를 요구하는 상황이 되면 해제권 행사가 어려워질 수 있다는 것이다. 판례에 따르면 적법한 해제 통보 없이 시간이 경과하여 건물이 완공된 경우 수분양자는 계약을 유지한 채 지체 상금 등 지연 배상만 청구할 수 있고 계약 해제는 인정되지 않을 수 있다. 따라서 분양자의 지연이 심각한 경우 시기를 놓치지 않고 적법하게 해제 의사를 표시하는 것이 중요하다.

반대로 최근 시행사가 수분양자의 귀책사유로 계약을 해제하고 계약금을 몰취하는 경우도 있었다. 가장 많은 사유는 중도금 및 잔금 미납 등의 계약 불이행이다. 수분양자가 약정된 중도금을 납부하지 않거나 잔금 지급 기일에 지급을 하지 못하면 이는 채무 불이행에 해당한다. 이 경우 분양자는 계약서에 따라 이행 최고를 한 후에도 이행이 어렵다고 판단되면 계약을 해제할 수 있다. 시행사가 계약 해제를 통보하면 수분양자는 더 이상 해당 상품에 대한 권리를 주장할 수 없게 되고, 시행사는 손해 배상을 청구하게 된다. 대부분의 분양 계약서에는 이때 위약금 조항이 있어서 수분양자의 귀책 해제로 계약이 해제되면 공급 대금의 10%에 해당하는 계약금을 위약금으로 분양자에게 귀속시키도록 정한다. 통상 계약금이 약정된 손해 배상액의 역할을 하며, 시행사는 이미 받은 계약금을 반환하지 않고 몰취하게 된다.

분양 계약 해제 시 시행사가 청구할 수 있는 손해 배상은 계약서 조항에 따른다. 앞서 언급한 계약금 10% 범위 내의 위약금 약정은 통상 유효하게 인정된다. 하지만 그 외에 추가 손해 배상 조항이 있는 경우 법원은 그 공정성을 심사한다. 최근 판례에서도 수분양자의 귀책으로 계약이 해제된 경우 분양자가 계약금 이외에 추가 손해를 청구한 사안에서 법원은 해당 약정들이 과도한지 여부를 판단하였다. 예컨대 중도금 대출 이자의 부담이나 입주 지연으로 인한 관리비 등의 청구에 대해 이는 수분양자의 불이행으로 인해 분양자가 입은 실제 손해에 가깝다면 유효하지만 분양권 재판매로 얻은 손익까지 청구하는 등 이중적인 이득을 취하려는 약정은 무효로 판단될 수 있다. 약관 규제법 등 소비자 보호 법리는 분양 계약에도 적용되어 소비자에게 일방적으로 불리하고 과도한 손해 배상 예정은 무효가 될 수 있다. 법원은 분양자가 요구한 항목별 손해 배상 청구에 대해 어떤 것은 유효, 어떤 것은 무효라고 판단하여 결과적으로 수분양자에게 지나치게 가혹한 부담을 지우는 조항은 받아들이지 않고 있다. 따라서 수분양자는 계약서의 위약금 조항을 꼼꼼히 살펴 과도한 부분이 없는지 확인하고, 분양자 역시 적정 범위 내에서만 손해 배상을 청구해야 추후 법적 분쟁을 예방할 수 있다.

계약서 작성 시 계약서에 명시된 분양자가 누구인지 정확히 확인해야 한다. 원칙적으로 분양자는 시행사이지만, 경우에 따라 시공사나 신탁 회사가 분양자의 지위에 있을 수 있다. 시행사·시공사·신탁사의 역할이 다르므로 추후 문제 발생 시 책임 주체를 혼동하지 않도록 계약서상의 명의를 확인한다. 또한 사업 주체가 여러 회사인 경우 공동 시행 약정이나 연대 보증인이 명기되어 있는지 살핀다.

계약서에 기재된 분양 대상 부동산의 표시(아파트 동·호수, 층수, 공급 면적 등)는 반드시 확인해야 한다. 공급 면적은 전용 면적과 공용 면적의 합계로 표시되는데, 실제 건축물대장상 면적과 차이가 없는지 주의한다. 종종 계약서상 면적과 준공 후 면적이 달라 분쟁이 발생하므로 계약서에 면적 변경 시 처리 방법, 일정 오차 범위, 내면 정산 등이 규정되어 있는지 본다. 또한 도면과 계약 내용이 일치하는지 확인하고, 계약서에 설계 도서나 스펙 표 등이 첨부되어 있다면 그 내용을 꼼꼼히 검토해야 한다. 특히 마감재 품질, 옵션 사항, 층고, 발코니 확장 등 중요한 요소는 구두 설명이 아닌 문서로 명시되어야 추후 입증이 가능하다.

등기부 등본과 사업 승인 서류를 사전에 확인하여 토지 소유권, 저당권 설정 여부 등과 같은 분양 대상 부동산에 대한 권리관계에 문제가 없는지 점검한다. 시행사가 토지를 확보하지 않고 분양을 하는 경우도 있으므로 토지 소유권 확보 여부는 중요하다. 또한 해당 사업이 필요한 인허가를 모두 득한 상태인지 확인한다. 입주자 모집 공고문은 승인된 내용을 담고 있으므로 계약 전 반드시 공고문을 입수하여 사업 개요와 분양 조건을 살펴본다.

계약금, 중도금, 잔금의 금액과 납부 일정이 정확히 명시되어 있는지 확인한다. 중도금을 납부할 때 이자 부담 여부가 계약서나 안내문에 설명되어 있어야 한다. 중도금 대출을 받을 금융 기관과 한도, 이율도 중요 사항이므로 가능하다면 이를 확인하고 계약한다. 잔금 납부 시기는 통상 사용 검사 이후 입주일 이전으로 정해지는데, 구체 일자가 적혀 있는지, 연체 시 이자 조건은 어떻게 되는지 살펴야 한다. 금전 거래이니 만큼 모든 납부에 대해 영수증이나 증빙을 받아 두고, 등기 이전까지 분양 대금 완납 증명서를 확보하는 것이 좋다.

공동 주택 분양을 받을 때는 반드시 주택 분양 보증서 발급 여부를 확인해야 한다. 주택 분양의 경우 의무적으로 주택 도시 보증 공사HUG 등의 보증서가 발급되며, 계약서에 보증 기관과 보증 증권 번호가 기재된다. 이 보증은 만약 시행사가 파산 등으로 분양을 완료하지 못할 때 수분양자에게 납입금을 돌려주거나 주택을 대신 공급해 주는 안전장치이다. 비주택 분양의 경우에도 신탁 회사와의 분양 관리 신탁 계약이나 지급 보증서 등이 있을 수 있으므로 계약금 등의 보호 장치를 반드시 확인해야 한다. 보증이 없다면 향후 사업 실패 시 큰 위험을 질 수 있다. 실례로 노인 복지 주택은 임대 상품으로 보증서가 없는데, 보증금에 대해서 시공사의 연대 보증이 함께 제공되는 상품과 아닌 경우가 있었다. 실제 사고로는 이어지지 않았지만 해당 사항을 꼼꼼하게 검토해야 분양 후 미연의 사태에 방지할 수 있다.

계약서에 공사 진행 중 경미한 설계 변경이나 면적 증감 허용 범위가 규정되어 있는지 확인한다. 예를 들어 실측 면적이 공급 면적 대비 ±3% 이내 변동될 수 있으며, 해당 범위 내에서는 계약 금액 변경이나 계약 해제 사유가 되지 않는다는 식의 문구가 있을 수 있다. 이러한 범위를 넘는 변화가 생길 경우 추가분에 대한 정산 또는 해제 권한 등이 계약서에 정해져 있는지 확인해야 한다. 그래야 나중에 면적이나 구조 변경이 발생했을 때 자신의 권리를 주장할 수 있다. 공정 거래 위원회의 표준 분양 계약서를 참고하면 중요한 조항들을 빠뜨리지 않고 점검할 수 있으므로 유용하다.

분양 계약 체결 후 입주 전에 분쟁이 발생할 수 있다. 그럴 경우 가장 먼저 계약서 조항을 다시 살펴봐야 한다. 문제가 되고 있는 사안에 대해 계약서에 정해 둔 절차나 권리 규정이 있는지 확인한다. 또한 관련 법령에 특별한 규정이 있는지도 검토한다. 이 단계에서 자신의 요구가 계약서상 근거가 있는지 알 수 있고, 어떤 조치를 취해야 하는지 방향을 잡을 수 있다. 그 후 분쟁 원인에 대해 우선 서면으로 시정을 요청한다. 내용 증명 우편 등을 활용하여 문제점을 지적하고 계약상의 권리를 근거로 시정 요구나 해제 의사를 명확히 전달한다. 예컨대 입주 지연의 경우 OO까지 입주 못하면 계약을 해제하겠다는 취지의 통지를 한다. 시행사 측 잘못이 명백할 때는 사전에 원만히 합의해 계약 해제 및 환급에 동의하도록 설득을 시도할 수도 있다. 시정 요구에도 불구하고 문제가 해결되지 않으면 계약 해제 절차를 밟는다. 해제 사유가 있다면 앞서 보낸 내용 증명 등으로 해제 의사를 밝히고 이미 납부한 분양 대금의 환급을 청구한다. 분양자 측에서 응하지 않으면 법원에 소송을 제기해야 한다. 이때 해제 사유와 경위를 입증할 수 있는 자료를 충분히 확보해 두어야 한다. 하자나 설계 변경과 같은 사안은 감정인의 감정서 등이 증거로 요구되기도 하므로 전문 기관의 도움을 받아 증거를 마련한다. 단순 해제에 그치지 않고 추가적인 손해가 발생했다면 손해 배상도 함께 청구한다. 예를 들어 입주 지연으로 인한 추가 주거 비용이나 허위 광고로 인한 정신적

피해 등이 있다면 구체적으로 입증하여 청구한다. 다만 향후 기대 이익에 대한 배상 청구는 소멸될 수 있으므로 실제 지출한 손해 위주로 청구하는 것이 현실적이다. 분양자가 부도 등으로 연락이 닿지 않거나 환급에 응할 수 없는 상황이라면 분양 보증 기관에 연락하여 구제받는다. 주택 분양 보증의 경우 보증 기관인 주택 도시 보증 공사HUG가 개입하여 수분양자에게 납입금을 환급하거나 사업을 이어받을 수 있다. 따라서 이런 비상 상황에서는 보증서에 기재된 절차대로 신속히 신고하고 청구서를 제출한다. 반대로 수분양자 사정으로 계약을 이행하기 어려운 경우 우선 분양자와 협의를 모색한다. 가령 부득이 자금 조달이 어려워졌다면 사실을 알리고 합의 해제를 요청해 볼 수 있다. 이때 계약금 반환은 포기해야 할 수 있지만 계약을 공식적으로 해제해 두어야 나중에 위약금 이상의 청구를 막고 깔끔히 정리할 수 있다. 혹은 분양권 전매를 통해 다른 투자자나 매수인에게 권리를 넘기는 방법도 고려한다. 계약서상 전매 제한이 없다면 분양자의 승인 하에 새로운 매수인을 찾아와 계약을 승계시키는 것이다. 필자 역시 자체적으로 전매를 받을 수분양자를 찾아서 승계시켜 분쟁하지 않고 원만한 합의를 이끌어 낸 적이 있다. 의사소통을 통해 합리적인 해결책을 찾는 것이 상책이다. 당사자 간 합의가 어렵다면 법적 분쟁으로 갈 수밖에 없다. 이때 대한 주택 건설 협회나 각 지자체의 주택 분쟁 조정 위원회에 조정을 신청해 볼 수 있다. 조정은 소송보다 비용과 시간이 적게 들고 원만한 합의를 유도하기 때문에 활용할 만하다. 조정에서도 해결이 안 되면 민사 소송으로 분양 대금 반환 청구나 손해 배상 청구를 진행하게 된다. 소송에서는 앞서 준비한 증거들을 제출하고 해제 사유를 주장해야 한다. 하자 문제는 하자 담보 책임 기간 내에 하자 보수 청구 소송을 제기하거나 지자체의 하자 심사 분쟁 조정 위원회 절차를 이용할 수 있다. 허위 광고나 기망의 경우 형사 고소를 검토하여 압박하는 방법도 있다. 분양권 전매 과정의 분쟁은 전매를 연결한 부동산 중개업자를 통해 3자 합의를 끌어내는 등 케이스별로 적절한 대응을 추천한다.

결론적으로 부동산 분양 계약은 체결부터 이행, 종료까지 법률적으로 복잡한 측면이 있으므로 계약 단계에서 신중을 기하고, 문제 발생 시에는 계약서 조항과 법률에 따른 합리적인 대응을 해야 한다. 분양 계약서는 장기간 효력이 지속되는 만큼 처음부터 꼼꼼히 작성하고, 분쟁 소지가 있는 부분은 사전에 정리해 두는 것이 최선의 예방책이다.

분양 계약과 관련된 실제 5가지 사례를 통해서 더 상세하게 살펴보면 다음과 같다. 첫째, 생활형 숙박 시설의 주거 가능 광고. 1가구 1주택 규제를 회피하려는 투자자들이 생활형 숙박 시설을 주거용으로 사용 가능하다는 광고를 보고 계약을 체결한 뒤 해제를 요청했다. 법원은 거래의 중요한 사항에 대해 허위로 고지한 경우 기망 행위로 인정될 수 있으나, 일반 상거래의 과장된 광고는 기망성이 부족하다고 판단했다. 착오 취소의 경우도 착오가 법률 행위의 내용으로 표시되어야 하고, 법원은 수분양자가 작성한 확인서 등을 고려하여 주거용으로 사용할 수 있다는 착오가 계약 내용에 포함되지 않는다고 판단한 바 있다.

둘째, 전매 제한과 관련된 분양 계약의 취소다. 수분양자들이 전매 제한에 대한 고지 부족 또는 허위 안내를 이유로 기망 또는 착오를 주장한 바 있다. 법원은 이 경우 광고의 허위성, 분양 대행사 직원의 적극적 기망 행위 유무, 전매 제한 고지 여부 등을 종합적으로 판단하며, 분양 과정에서 전매 제한에 대한 명확한 안내가 이루어진 경우에는 기망으로 보지 않는다. 또한 착오 취소 주장에 대해서는 전매 목적은 계약 체결의 동기에 불과하므로 원칙적으로 착오 취소의 사유가 되지 않는다고 본다. 다만, 그 동기가 계약 내용에 표시되었거나 상대방이 이를 알았던 경우에는 예외적으로 착오에 의한 취소가 인정될 수 있다.

셋째, 방문 판매법 적용 여부다. 법원은 임대 수익을 위한 경우 소비자성을 부정하므로 방문 판매법이 적용되지 않는다고 판단하고 있다. 분양 홍보관 방문 경위에 따라 방문 판매 행위 자체가 인정되지 않을 수 있고, 철회권을 행사할 수 없다고 판단한 사례가 있다. 이러한 사유로 분양 영업 사원들은 대부분 모델 하우스 방문을 유도하여 판매를 진행하고 있다.

넷째, 설계 변경으로 인한 분양 계약 해제를 요청하는 경우다. 설계 변경이 수분양자의 이해관계에 중대한 영향을 줄 경우 동의를 받아야 한다. 포괄적 동의서가 있을 경우 별도의 동의가 필요 없다고 보는 경향이 있고, 잔금 납부 시 포괄 동의서를 작성하는 경우가 많아 설계 변경으로 소송을 걸 예정이면 미리 소를 제기하는 것이 맞다.

다섯째, 상가나 오피스텔 필수 시설물에 대한 고지 의무 위반으로 분양 계약을 취소하는 것이다. 중요한 시설물의 존재, 위치, 면적 등을 고지하지 않은 경우 분양 계약은 취소될 수 있다. 하지만 고지되지 않더라도 분양받은 자가 명백히 인지할 수 있는 경우는 또 다른 쟁점이 되고 있다.

반대로 실거주가 된다는 내용으로 생활형 숙박 시설을 판매하였는데, 시행사 측에서 제공한 홍보 책자 등에 구체적인 실거주 방식이 있는 경우 분양 계약 취소가 승인된 사례가 있다. 또한 상가와 전면 도로에 방음벽이 존재할 경우 유동 인구의 유입을 촉진하지 못하므로 방음벽 고지가 없던 상가 분양에 대해서도 분양 계약 취소 소송이 수분양자의 손을 들어줬다.

이처럼 소송은 옳고 그름을 따진다기보다는 법리에 의한 판단과 증거를 중시하는 절차라고 생각하면 되겠다. 우리 역시 경제적 손익에 의하여 소를 제기하기 때문이다.

- NPL 기본 개념과 유동화 구조
- 대부업체를 통한 부실 채권 투자
- 경매와 공매
- 인수 및 평가
- 유동화 구조

NPL 기본 개념과 유동화 구조

NPL Non-Performing Loan, 부실 채권과 일반 채권 투자는 여러 측면에서 차이가 있다. NPL은 채무자가 약정된 기한 내에 원리금을 상환하지 못해 연체 상태에 빠진 채권을 의미한다. 이러한 채권은 금융 기관의 자산 건전성에 악영향을 미치기 때문에 시장에서 매각되거나 유동화 과정을 통해 정리된다.

고정 이하 여신으로 분류될 경우 일정 부분 대손 충당금을 적립해야 한다. 이로 인하여 추정 손실이 아닌 고정 이하 여신부터 NPL이라고 실무에서 이야기 된다. 반면 일반 채권은 정상적으로 원리금 상환이 이루어지고 있는 채권으로 채무자의 신용 상태가 안정적이며 회수 가능성이 높은 것이 특징이다.

NPL 투자는 채권을 할인된 가격으로 매입한 후 담보물의 처분이나 채무 재조정, 법적 절차 경매, 공매 등를 통해 수익을 창출한다. 특히 NPL은 담보가 설정된 경우가 많아 담보물의 가치가 투자 성패를 결정짓는 핵심 요소다. 낮은 매입가 대비 회수율이 높으면 큰 수익을 얻을 수 있지만 실패할 경우 원금을 잃을 위험도 있다. 반면 일반 채권 투자는 채권을 통해 정기적인 이자 수익과 원금 상환을 기대하며 수익 구조가 예측 가능하고 안정적이다. 수익률은 상대적으로 낮지만, 원리금 상환이 예정된 기일에 이루어지므로 신뢰도가 높다. 분양이 완료된 상품을 비교적 안전한 상품에 치중하는 시중 은행에 매각하는 것이 대표적인 예라고 할 수 있다.

위험성 측면에서 NPL 투자는 높은 리스크를 동반한다. 먼저 담보물의 가치를 철저히 평가해야 하며 위치, 용도, 공법적 제한, 권리관계 등을 분석해 회수 가능성을 판단해야 한다. 채무자의 상환 능력과 회생 가능성도 고려해야 하며 부실 사유나 업종의 특성을 파악하지 못하면 추가적인 리스크가 발생할 수 있다.

법적 리스크 역시 중요한 요소다. NPL의 회수는 경매나 공매를 통해 진행되는 경우가 많으므로 저당권, 선순위 및 후순위 담보권 등 권리관계를 명확히 해야 하고, 분쟁이나 소송이 발생할 경우 추가 비용과 시간이 소요될 수 있다는 점을 인지해야 한다. 또한 부동산 시장의 경기, 정책 변화, 금리 인상과 같은 외부 요인도 투자 성패에 큰 영향을 미친다. 일반 채권은 채무자의 신용 상태가 유지되면 대부분 원리금 상환이 정상적으로 이루어지기 때문에 상대적으로 안정적이다. 그러나 채무자가 중도에 파산하거나 신용 등급이 하락하면 손실이 발생할 수 있다.

회수 방식에서도 NPL과 일반 채권은 차이를 보인다. NPL은 채권을 회수하기 위해 법적 절차를 밟아 담보물을 처분하거나 채무 재조정을 통해 수익을 확보한다. 이 과정에서 시간이 오래 걸리거나 추가 비용이 발생할 수 있지만, 담보물 가치에 따라 높은 수익을 기대할 수 있다. 반면 일반 채권은 법적 절차 없이 채무자가 기일에 맞게 원리금과 이자를 상환하므로 회수 과정이 간단하고 예측 가능하다.

투자 전략도 서로 다르다. NPL 투자는 목적에 따라 단기와 장기 전략으로 나뉜다. 단기적으로는 경매나 공매를 통해 담보물을 빠르게 처분하고, 장기적으로는 담보물의 가치 상승이나 리모델링을 통해 수익을 극대화할 수 있다. 반면 일반 채권은 안정적인 현금 흐름을 확보하며 계획된 수익을 지속적으로 관리한다.

경기 불황이 지속되고 금융 당국에서 압박을 진행하면 부실 채권이 많아질 것이라 예측하는 투자자가 많다. 하지만 금융의 역사에서 살펴보았듯이 4년에 걸쳐 단계적으로 채권을 처분하는 것이 일반적이다. 일시적인 충격을 버틸 체력이 없기 때문이다. 금융 기관은 감독 기관의 지시를 준수하려고 노력하지만 부실 처리에 대해서는 보수적이다. 그 이유는 손실을 금융 당국이 해결해 줄 수 없기 때문이다. 금융 기관 역시 이익을 추구하는 사기업이다. 투자 시 금융 기관이 가져가는 추가 손실과 확정 손실 그리고 성과 반영 시기 등을 유심히 살피면 미들 리스크 하이 리턴 전략이 가능할 수 있다.

항목	NPL 투자	일반 채권 투자
성격	부실화 된 채권, 담보 기반	정상 상환 채권, 신용 기반
수익 구조	담보물 회수, 채무 조정	정해진 이자와 원금 상환
위험성	높음(법적 리스크, 회수 불확실성)	낮음(신용 등급에 따라 안정적)
회수 방식	법적 절차(경매·공매) 및 협상	계약에 따른 이자 지급 및 원금 상환
시장	NPL 시장(1차, 2차, 3차 시장)	채권 시장(국채, 회사채, 금융채 등)
수익률	고위험 고수익	저위험 저수익

대손 충당금이란?

대손 충당금은 금융 회사가 채권을 보유하고 있을 때 **채무자의 상환 불이행(부도)** 등으로 인해 발생할 수 있는 손실에 대비해 미리 적립해 두는 비용이다. 부실 채권이 발생하거나 상환 가능성이 낮아질 경우 금융 회사는 회계상 대손 충당금을 더 많이 쌓아야 한다. 이 과정에서 금융 회사의 순이익은 줄어들고 재무제표에 부정적인 영향을 미친다.

따라서 금융 회사가 부실 채권을 매각하면 대손 충당금 적립 부담이 줄어들게 된다. 이는 금융 회사의 손실을 조기에 확정하고 불확실성을 해소하는 효과를 가져온다.

NPL Coverage Ratio란?

NPL Coverage Ratio부실 채권 커버리지 비율는 금융 회사가 보유하고 있는 부실 채권NPL에 대비하여 얼마나 많은 대손 충당금을 적립했는지를 나타내는 비율이다. 이 비율은 금융 회사의 부실 채권 손실에 대한 대비 능력을 평가하는 중요한 지표다.

- **계산식: NPL Coverage Ratio = (대손 충당금/부실 채권 총액) × 100**

예를 들어 금융 회사가 100억 원의 부실 채권을 보유하고 있고, 이에 대해 80억 원의 대손 충당금을 적립했다면 NPL Coverage Ratio는 80%가 된다.

NPL Coverage Ratio의 중요성

1. 손실 대비 능력 평가:

NPL Coverage Ratio가 높을수록 금융 회사가 부실 채권으로 인한 손실을 충분히 흡수할 수 있는 재무적 여력이 있다는 의미다. 반면, 비율이 낮을 경우 부실 채권으로 인한 손실을 충분히 대비하지 못하고 있다는 신호로 해석된다.

2. 자산 건전성 평가:

금융감독기관은 NPL Coverage Ratio를 통해 금융 회사의 자산 건전성을 평가한다. 대손 충당금이 부족하면 추가 충당금 적립이 필요하고, 이는 금융 회사의 순이익 감소로 이어질 수 있다.

3. 위기 대응 능력:

NPL Coverage Ratio가 낮으면 금융 회사가 부실 채권 증가 시 발생할 수 있는 재무 리스크에 취약하다는 의미다. 이는 금융 시스템 전반의 건전성에도 부정적인 영향을 미칠 수 있다.

NPL

대부업체를 통한 부실 채권 투자

NPL 투자는 채권의 특성과 담보물의 상태에 따라 다양한 방식으로 이루어진다. 첫 번째로 담보권 실행 방식은 NPL 채권을 매입한 후 담보권을 실행해 경매나 공매를 통해 담보물을 매각하는 방법이다. 이 방식은 채권 매입 가격 대비 담보물 매각가의 차익을 주요 수익으로 하며, 담보물의 시장 가치가 높고 권리관계가 명확할 때 적합하다. 하지만 경매 비용과 시간이 소요될 수 있으며, 예상보다 낮은 낙찰가로 인해 수익성이 저하될 가능성이 있다.

두 번째로 채무 조정 및 변제 방식은 채무자와 협상을 통해 원리금 일부를 상환받거나 채무 조건을 재조정하는 방식이다. 이 방식은 경매 절차 없이 빠르게 수익을 실현할 수 있는 장점이 있으나, 채무자가 협상에 응하지 않을 경우 강제 집행으로 전환해야 하는 리스크가 있다. 주로 채무자가 상환 의지를 가지고 있고, 자산 유동화가 어려운 경우에 적합하다.

세 번째로 담보물 직접 활용 방식은 담보물을 인수한 후 임대하거나 개발하여 직접 수익을 창출하는 방법이다. 이는 상업용 또는 주거용 부동산의 장기적인 가치 상승을 기대하며 담보물을 소유하거나 리모델링하는 방식으로 수익성을 극대화할 수 있다. 다만 담보물 관리 비용과 부동산 시장 변동성에 민감하다는 특징이 있으며, 장기 투자가 필요한 경우에 적합하다 할 수 있다. 혹은 창의적인 가치 상승의 비결이나 임차인 모집 능력이 있는 경우에는 안전하면서도 높은 수익을 거둘 수 있다.

마지막으로 담보물 매각 방식은 NPL 채권을 매입한 후 경매 이전 단계에서 담보물을 제3자에게 매각하는 방법이다. 이 방식은 빠른 자금 회수를 목표로 하며 매각 과정에서의 차익이 주요 수익원이 된다. 담보물 매수자가 명확히 있는 경우 유리하지만 매수자를 찾지 못하면 유동성 문제가 발생할 수 있다. 한 가지 방법만 고수하기보다는 하나의 물건에 다양한 전략을 중첩적으로 사용하거나 대안으로 두고 높은 수익이 가능한 방법부터 적용해 나가는 것이 일반적이다.

대부업체는 NPL 시장에서 중요한 역할을 한다. 대부업체는 금융 기관으로부터 부실 채권을 매입해 채권 회수를 전문적으로 수행하며 경매, 공매, 채무자와의 협상을 통해 원리금을 회수한다. 하지만 대부업체는 고위험 채권을 취급하기 때문에 금리 인상, 경기 침체 등 외부 요인에 따라 회수율이 낮아질 위험에 대한 관리에 신경 써야 한다.

기업이 아닌 일반인도 대부업체를 통해 NPL 부실 채권 투자를 할 수 있다. 이는 소액 채권 투자자나 초보 투자자가 접근하기 쉬운 방식으로 대부업체의 전문성을 활용해 채권을 관리하고 수익을 창출할 수 있다. 대부업체를 선택할 때는 반드시 신뢰성과 전문성을 검증해야 하며 금융감독원에 등록된 합법적인 업체인지 확인해야 한다.

일반인의 NPL 투자는 대부업체가 보유한 채권을 매입하거나 투자자로 참여하는 방식으로 진행된다. 투자자는 담보물의 가치와 권리관계를 철저히 분석하고, 담보물이 없는 신용 대출형 NPL은 리스크가 높으므로 주의해야 한다. 대부업체는 채권 회수를 위해 경매, 공매 또는 채무재조정을 진행하며, 투자자는 그 과정에서 발생하는 수익을 분배받는다.

투자자는 대부업체의 신뢰성과 법적 준수 여부를 반드시 확인해야 한다. 분쟁 이력이 많은 대부업체는 투자를 불확실하게 만들 수 있다. 또한 투자 대상 채권의 담보물 가치를 철저히 검토해야 한다. 대항력 있는 임차인, 법정 지상권, 유치권, 분묘 기지권, 부동산 공법상의 제한, 체납 관리비 승계, 대지권 미등기, 임금 채권 선순위 배당 요구, 국세의 법정 기일이 빠른 경우, 선배당 문제 등 권리관계가 복잡한 경우, 후순위 지상권이 인수되는 경우 추가 비용과 시간이 소요될 수 있음을 인지해야 한다.

투자자는 NPL 투자 시 예상되는 비용 구조와 수익 배분 방식을 명확히 이해해야 한다. 특히 담보권 실행이나 소송 등 법적 절차에서 발생하는 비용도 사전에 충분히 산정하고 고려할 필요가 있다. 또한 채무자의 자산 상태와 현금 흐름을 철저히 분석하여 상환 가능성 및 회생 가능성을 평가함으로써, 가급적 법적 절차에 의존하지 않고 자발적 채무 상환이나 채무 재조정을 통한 채권 회수를 우선적으로 모색하는 것이 바람직하다.

대부업체를 통해 간접적으로 NPL에 투자할 경우 관련 업무를 대부업체에 전적으로 위임하는 것은 바람직하지 않다. 대부업체는 담보물 평가와 채권 추심에 관한 기본적 역량은 갖추고 있으나 투자자와 대부업체 간에는 근본적인 이해 상충 및 정보 비대칭이 존재한다. 따라서 투자자의 수익 극대화와 리스크 관리를 전적으로 대부업체에 의존하는 것은 위험하다. 그렇다고 투자자가 직접 대부업체를 설립하여 운영하는 방안은 자본금 요건, 대부업법상 규제, 감독 기관 보고 의무 등 법적·행정적 부담이 상당히 크다.

이러한 현실적 제약을 고려할 때, 투자자는 대부업체와의 계약 조건을 면밀히 협상하여 관리·감독 체계를 강화하거나 혹은 신뢰할 수 있는 제3자 비히클을 통해 간접적으로 투자하는 구조를 설계하는 것이 바람직하다. 또한 투자자들끼리 정보를 투명하게 공유하고 공동 투자 구조를 구축함으로써 투자 투명성과 통제력을 높이고 리스크를 분산할 수 있다.

구조적으로 대부업체는 주로 개인 투자자나 법인으로부터 조달한 자금을 기반으로 대출을 제공하고, 여기서 발생한 이자를 수익으로 확보하는 방식으로 운영된다. 담보권을 설정할 때는 통상적으로 부동산 등에 대한 근저당권과 대부업체가 보유한 대출 채권에 대한 채권 질권을 함께 설정하여 투자자의 채권 회수 안정성을 높이는 구조를 활용한다. 이 과정에서 대부업체는 투자자에 대해서는 자금을 조달받는 입장에서 채무자의 지위를 대출을 실행한 상대방에 대해서는 채권자의 지위를 동시에 보유하게 되는 특수한 구조를 갖는다.

순위번호	등기 목적	접수	등기 원인	권리자 및 기타 사항
3	근저당권 설정	2024년 7월 13일 제52492호	2024년 7월 13일 설정 계약	채권 최고액 금 20,300,000원 채무자 박xx 　서울시 성동구 ○○○ 근저당권자 주식회사 ○○○대부 32131-○○○ 　서울시 강남구 ○○○
3-1	3번 근저당권 부채권 근질권 설정	2024년 7월 13일 제52492호	2024년 7월 13일 설정 계약	채권액 금 20,300,000원 채무자 주식회사 ○○○대부 　서울시 강남구 ○○○ 채권자 이xx 　대구시 수성구 ○○○

말소 기준 권리란 경매 절차에서 부동산에 설정된 권리 중 소멸 여부를 판단하는 기준이 되는 권리를 말한다. 이 권리를 기준으로 그보다 먼저 설정된 권리선순위 권리는 경매 후에도 존속하고, 그 이후에 설정된 권리후순위 권리는 경매로 인해 소멸한다. 따라서 말소 기준 권리는 경매 이후 존속할 권리와 소멸할 권리를 구분하는 핵심 기준이 된다.

말소 기준 권리로는 저당권, 근저당권, 가등기 담보권, 압류, 가압류, 강제 경매 개시 결정 등이 있다. 예를 들어 저당권이 말소 기준 권리라면 이후에 설정된 전세권, 임차권, 가압류 등은 경매로 소멸하고, 낙찰자가 이를 부담하지 않는다. 반면 말소 기준 권리보다 선순위에 설정된 권리는 존속하므로 낙찰자가 해당 권리를 부담하게 된다. 말소 기준 권리는 배당 순위를 결정하는 기준이 되며, 후순위 권리자는 배당금을 받을 가능성이 낮아 권리가 소멸될 수 있다.

순위	권리자	권리 내용	설정 일자	비고	인수/소멸
1	A	소유권	2005.03.17		
2	B	가처분	2009.11.18		인수
3	은행	근저당권	2010.07.12	말소 기준 권리	소멸
4	C	전세권	2020.07.18	배당 요구	소멸
5	D	가압류	2024.12.18		소멸
7	은행		2025.12.18		소멸

2018년 4월 30일 이후 연체 금리는 약정 금리의 3% 이내가 되었다. 실무적으로 부동산 관련 브릿지나 PF 만기 연장 진행 시 대주가 각종 수수료 없이 이자까지 후취로 바꾸어 주며 연체 금리를 포함하여 대부업계 요구 수준의 금리까지 올리는 것은 대부업체에 해당 채권을 매각하겠다는 신호로 볼 수 있으니 시행사 혹은 이해관계자는 해당 사실에 유의하여 사업을 진행해야 한다. 다양한 이해관계자의 역할을 살펴보아야 상대측의 진의를 파악할 수 있는 사업자가 될 수 있다.

NPL
경매와 공매

　경매와 공매는 모두 채무자의 채무 불이행 시 담보 자산을 매각하여 채권을 회수하는 절차로 사용된다. 두 절차의 주요 차이점은 진행 주체와 법적 근거에 있다. 경매는 법원이 주관하여 진행하는 강제 집행 절차로 담보권 실행이나 금전 채무 불이행 상황에서 채권자가 법원에 신청하여 개시된다. 법원은 담보 자산을 감정평가하여 최저 매각 가격을 정한 뒤, 이를 기반으로 입찰 공고를 내고 공개 경쟁 입찰을 실시한다. 이때 가장 높은 가격을 제시한 입찰자가 낙찰자가 되며, 낙찰자가 매각 대금을 완납하면 법원 명령에 따라 소유권을 취득하게 된다. 경매 절차는 민사 집행법에 근거하여 진행되며, 법원이 직접 관리하므로 절차의 공정성과 신뢰도가 높은 편이다. 다만 경매는 법적 요건과 절차가 엄격하여 소요 기간이 길어질 수 있으며, 권리관계가 복잡한 경우 추가적인 소송이나 권리 분쟁이 수반될 수도 있다.

　반면 공매는 한국 자산관리공사와 같은 공적 기관이 세금 체납액 회수 또는 공공 기관 대출금 회수 등 공적 목적을 위해 진행하는 자산 매각 절차다. 공매는 주로 국세 징수법이나 지방세 징수법 등 공법적 근거에 따라 이루어지며, 캠코에서 운영하는 온비드 등의 전자 입찰 시스템을 통해 공개 경쟁 입찰 방식으로 진행된다. 입찰을 통해 최고가 입찰자가 선정되고, 낙찰자가 매각 대금 전액을 납부하면 공매 기관의 명의로 소유권 이전 절차가 진행된다. 공매는 법원의 별도 인도 명령 등 부수적 법적 절차가 없기 때문에 상대적으로 소유권 이전 절차가 경매보다 간소한 경우가 많으나 담보 자산에 선행하는 권리나 점유권 등의 문제가 있을 경우 추가적인 법적 해결이 필요할 수 있다.

항목	경매	공매
주관 기관	법원	한국 자산관리공사(캠코)
법적 근거	민사 집행법	국세 징수법, 지방세 징수법
절차 개시	채권자의 신청	압류 관서의 공매 대행 의뢰
대상	채무자의 부동산	압류된 재산
절차	경매 신청 → 경매 개시 결정 → 배당 요구 종기 결정 및 공고 → 매각 준비 → 매각 실시 → 매각 결정	공매 대행 의뢰 → 공매 공고 → 입찰 → 낙찰자 결정 → 매각 대금 납부
입찰 방식	기일 입찰, 호가 경매	온비드(인터넷 입찰)
매각 결정	법원의 매각 허가 결정	캠코의 매각 결정
배당	매각 대금 배당	매각 대금 배당

NPL 권리 분석은 담보물과 관련된 권리관계를 철저히 검토하여 채권 회수 가능성과 투자 리스크를 판단하는 과정이다. 이 과정은 등기부 등본을 확인하는 것에서 시작된다. 등기부 등본은 크게 표제부, 갑구, 을구로 나뉜다. 표제부에서는 담보물의 물리적 정보주소, 면적 등를 확인하고, 갑구에서는 소유권과 관련된 가처분, 가압류, 경매 개시 결정 등을 확인하며, 을구에서는 담보권이나 제한 물권근저당권, 전세권, 지상권 등를 파악한다. 특히 담보물에 설정된 선순위 및 후순위 권리를 분석해 채권자의 권리가 보장되는지를 명확히 해야 한다.

　　권리 분석에서는 근저당권의 채권 최고액이 담보물의 실제 시장 가치에 비해 과도하지 않은지 확인하는 것이 중요하다. 담보물의 시장 가치를 평가하여 경매나 공매 시 회수 가능 금액을 예측해야 하며, 선순위 권리가 많을 경우 후순위 권리자인 투자자가 회수할 금액이 줄어들 수 있으므로 이를 고려한 전략이 필요하다.

　　임차권도 중요한 분석 요소다. 임차인이 있을 경우 주택 임대차 보호법 또는 상가 건물 임대차 보호법에 따라 보증금 우선 변제권이 인정될 수 있으며, 임차인의 점유 여부와 점유 정당성을 검토해야 한다. 경매나 공매 절차에서 담보물에 설정된 권리가 소멸되는지 경매 이후 잔존하는 권리가 무엇인지를 분석해 법적 리스크를 줄이는 것이 중요하다. 또한 담보물이 토지인 경우 공법적 제한 사항을 검토하여 담보물 활용 가능성을 판단해야 한다.

채무자의 법적 상태도 분석해야 한다. 채무자가 회생 절차나 파산 절차를 진행 중이라면 채권 회수 방법과 절차가 달라질 수 있으므로 이에 대한 법적 검토가 필요하다. 법적 분쟁이나 소송의 가능성을 미리 점검하여 예상치 못한 리스크를 최소화해야 한다.

권리 분석 과정에서는 경매 배당 가능성을 사전에 계산하고, 예상 회수 금액과 비용을 철저히 따져 보아야 한다. 권리관계가 복잡하거나 법적 분쟁이 예상될 경우에는 추가 비용이나 절차 지연을 초래할 수 있으므로 이러한 부분도 사전에 대비하는 것이 좋다.

순위	해당 채권	근거 법령
1순위	집행 비용 저당물의 제3 취득자가 그 부동산의 보존, 개량을 위하여 지출한 필요비, 유익비(물상 보증인 인정 X)	「민사 집행법」 제53조 제1항 「민법」 제367조
2순위	최우선 변제금(소액 임차 보증금) 3개월분 임금 채권, 3년분 퇴직금 채권/재해 보상금 → 이들 채권이 경합하는 경우 동등한 순위의 채권으로 보아 안분 배당	「주택 임대차 보호법」 제8조 제1항 「상가 건물 임대차 보호법」 제14조 제1항 「근로 기준법」 제38조 제2항 「근로자 퇴직 급여 보장법」 제12조 제2항
3순위	당해세(집행의 목적물에 대하여 부과된 국세, 지방세), 가산금 ※ 상속세, 증여세, 종합 부동산세의 법정 기일이 임차인의 확정 일자보다 늦은 경우 임차 보증금 우선	「국세 기본법」 제35조 제1항 제3호, 제7항 「지방세 기본법」 제71조 제1항 제3호, 제6항
4순위	당해세 이외 국세/지방세 우선 변제권(근저당권, 전세권, 가등기 담보, 확정 일자부 임차 보증금, 건강 보험료, 국민연금 보험료 등)	「가등기 담보 등에 관한 법률」 제13조 「민법」 제303조 제1항 「주택 임대차 보호법」 제3의2조 「상가 건물 임대차 보호법」 제5조
5순위	3개월 초과분 임금, 3년 초과분 퇴직금 채권	「근로 기준법」 제38조 제1항 「근로자 퇴직 급여 보장법」 제12조 제1항
6순위	담보 물권보다 늦은 국세·지방세 및 이에 관한 체납 처분비, 가산금 등의 징수금	「국세 기본법」 제35조 「지방세법」 제31조
7순위	각종 공과금(의료 보험료, 연금 보험료, 산업 재해 보상 보험료 등)	「고용 보험 및 산업 재해 보상의 보험료 징수 등에 관한 법률」 제28조 「국민 건강 보험법」 제85조 「국민연금법」 제79조
8순위	일반 채권	

NPL
인수 및 평가

　　NPL의 인수 평가는 담보 채권을 매입해 수익을 창출하기 위한 핵심 단계다. 먼저 인수 절차는 크게 대상 채권 탐색, 기초 실사, 매입 협상, 계약 체결 그리고 인수 후 관리의 단계로 이루어 진다. 금융 기관은 통상 분기 결산을 위해 3개월 단위로 거래 종결일3월말, 6월말, 9월말, 12월말을 지정한다. 입찰일은 거래 종결일로부터 20일~30일 전이다. 대상 채권은 금융 기관, 자산 관리 회사AMC 등을 통해 발견할 수 있다. 기초 실사 단계에서는 채권의 원리금 잔액, 연체 기간, 금리, 담보물의 위치와 상태를 확인하고, 담보물의 권리관계를 조사해야 한다. 이후 매도자와 협상을 통해 매입 조건을 확정하고, 매입 의향서LOI를 작성하며, 매입 가격을 결정한다. 계약 체결 후에는 필요한 법적 서류를 정리하고 소유권이나 점유권을 확인하여 채권자로서의 권리를 확보한다. 마지막으로 수익의 확정을 위해 경매나 공매 절차를 진행하거나 채무자와 협상을 통해 채권을 회수한다.

NPL의 평가 과정에서는 담보물 가치 평가, 채무자 분석, 수익성 분석, 리스크 평가, 민감도 분석 등이 중요하다. 담보물의 물리적 가치는 위치, 용도, 접근성, 시장성을 기준으로 평가하며, 법적 가치는 저당권, 전세권 등 권리관계를 분석하여 결정한다. 채무자의 신용도, 자산 상태, 상환 가능성을 검토하고, 채무 재조정을 통해 채권 회수 가능성을 높일 수 있는지 판단해야 한다. 수익성 분석에서는 채권 매입가 대비 예상 수익률을 계산하고, 경매를 통한 매각가와 회수 비용을 비교해 내부 수익률을 산정한다. 리스크 평가는 담보물의 가치 변동, 권리관계, 시장 환경 변화 등에 따른 잠재적 손실 가능성을 검토하는 것을 말한다. 민감도 분석을 통해 수익률이 매각가, 회수 기간, 금리 등 주요 변수에 따라 어떻게 변하는지 시뮬레이션하며, 최악의 시나리오에서도 손실을 감당할 수 있는지 확인한다. 모든 투자에서 그러하듯 최악의 경우를 감내하지 못하면 해당 프로젝트는 진행하지 않는 것이 현명하다고 할 수 있겠다.

NPL

유동화 구조

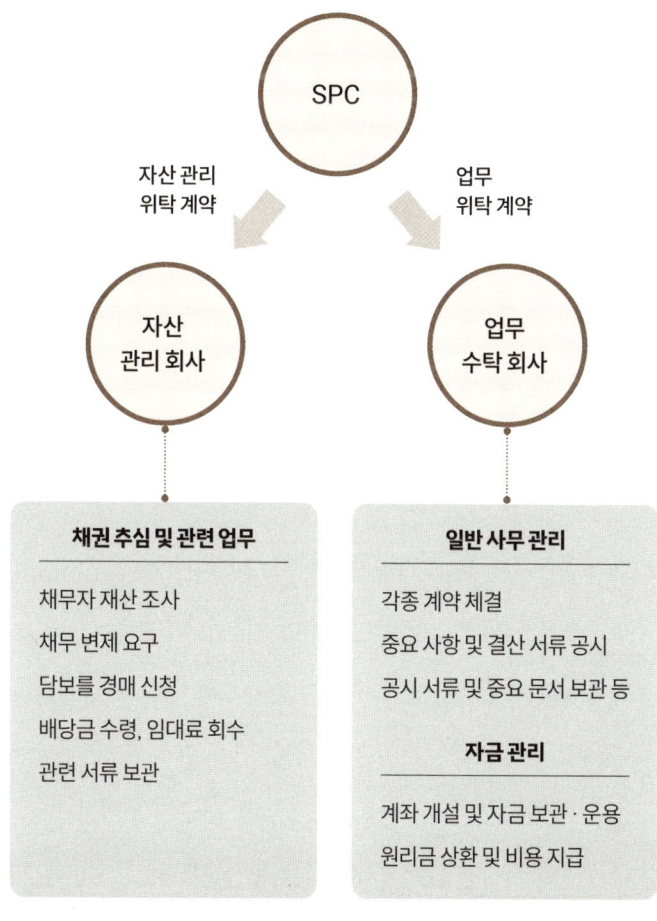

NPL에서 중요한 개념 중 하나가 유동화 전문 회사SPC, Special Purpose Company다. 이는 특정 자산을 유동화하기 위해 설립된 목적 특수 법인이다. 주로 자산 유동화에 관한 법률에 따라 설립되며, 금융 기관이나 기업이 보유한 부동산과 같은 비유동성 자산을 증권과 같은 유동성 있는 자산으로 전환하는 데 핵심 역할을 한다. SPC는 자산을 유동화함으로써 금융 기관이나 기업이 자금을 조달하거나 부실 자산을 정리하는 역할을 한다.

유동화 전문 회사는 일반적인 기업과 달리 특정한 목적을 위해 설립되며 제한된 기능만 수행한다. 이 회사는 자산 매입, 유동화 증권 발행, 자산 관리, 자산 처분 등의 업무만 수행하며, 이외의 일반적인 영업 활동은 금지된다. 실제 직원이 없는 서류상 법인으로 대부분의 업무는 자산 관리 회사AMC나 업무 수탁 회사에 위탁된다. 또한 SPC는 도산 절연 구조를 가지고 있어 모회사나 발행 주체가 파산하더라도 유동화 된 자산은 별도로 관리되며 투자자들의 권리는 보호된다.

SPC는 먼저 금융 기관이나 기업으로부터 자산을 매입한 뒤, 이를 담보로 ABS와 같은 유동화 증권을 발행한다. 발행된 증권은 투자자들에게 판매되어 필요한 자금을 조달할 수 있다. 여신업 라이센스가 없는 중소 규모 증권사에서 애용하는 방식이다. 이후 SPC는 자산 관리 회사를 통해 유동화 자산을 운영하며 회수를 관리하고, 유동화 증권 만기 시 자산을 매각하거나 처리하여 투자자들에게 원리금을 지급한 후 청산된다. 또한 실무에서 하나의 시행을 위해서 만든 회사를 일컫거나 절차를 위해 만들기도 하니 대화의 주체가 누구인지에 대해서 신경 써야 한다.

AMC^{Asset Management Company, 자산 관리 회사}는 유동화 전문 회사^{SPC}나 금융 기관이 보유한 자산을 전문적으로 관리하고 운용하는 기관이다. AMC는 주로 부실 채권^{NPL}이나 부동산 자산을 대상으로 해당 자산의 관리, 회수, 운용, 처분 업무를 수행한다. 금융 기관과 투자자 사이에서 자산 운영의 핵심적인 역할을 담당하며, 자산의 가치를 극대화하거나 안정적인 회수를 목표로 한다.

AMC의 주요 역할은 크게 다섯 가지로 나뉜다. 첫째 유동화 된 자산이나 NPL을 관리하고 운영하며, 담보 자산의 실사와 가치 평가를 통해 회수 가능성을 높인다. 둘째 채권 회수 업무를 수행한다. 부실 채권의 경우 채무자와 협상을 통해 상환을 유도하거나, 법적 절차를 통해 담보 자산을 경매나 공매로 회수한다. 셋째 자산 처분 업무를 담당하며, 담보된 부동산이나 자산을 매각하거나 활용해 현금을 확보한다. 넷째 재무 관리를 통해 자산에서 발생하는 현금 흐름을 관리하고, 이를 투자자들에게 지급한다. 마지막으로 담보 자산의 활용 방안을 모색해 추가 가치를 창출할 수 있는 전략적 자산 운용을 수행한다. 예를 들어 부동산 자산의 경우 리모델링, 임대, 재개발 등을 통해 부가 가치를 높일 수 있다.

업무 수탁 회사는 유동화 전문 회사 또는 투자자로부터 위탁받은 NPL 관련 자산의 관리·운용 업무를 수행하는 전문 기관이다. 이는 자산 유동화법과 금융 회사의 기업 구조 조정법에 따라 합법적으로 수행되는 업무로 채권 및 담보 자산 관련 서류를 체계적으로 관리하며 계약 사항과 권리관계를 명확히 정리하는 역할을 수행한다. 또한 채무자와의 협상, 담보 자산에 대한 경매나 공매 지원 등 법적 절차를 포함한 실질적인 채권 회수 업무를 진행하며, 담보 자산에서 발생하는 임대 수익, 채권 회수금 등과 같은 현금 흐름을 효율적으로 관리하여 투자자에게 적시에 분배한다. 아울러 SPC 또는 투자자에게 자산의 관리 현황과 회수 진행 상황을 정기적으로 보고하고, 자산 상태 및 회수 가능성에 관한 명확한 정보를 제공하여 투자자의 이익 보호에 중추적인 역할을 수행한다.

업무 수탁 회사는 자산 관리 회사AMC와는 역할이 구별된다. AMC가 자산 운용의 전반적인 전략 수립과 자산 가치 극대화를 목표로 하는 반면 업무 수탁 회사는 실질적인 관리 업무와 실행에 중점을 둔다. 예를 들어 업무 수탁 회사는 NPL 채권의 실사, 회수금 관리, 경매 지원 등을 담당하며, AMC는 자산 전체를 관리하며 회수 계획과 운용 전략을 수립한다.

유동화 과정에서 SPC와 AMC의 개념이 혼란스러울 수 있다. 실무에서 증권사는 유동화 과정에서 SPC특수 목적 법인를 설립해 자산 유동화를 진행한다. 그러나 별도의 AMC를 설정하지 않는 경우가 있다. 이는 증권사가 직접 이자 납부, 채권 관리, 유동화 자산 운영을 담당할 수 있기 때문이다. 증권사는 자산 관리 업무를 대행할 전문 인력과 시스템을 갖추고 있어 굳이 별도의 AMC를 설정하지 않아도 자체적으로 자산을 관리하고 운용할 수 있다. 업무 수탁도 동일한 증권사가 진행하는 경우가 없는 것은 아니지만 2024년 1월 12일에 시행 개정된 자산 유동화에 관한 법률 시행령 및 자산 유동화 업무 감독 규정에 의하면 이해 상충 방지 체계가 필요하도록 되어 있기 때문에 선호하진 않는다.

노인 복지 주택(일본과 미국 그리고 한국)

CHAPTER STORY

노인 복지 주택
(일본과 미국 그리고 한국)

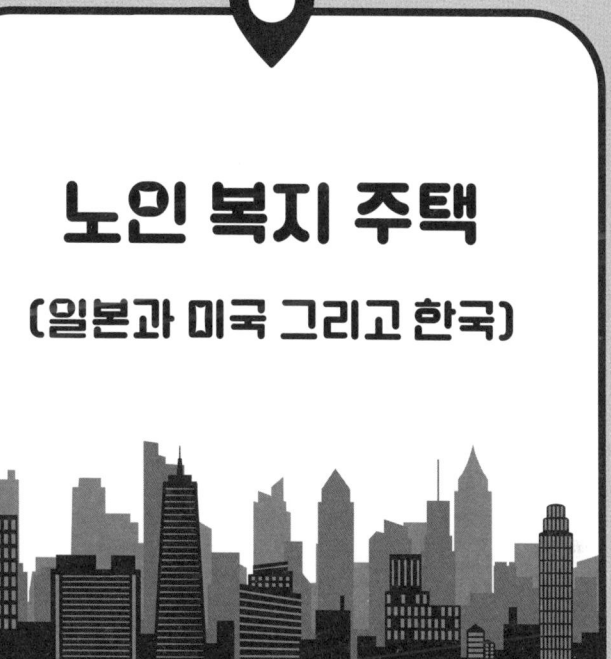

노인 복지 주택

노인 복지 주택
(일본과 미국 그리고 한국)

　노인 복지 주택은 고령자에게 주거와 복지 서비스를 통합 제공하는 시설로 법적으로 노인 주거 복지 시설의 하나로 규정되어 있다. 노인 복지법 제32조에 따르면 노인 복지 주택은 60세 이상의 노인에게 주거 시설을 임대하여 생활 편의·상담·안전 관리 등의 서비스를 제공하는 것을 목적으로 한다. 이는 독립적인 주거 생활이 가능한 고령자배우자가 60세 미만이거나 부양하는 자녀·손자녀가 있으면 일정 연령까지 포함에게 주거 공간과 복지 서비스를 함께 제공하는 개념이다. 노인 복지 주택은 민간 사업자가 전액 자부담으로 설치하고 운영하며, 입소 노인이 이용료를 부담하는 형태로 운영된다. 이러한 시설은 노인 복지법을 근거로 설치·운영되며, 건축법상 용도는 노유자 시설로 분류되어 일반 공동 주택과 구별된다. 또한 주택법 등 관련 법령에서는 노인 복지 주택을 준주택으로 분류하여 특례를 인정하는데, 예를 들어 학교용지 부담금 면제, 주차 대수 완화, 주민 공동 시설 설치 의무 제외 등의 규정과 취득세·재산세 감면, 부가 가치세 면세와 같은 세제 혜택이 부여되고 있다. 이러한 법적 근거와 지원을 통해 노인 복지 주택은 고령자의 안정적인 주거를 돕는 공적·사회 복지적 성격을 갖추고 있다.

한국의 노인 복지 주택 제도는 1980년대에 법적 토대를 마련한 이후 지속적으로 발전해왔다. 1981년 노인 복지법 개정을 시작으로 1989년 복지 시설 관련 규정에 노인 복지 주택 개념이 도입되었다. 초기에는 공공 부문 위주로 공급되었으나, 1993년부터 민간에도 임대형 노인 복지 주택 설치가 허용되었고 1997년에는 민간 분양형 방식도 허용되면서 공급 주체와 형태가 다양화되었다. 그러나 일부 분양형 실버타운이 일반인을 대상으로 불법 분양되거나 투기 수요가 유입되는 부작용이 발생하자 정부는 2008년 법 개정을 통해 노인 복지 주택은 오직 60세 이상에게만 분양·임대할 수 있도록 제한하고 이를 위반 시 처벌하도록 규정하였다. 이어서 2015년 1월 노인 복지법 개정으로 분양형 노인 복지 주택의 신규 지정을 전면 폐지하고 임대형만 유지하는 정책 전환이 이뤄졌다. 이 개정에 따라 2015년 7월 29일 이후로는 새로운 분양형 노인 복지 주택을 설치할 수 없게 되었고, 그 이전에 인·허가된 경우에 한해 예외적으로 기존 규정을 따르게 했다. 이러한 변화는 앞서 나타난 분양형 방식의 문제점을 해소하고자 한 조치였으나, 한편으로는 임대형만으로는 민간 사업자의 자금 부담이 커 대규모 공급에 한계가 있다는 지적도 있다. 최근에는 노인 복지 주택 입주 자격과 운영과 관련한 제도 개선 움직임이 계속되고 있다. 2024년 노인 복지법 개정을 통해 노인 복지 주택에 함께 입주할 수 있는 자녀·손자녀의 연령 제한을 기존 만 19세에서 만 24세로 완화하였다. 이에 따라 고령 입주자의 부양을 받는 성인 자녀나 손자녀도 24세까지는 함께 거주할 수 있게 되었고, 만약 자녀·손자녀가 장애가 있는 경우에는 24세를 넘어도 동거를 허용하는 예외 규정도 신설되었다. 이처럼 세대 동거 연령 기준을 높인 것은 고령 부모와 손·자녀가 안정적으로 함께 거주할 수 있도록 돕기 위한 취지이다. 또한 주택 연금역모지지 제도의 실거주 요건도 완화되어, 2024년 5월부터는 주택 연금 가입자가 자신의 집을 떠나 노인 복지 주택이나 실버타운으로 이주하더라도 주택 연금을 계속 수령할 수 있게 되었다. 이는 고령자가 노인 복지 주택에 입주하면서도 기존 주택을 임대하고 역모기지 연금을 받아 생활 자금으로 활용할 길을 열어 준 조치이다. 이 밖에 노인 복지 주택의 활성화를 위해 민간 투자 여건을 개선하려는 논의도 진행되고 있다. 예를 들어 공급 부족 문제를 해결하기 위해 한때 폐지되었던 분양형 노인 복지 주택의 부활을 검토하거나, 노인 복지 주택을 보다 매력적인 사업으로 만들기 위한 추가 세제 혜택, 임대 리츠REITs 도입 등의 방안이 거론되고 있다. 또한 LH를 통해서 토지를 저렴하게 공급하는 실버타운 형식의 공급을 늘리려고 노력하고 있다. 정부는 이미 노인 복지 주택 건설 시 각종 규제 완화와 세제 지원 특례를 제공하고 있지만, 초고령 사회에 대비하여 공급 확대를 위해 보다 근본적인 제도 개선이 필요하다는 지적이 나온다.

한국은 2025년에 65세 이상 인구 비중이 20%를 넘는 초고령 사회 진입을 앞두고 있으며, 이에 발맞춰 노인 주거 안정 정책의 강화를 예고하고 있다. 일본 등 해외 사례를 참고하여 별도의 고령자 주거법 제정이나 현행 노인 복지 주택 관련 법령의 전면 개정을 추진할 가능성도 점차 커지고 있다. 관련 법률은 일본이 한국보다 10~15년 정도 빠른 점을 감안하였을 때 2025년 초고령 사회에 진입한 이후 한국 역시 곧 고령자 주택법이 개정될 가능성이 높다고 할 수 있다.

2023년 통계청에 따르면 국내 60세 이상 인구는 약 1,395만 명으로 전체 인구의 35.6%를 차지하고 있으며 2050년에는 약 2,218만 명으로 증가해 전체 인구의 47.1%에 이를 전망이다. 이러한 급속한 고령화는 기존 주거 형태가 아닌 노인의 특성과 요구를 반영한 새로운 주거 및 복지 모델의 필요성을 강조하고 있다. 특히 건강 관리와 사회적 참여에 적극적인 액티브 시니어의 증가로 인해 복지와 편의성을 함께 제공하는 복합형 주거 시설이 주목받고 있다. 경제적 자립과 소비 여력이 있는 액티브 시니어는 의료 서비스, 여가 활동, 다양한 커뮤니티 활동을 동시에 누릴 수 있는 통합적인 주거 환경을 선호하며, 노인 복지 주택이 바로 이러한 수요를 충족시키는 형태로 발전하고 있다.

60세 이상의 인구는 기존에 축적한 자본력을 바탕으로 여전히 활발한 사회적 활동을 하고 있으며, 실제 이들의 경제 활동 참여율은 약 45~50% 수준으로 나타난다. 이 연령층은 과거 고도 성장기를 경험한 세대로서 소비에 적극적이며, 특히 건강과 여가를 중요하게 생각한다. 균형 잡힌 식습관과 스포츠 활동을 통해 안티에이징을 적극적으로 추구하며, 여행이나 커뮤니티 활동에 대한 소비 의지도 강한 것이 특징이다. 가족 관계에서는 손주 양육과 같은 세대 간 소통에 능동적으로 참여하고 있으며, 소비의 주요 항목으로는 국내외 여행, 주택 리폼, 외식, 금융 상품 가입, 의료 서비스 등이 꼽힌다. 그러나 장수 리스크로 인해 무분별한 지출을 자제하고 계획적으로 소비하는 성향을 보인다. 또한 이들은 SNS와 같은 유행성 미디어 사용이 젊은 세대보다 적기 때문에 새로운 브랜드나 트렌드보다는 자신이 신뢰하는 브랜드에 꾸준히 소비하는 성향을 가지고 있다. 이러한 특성은 노인 복지 주택에 대한 수요와도 밀접한 관련이 있다. 이들이 복지 주택을 선택하는 주된 이유는 자녀 세대에게 의존하지 않고 독립적이며 자유로운 생활을 유지하면서 비슷한 가치관을 가진 이웃과 함께 안정적인 공동체 생활을 영위하고자 하는 목적 때문이다.

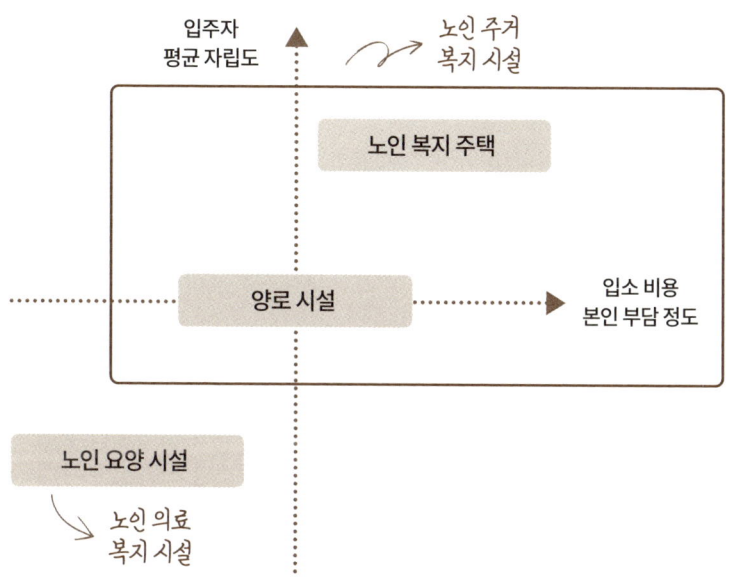

구분	수입	설치 목적	설치 규모
노인 복지 주택	보증금 임대료 관리비	노인에게 주거 시설을 임대하여 주거의 편의/생활 지도/상담 및 안전 관리 등 일상 생활에 필요한 편의 제공을 목적으로 하는 시설	30세대 이상
양로 시설	보증금 임대료 관리비 보조 비용	노인을 입소시켜 급식과 그 밖에 일상 생활에 필요한 편의 제공을 목적으로 하는 시설	입소 정원 10명 이상 (입소 정원 1명당 연면적 15.9m² 이상 공간 확보)
노인 공동 생활 가정	보증금 임대료 관리비	노인들에게 가정과 같은 주거 여건과 급식, 그 밖에 일상 생활에 필요한 편의 제공을 목적으로 하는 시설	입소 정원 5명 이상 9명 이하 (입소 정원 1명당 연면적 15.9m² 이상 공간 확보)

노인 복지 주택은 공공과 민간의 협력을 통해 운영되고 있다. 초기에는 공공 기관이 주도하여 저소득층 노인들을 위한 시설을 개발하였으나 현재는 민간 부문의 참여가 확대되고 있는 상황이다. 융합적 개발 전략 또한 주요 운영 방식으로 자리 잡고 있다. 주거, 복지, 의료를 통합하는 수직 조닝 방식이 채택되며 건강 관리, 커뮤니티 공간, 편의 시설 등을 포함한 복합 구조가 개발되고 있다. 시니어 타운은 아파트와 달리 건축법상 비주택이므로 운영 주체가 입주민이 아닌 위탁 업체다. 노인 복지 주택의 운영을 위탁할 경우 수탁자는 노인 복지 주택 실시 경험이 있고, 노인 복지 주택 운영 업무 담당 전담 인력 및 조직이 필요하다. 하지만 25년 3월 보건 복지부는 리츠 등이 참여할 수 있도록 해당 규정을 삭제한 시행령에 대한 입법을 추진하고 있다. 이는 노인 복지법 제33조2, 6항과 노인 복지법 시행령 제20조 3에 수록되어 있으며 그 운영 구조와 공동 주택과의 차이점을 살펴볼 필요가 있다.

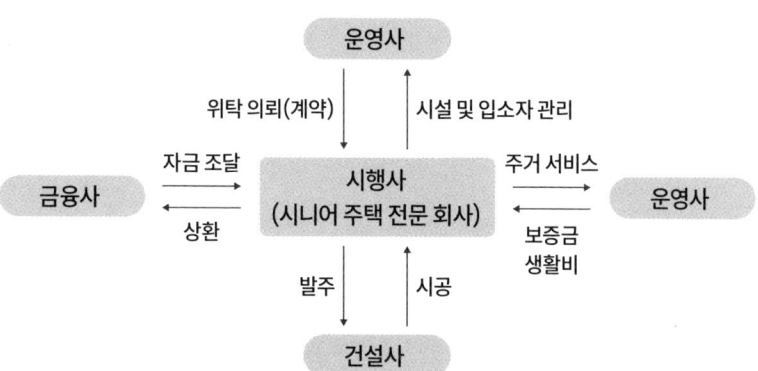

	설치·건축	공급	운영·관리
공동 주택	주택법	주택법 주택 공급에 관한 규칙 공공 주택 특별법 시행 규칙	공동 주택 관리법 (입주자 대표 회의 임차인 대표 회의)
노인 복지 주택	건축법 (노인 복지법) 입주자 모집 시 노인 복지 담당 부서 승인	노인 복지법 (주택법) 입주자 모집 승인 신청	노인 복지법 (공동 주택 관리법) 노인 복지 주택의 시설 및 직원 배치 기준, 운영 기준 입주자 보증금 보호 장치

노인 복지 주택 사업은 입지에 따라 전원형, 도시 근교형, 도시형으로 구분할 수 있다. 전원형 노인 복지 주택은 자연환경과 관광 자원이 풍부한 지역에 주로 입지하여 휴양, 농원 가꾸기, 정원 관리 등 건강과 여가를 위한 활동을 중심으로 운영된다. 이러한 지역은 중소 도시와의 연계를 통해 생활 편의를 도모할 수 있다. 토지 가격은 상대적으로 낮고 인프라 구축이 미흡하여 개발 비용이 증가하는 경향이 있으며, 입주민들이 외부와 단절된 느낌을 받아 고립감이 심화될 수 있다는 점이 단점으로 꼽힌다. 도시 근교형 노인 복지 주택은 도시형과 전원형의 중간 형태로 도시와의 교통 접근성이 우수하여 통근이 가능하고 지역 주민과의 교류가 원활하다는 장점이 있다. 도시형 노인 복지 주택은 주로 대도시에 입지하여 기존 공공시설, 상업 시설, 의료 시설 등과 밀접한 관계를 유지하며, 기존 생활권을 유지할 수 있다는 점이 특징이다. 높은 지가로 인해 부지 확보가 어렵지만, 최근 성공적으로 운영되는 노인 복지 주택들이 대부분 역세권에 위치한다는 점을 고려할 때 가족과의 교류 가능성이 입주민들의 주택 선택에 큰 영향을 미치고 있음을 알 수 있다. 특히 도시형 노인 복지 주택의 시행은 상업용지를 주거용으로 전환할 수 있다는 이점을 제공한다. 실제로 다수의 노인 복지 주택이 상업용지 또는 지원용지를 주거 형태로 개발하기 위해 추진되고 있으며, 시행사는 보다 넓은 수요층을 확보하기 위한 전략적 상품으로 노인 복지 주택을 적극 활용하고 있다.

구분		입소 대상자 (노인 복지법 시행 규칙 14조)	입소 비용	동거인
노인 주거 복지 시설	건축법 양로 시설 ex. 클래식 500, 삼성노블 카운티 등	65세 이상 : 생계 급여/의료 급여 수급자, 적절한 부양 을 받지 못한 자, 월 평균 소득액 수준 이하의 자	국가, 지방 자치 단체 전액 또는 일부 부담	65세 미만의 배우자
		60세 이상 입소 비용 전액 부담이 가능한 자	입소자 전액 부담	60세 미만의 배우자
	주택법 노인 복지 주택 ex. 마리스텔 라, 더시그 넘하우스, 노블레스 타워 등	60세 이상 독립된 주거 생활에 지장이 없는 자	입소자 전액 부담	65세 미만의 배우자 및 입소자가 부양을 책임 지고 있는 19세 미만 의 자녀 및 손녀
노인 의료 복지 시설	노인 요양 시설 ex. 더시그넘 하우스 너 싱홈, 백마 요양원, 성모요양 원, 헤리티 지 너싱홈	65세 이상 : 생계 급여/의료 급여 수급자, 적절한 부양 을 받지 못한 자, 월 평균 소득액 수준 이하의 자	국가, 지방 자치 단체 전액 또는 일부 부담 (장기 요양 급 여 수급자는 법 령이 정하는 바 에 따름)	65세 미만의 배우자
		60세 이상 입소 비용 전액 부담이 가능한 자	입소자 전액 부담	60세 미만의 배우자

입지가 아닌 구별 방식은 주거 복시 시설과 의료 복지 시설이다. 그리고 주거 복지 시설은 건축법상 양로 시설과 주택법상 노인 복지 주택으로 구분할 수 있다. 노인 복지 주택은 주거 지역, 상업 지역, 공업 지역, 녹지 지역, 관리 지역 등에 건립이 가능하며 신사업 방향의 장점으로 인하여 금융사 및 운영사의 지분 출자를 받을 수 있다는 장점이 있다. 수도권 지역 분양이 불가한 상품은 현금 흐름 개선을 보증금에 대한 운영으로 보완하고 있다. 금융사들이 관심을 갖는 경우는 신탁, 증여 서비스, 자금 관리 대행, 자산 운용, 리버스 모기지 등이 있다. 즉 노인 복지 주택을 통해 추가 금융 서비스를 판매하겠다는 전략이다. 사업 자금은 시공사의 책임 준공 PF프로젝트 파이낸싱를 통해 조달하며, 평면 유형에 따라 기금 건설 자금 대출 보증의 보증 대상에 노인 복지 주택이 포함되어 있다. 이에 따라 주택 도시 보증 공사와 한국 주택 금융 공사의 보증 지원을 받아 사업을 추진할 수 있다. 입소자들이 납부하는 중도금 보증은 현재 주택 도시 보증 공사가 상품을 보유하고 있지 않아 건설사의 연대 보증 외에는 전무한 실정이다.

노인 복지 주택의 사회적 가치는 단순히 주거를 제공하는 것을 넘어 고령자의 삶의 질을 향상시키는 데 있다. 생활 편의성은 건강 관리, 식사, 커뮤니티 활동 등의 지원을 포함하며, 정서적 안정은 고립감을 해소하고 사회적 관계를 형성하도록 돕는다. 또한 설계와 운영에서 노인의 신체적 특성을 고려하여 안전성을 중요시하고 있다. 이는 고령자가 자신의 삶을 독립적으로 유지하면서도 필요한 복지와 의료 서비스를 적시에 받을 수 있는 환경을 원하는 니즈가 반영된 결과물이다.

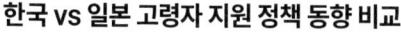

한국 vs 일본 고령자 지원 정책 동향 비교

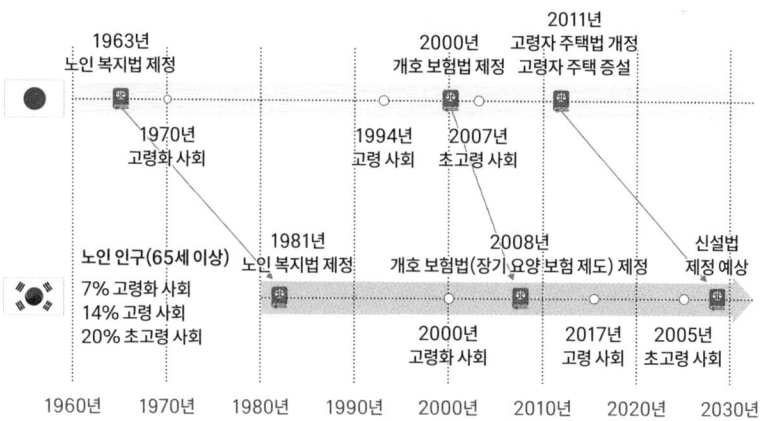

일본은 한국보다 10여 년 이상 앞서 고령자 주거 정책을 발전시켜 온 나라로 관련 법·제도가 비교적 정교하게 마련되어 있다. 일본에서는 크게 두 가지 축으로 고령자 주거가 발전했는데 하나는 복지 차원의 요양 시설이고 다른 하나는 비교적 건강한 노인을 위한 서비스 연계 주택이다. 전자의 대표 격인 유료 노인 홈은 노인 복지법노인 복지 법인 로진후쿠시호, 1963년 법률 상의 시설로서 65세 이상 노인에게 식사, 목욕, 간병 등의 서비스를 제공하는 시설이며 지방 자치 단체 인가를 받아 운영된다. 후자의 경우 고령자용 주택 서비스가 핵심으로 이는 비교적 독립적인 생활이 가능한 고령자를 위한 임대 주택에 생활 지원 서비스를 결합한 형태다. 이를 뒷받침하기 위해 일본 정부는 고령자의 주거 안정 확보에 관한 법률을 운영하고 있으며, 일정 기준을 충족한 주택을 이 법에 따라 고령자용 서비스 주택으로 등록하도록 장려하고 있다. 이 법률에 따라 등록된 고령자용 주택은 시설 기준, 제공 서비스, 안전 설비 등 요건을 충족해야 하며, 정부는 이런 주택에 대해 신축·개조 시 보조금 지급, 고정 자산세 감면, 부동산 취득세 경감, 저리 융자 등의 인센티브를 제공한다. 특히 2011년 이후 일본 정부는 고령자용 주택에 개호 서비스 결합 정책을 추진하여, 민간 임대 주택 형태의 고령자 주택 서비스 공급을 대폭 확대했다. 이 정책을 통해 의료·간호 서비스가 연계된 주택 모델이 늘어나면서 고령자가 자택이 아닌 주거 복지 시설에서도 생애 말기 돌봄까지 받을 수 있는 기반이 갖춰졌다. 그 결과 일본의 고령자용 임대 주택 시장은 안정적으로 성장하여, 국토 교통성 자료에 따르면 개설된 지 2년이 지난 고령자 주택 서비스의 평균 입주율이 90%를 상회할 정도로 수요가 높다. 일본의 사례에서 주목할 점은 정부가 법률과 재정 지원을 통해 민간의 고령자 주거 공급을 적극 유도했다는 것이다. 법률적으로 명확한 카테고리를 만들고 품질 기준을 제시함과 동시에 세제 혜택과 보조금으로 사업자를 지원하여 고령자 주거와 복지의 접목을 시장에 뿌리내리게 했다. 이는 고령자의 주거 안정과 복지 향상을 동시에 달성하려는 정책적 노력으로 평가된다.

    미국은 연방 차원의 통일된 노인 주거 복지법이 존재하지 않으며, 시장 중심의 다양한 시니어 주거 모델이 발달해 있다는 점이 특징이다. 미국에서는 일반적으로 노인 주거 시설을 시니어 리빙 커뮤니티라고 통칭하며 대표적으로 독립형 커뮤니티, 지원형 커뮤니티, 메모리 케어, 전문 간호 시설, 그리고 지속적 돌봄 은퇴 커뮤니티 등으로 구분한다. 독립형 커뮤니티는 자립적이고 건강한 55세 이상의 노인이 독립적으로 거주하며 다양한 여가 및 생활 편의 시설을 제공받는 형태로서 의료 서비스는 포함되지 않거나 최소화 되어 있다. 입주는 대부분 임대 형태로 이루어지나 일부는 분양 형태로도 운영되며 서비스나 시설의 등급에 따라 고급형에서 중저가형까지 다양한 선택지를 제공한다. 지원형 커뮤니티는 신체적 자립이 가능하나 일상생활에서 부분적인 도움을 필요로 하는 노인을 대상으로 운영되며, 각 주 정부의 면허 및 규제 체계 하에서 관리된다. 서비스는 24시간 간병 인력의 상주와 함께 제공되며 임대료는 돌봄의 강도와 수준에 따라 달라진다. 일부 저소득층 노인을 위해 주 정부의 재정 지원도 제한적으로 이루어진다. 메모리 케어 시설은 주로 치매나 알츠하이머 등 인지 기능 장애가 있는 노인을 위한 특화 시설로 보안이 강화된 환경과 전문적 간병 서비스를 제공한다. 비용은 일반 지원형 커뮤니티에 비해 높은 편이며 대부분 주 정부의 지원형 커뮤니티 면허로 운영된다. 전문 간호 시설은 장기적이고 집중적인 의료 관리와 간호가 필요한 노인을 대상으로 하는 시설로서 연방 정부의 규제와 주 정부 면허 규제를 동시에 받는다. 이 시설은 단순 돌봄을 넘어 의료 처치, 재활 치료 등의 서비스를 제공하며, 이용료가 가장 높으나 공공 지원도 비교적 잘 갖추어져 있다. 지속적 돌봄 은퇴 커뮤니티는 독립 주거에서부터 전문 요양까지 한 캠퍼스 안에서 연속적으로 제공하는 통합적 시설이다. 초기 가입비를 납부하고 매월 이용료를 내는 방식이 일반적이며, 장기적으로 안정된 돌봄 서비스를 원하는 중상류층 시니어들에게 인기가 높다. CCRC는 각 주의 재무 건전성 감독 아래 운영되지만, 연방 차원의 통일된 규제 체계는 없다. 미국 정부는 연방 공정 주택법에 따라 일반적인 주거지 차별을 금지하면서도, HOPA라는 예외 조항을 두어 55세 이상이나 62세 이상으로 연령 제한을 둔 시니어 주거 커뮤니티가 합법적으로 운영될 수 있도록 하고 있다. 전체적으로 미국은 민간 및 비영리 기관이 노인 주거 시설 운영을 주도하고 있으며, 정부는 세제 혜택과 HUD 주택 지원과 같은 간접적 방식으로 저소득층 노인의 주거 및 생활을 지원하는 체계를 구축하고 있다.

한국의 노인 주거 복지 정책은 일본과 미국과의 비교를 통해 법·제도적 측면과 시장 환경 측면에서 몇 가지 명확한 차이점을 확인할 수 있다. 먼저 법적 및 제도적 기반 측면에서 한국과 일본은 명확한 법률과 정부의 체계적 지원을 특징으로 한다. 일본은 별도의 고령자 주거법을 제정하여 정책의 체계성을 강화했고, 한국 역시 노인 복지법과 주택법 등에 근거해 노인 주거 복지 정책을 시행하고 있다. 반면, 미국은 연방 차원의 통합된 노인 주거 법규가 존재하지 않으며, 주별로 다양한 규제와 정책을 통해 시니어 주거 시설이 운영되는 방식이다. 미국의 경우 일반적인 부동산 법규와 복지 정책의 틀 내에서 민간이 자유롭게 시니어 커뮤니티를 형성하고 운영하는 특성을 보인다.

시장 운영 측면에서도 각국은 서로 다른 양상을 보인다. 한국의 경우 공공과 민간의 협력하에 법정 임대 주택 형태가 중심이 되는 반면, 일본은 민간이 임대를 주도하되 정부가 인증 및 등록제를 통해 주거의 질을 관리하고 있다. 미국은 민간 주도의 분양 및 임대가 혼합된 다양한 형태의 시니어 주택이 활성화되어 있어, 법적 제약이 적은 환경에서 분양형 시니어 커뮤니티가 광범위하게 자리 잡았다.

입주 조건 측면에서도 차이가 뚜렷하다. 한국은 입주 연령을 원칙적으로 60세 이상으로 엄격히 제한하고 있으며, 동반 가능한 자녀의 연령 역시 명확히 규정하고 있다. 일본도 시설 유형에 따라 다르나 일반적으로 60세 혹은 65세 이상의 연령 기준을 두고 비교적 엄격하게 운영한다. 그러나 미국은 주로 55세 이상을 입주 조건으로 설정하고 부부 중 한 명만 조건을 충족하면 입주가 가능한 등 상대적으로 유연한 정책을 운영하고 있다. 이는 가족 구성의 형태나 문화적 배경 차이도 반영되어 한국·일본은 고령 부모와 미성년 손자녀가 함께 입주하는 상황까지 상정해 규율하나 미국은 부양 자녀와 동거하는 형태의 시니어 커뮤니티 수요가 적은데다, 관련 연령 기준은 커뮤니티 자율 규정에 따라 운영되므로 이에 대한 별도의 연방 차원의 규율은 존재하지 않는다.

서비스 연계 방식에서도 국가 간의 특징이 드러난다. 한국의 노인 주거 시설은 노인 복지법상 시설 인력과 설비 기준을 충족해야 하며, 의료 서비스는 주로 외부 기관과 연계하여 제공된다. 일본은 개호 보험 제도를 통해 방문 간호와 개호 서비스를 주택과 정책적으로 결합하고 있으며, 의료와 주거의 결합 모델을 적극적으로 확대하고 있다. 미국은 시장 주도로 어시스티드 리빙과 같은 주거와 의료, 요양 서비스를 자체적으로 패키지화 하여 제공하는 모델이 발달해 있다.

종합적으로 볼 때 한국의 노인 주거 복지 정책은 향후 법적 기반의 강화, 민간 참여 확대, 의료와 복지 서비스의 통합, 공급 형태의 다변화와 같은 방향으로 발전할 필요가 있다. 일본의 제도적 모델과 미국의 시장 중심적 모델에서 얻은 교훈을 토대로 한국의 고유한 노인 주거 복지 모델을 수립한다면 고령화 사회에서 노인들의 주거 안정과 삶의 질을 효과적으로 향상시키고 지속 가능한 주거 복지 체계를 마련할 수 있을 것이다.

딜아고라 질의 응답 실사례 모음

딜아고라 질의 응답 실사례 모음

Q 시공사가 턴키 공사로 수주하는 경우가 있나요?

A 네. 건설 분야에서 설계·시공 일괄 입찰(턴키)은 법적으로 허용되어 있으며, 대형 공공 공사 등에서 흔히 활용됩니다. 민간 개발 사업에서도 효율성과 책임 일원화 등의 이유로 시공사가 턴키 방식으로 수주한 사례들이 있습니다. 하지만 해당 프로젝트 실패 시 세무서에서 실질적인 프로젝트의 주체를 시공사로 판단하여 세금 추징을 할 수 있어 선호되지 않습니다.

Q 턴키 공사의 시공사 리스크는 무엇인가요?

A 설계·시공을 일괄 수행 하는 턴키 계약에서 시공사는 설계 오류, 인허가 지연, 원자재 가격 상승 등에 따른 공사비 증액 위험을 모두 부담합니다. 예상치 못한 비용 초과가 발생해도 계약 금액 내에서 처리해야 하므로 추가 비용을 시공사가 떠안을 수 있습니다.

Q 시공사가 설계까지 맡으면 인허가 지연 등 책임 부담 때문에 기피하지 않나요?

A 턴키 등 설계·시공 일괄 계약의 경우 시공사는 인허가 지연 및 설계 결함에 따른 책임 부담을 우려하여 이를 꺼릴 수 있습니다. 실제로 건설 산업 기본법 제28조 제2항에 따르면 시공자가 설계상의 결함을 알고도 고지하지 않으면 책임을 지도록 규정되어 있어, 시공사가 설계까지 맡는 경우 책임이 커지기 때문입니다. 그로 인해 협업 등의 사유로 건설사의 파트너사로 건축사 사무소를 변경하더라도 계약의 주체는 시행사와 건축사 사무소가 됩니다.

Q 인허가 지연 시 ESC 지급 책임은 누가 지나요?

A 인허가 지연으로 공사가 늦어져 물가 변동으로 인한 공사비 증가가 발생한 경우, 시공사의 귀책사유가 아니라면 발주자(시행사)가 그 증가 비용을 부담하는 것이 일반적입니다. 반대로 지연이 시공사 책임이라면 그에 따른 ESC 비용까지 시공사가 부담하게 될 수 있습니다. 다만, 도급 계약서상 연 단위 인상률이 기재되어 있는 등 ESC의 방식은 계약에 따라 상이할 수 있습니다.

Q 기성불 구조에서 분양이 미진하면 시행사는 대출로 공사비를 납부하나요?

A 네. 기성불 조건의 개발 사업에서는 시행사가 미리 PF 대출 등을 통해 공사비 대부분을 확보해 놓습니다. 부족할 때 추가 대출을 받는 것이 아니라, 일시 인출 후 한도 대출 자금을 활용하여 시공사에 공사비를 지급합니다. 이후 분양 대금이 들어오면 선순위 한도 대출 잔여액부터 차감하고, 대출금을 상환하는 구조입니다.

Q 실질적인 기성불이란 무엇인가요?

A 분양불이란 시행사가 PF 자금으로 공사비의 일부만 확보한 상태에서 공사비 전액을 분양 성과에 연동해 지급하는 방식을 말합니다. 분양 수익이 충분히 발생하지 않으면 시공사가 공사비를 받지 못할 위험을 부담해야 하므로, 시공사의 리스크가 매우 큰 계약 조건입니다. 실질적인 기성불은 실무적으로 쓰이는 용어입니다. 예를 들어 A 지역 분양률이 30%를 초과할 경우 공사비를 100% 확보할 수 있다고 가정하겠습니다. 이때 A 지역 분양률이 30%를 초과할 가능성이 높다면 해당 사항을 근거로 들어 실질적인 기성불이라는 용어를 사용하고 있습니다.

Q 분양불 vs 기성불 시 누구의 신용도가 중요할까요?

A 기성불 조건에서는 시행사가 공사비의 대부분을 PF 대출 등으로 선조달하기 때문에 금융 기관이 시행사 혹은 책임 준공 확약을 제공하는 신탁사의 재무 건전성과 신용도를 상세히 평가합니다. 반면 분양불 조건에서는 공사비 지급이 향후 분양 대금에 의존하므로 시공사의 책임 준공 등 높은 신용 보강이 요구되어 시행사 자체 신용 요건은 비교적 완화되는 편입니다. 결국 기성불 사업은 시행사의 신용도와 자금 조달 능력이 더욱 중요하고, 분양불 사업은 시공사의 신용 및 담보 능력에 더 크게 의존합니다.

Q PF는 언제 진행되나요?

A PF 대출은 일반적으로 사업 인허가 완료 및 시공사 선정 후에 실행됩니다. 주요 인허가 취득으로 사업성이 확보되면 금융 기관과 PF 대출 약정을 체결하고, 해당 자금으로 토지 잔금 지급 및 브릿지론 상환, 향후 공사비 조달을 수행합니다. 즉, 착공 직전 단계에서 본 PF가 진행되는 것이 보통입니다.

Q 시공사 선정 및 도급 견적 수령 시점은 언제인가요?

A 시공사 선정과 구체적인 도급 공사비 견적 확보는 보통 주요 인허가(교통 영향 평가 심의)를 받은 후, 본 PF 자금 조달 전에 이루어집니다. 사업 계획이 구체화되고 건축허가 단계에 이르면 시공사를 선정하여 공사비를 확정해야 금융 기관이 PF 한도를 결정할 수 있기 때문에 시행사는 PF 협약 체결 직전 단계에서 시공사 입찰·협상을 통해 도급 견적을 받는 경우가 많습니다. 다만, 사업성 여부 판단을 위해 개략 견적을 요청하고 이때 도급 약정을 체결한 뒤 함께 사업을 진행하는 경우가 많습니다.

Q 인허가 완료 전 PF 실행으로 문제가 발생한 사례가 있나요?

A 인허가 완료 전에 PF를 실행하면 책임 준공 기간이 미리 설정되므로, 인허가 내용이 변경되거나 지연될 경우 문제가 발생합니다. 실제로 인허가 조건이 바뀌면서 예상했던 공사 기간을 확보하지 못해 책임 준공 기간 내 준공이 어려워졌고, 결국 리파이낸싱을 진행하여 추가 비용이 발생한 사례가 있습니다.

Q 오피스텔을 일반 숙박 시설이나 생활형 숙박 시설로 용도 변경 할 때 주요 검토 사항은 무엇인가요?

A 오피스텔을 숙박 시설로 변경할 때는 용도별 기준 차이를 반드시 검토해야 합니다. 생활형 숙박 시설은 업무 시설로 분류되어 변경이 상대적으로 수월하지만, 프런트·세탁실 등 공용 시설 확보가 필요하고, 장기 투숙 제한도 적용됩니다. 일반 숙박 시설은 공개 공지·부대 시설 기준이 엄격해 인허가 부담이 큽니다. 특히 오피스텔에 기시공된 발코니 등 서비스 면적은 숙박 시설에서 허용되지 않기 때문에 철거하거나 실면적으로 포함해 용적률 재산정을 해야 하며, 이로 인해 주차장 기준이나 허용 용적률 초과 문제가 발생할 수 있습니다.

Q 도시형 생활 주택이나 오피스텔로 건축 중인 지역에서, 중간 또는 준공 후에 일반 숙박 시설로 용도 변경이 가능한가요?

A 원칙적으로는 가능하지만, 현실적으로는 상당히 어렵습니다. 일반 숙박 시설은 건축법 시행령상 숙박 시설로 분류되며, 건축허가 시점부터 공개 공지, 부대 시설(프런트, 조식 공간 등), 주차장 설치 기준을 충족해야 합니다. 준공 전이라면 설계 변경 및 건축허가 변경을 통해 숙박 시설로 전환할 수 있으나, 중간 단계에서도 구조 변경이 필요한 경우 건축 위원회 심의가 필요할 수 있습니다.
준공 후에는 건축물대장 용도 변경, 건축물 용도 변경 허가, 소방 및 위생 기준 재검토, 숙박업 신고(공중 위생 관리법) 등의 절차가 필요하며, 특히 기존 구조가 숙박 시설 요건을 충족하지 못하면 용도 변경 자체가 반려될 수 있습니다. 즉, 설계 초기부터 숙박 시설 기준을 반영하지 않았다면 준공 후 변경은 매우 제한적입니다.

Q 지하 차도 존재 시 아파트 개발 검토 사항은 무엇이 있나요?

A 개발 예정 부지 지하에 차도(도로 터널)가 존재한다면, 해당 구조물의 깊이와 위치를 고려한 건축 계획 수립이 필요합니다. 특히 건축물 기초 설계 시 지하 차도의 구조 안전에 영향이 없도록 추가 안전성 검토를 해야 합니다. 경우에 따라서는 구조 보강 대책을 마련하고, 굴착 공사 시 인접 지하 구조물에 대한 기준(예: 이격 거리, 허용 진동 등)을 준수해야 합니다. 또한 지하 차도 관리 주체(도로 관리 기관)와 협의하여 사전 승인 절차를 거치는 등 행정적인 검토도 필요합니다.

도시 철도 인접 굴착 공사 관리 기준 - 터널 안전 영역 범위 규정

안정 영역	범위 구분			정의	특이사항	비고
A	▪ B, C 영역을 제외한 영역			시공 가능	▪ 지하 수위 영향 ▪ 발파 진동 영향 고려 필요	▪ 서울시 지하철 공사에서 설정한 상기의 안전 영역은 터널의 상부에 대한 접근 심도와 하중 조건 등에 대한 규정이 명확하지 않아 대심도 터널의 경우에 대한 안전 영역 C의 적용이 다소 불합리함.
B	▪ 터널 굴착면에서 외곽으로 4~6m 영역			시공 불가	▪ 터널의 안정에 즉각적인 영향을 미치므로 시공 불허	
	지반	단선	복선			
	풍화토 풍화암	6m	6m			
	연암 경암	4m	6m			
C	▪ 터널 굴착면에서 외곽으로 터널 직경의 2배까지의 영역과 파괴선 ($\theta = 45 + \Psi/2$) 상부의 영역			제약 조건 아래 시공 가능	▪ 근접 구조물의 종류, 하중 상태, 지반 조건 등을 고려하여 공법 선정	

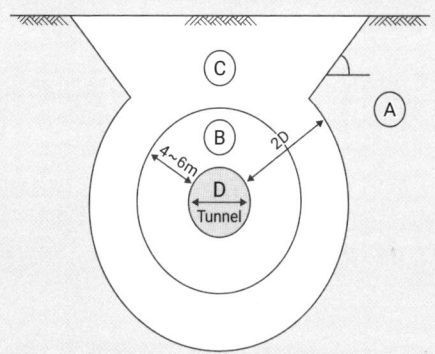

한국철도시설공사, 도심지 지하철도 설계 가이드 북 2013

도시 철도 인접 굴착 공사 관리 기준 - 출입구, 환기구 구조물

등급	인접 공사 형태	이격 거리	굴착 심도	점검 기준
A급	상하부 통과 시	구조물 상단	Top Slab 상부 + 3.0m 이하	구조물 노출 시 일일 점검 주 1회 (사업소 월 1회 이상)
		구조물 하단	Bottom Slab − 1.5De 이하 소단면: 0~10.5m 이하 대단면: 0~18.0m 이하	
	인접 굴착 시	10.0m 이내	Top Slab 상부 + 3.0m 이하	
		10.0m 이상	구조물 측벽 H/2 지점에서 45° 하향선 이하	
B급	하부 통과 시	구조물 하단	Bottom Slab − 1.5De 이상 소단면: 0~10.5m 이상 대단면: 0~18.0m 이상	월 1회 이상
	인접 굴착 시	10.0m 이내	Top Slab 상부 + 3.0m 이상	
		10.0m 이상	구조물 측벽 H/2 지점에서 45° 하향선 이상	

Q 연면적 및 층수별 공사 기간 산정 기준은 어떻게 되나요?

A 시공사별, 도급 시점별, 현장 여건에 따라 차이가 커서 답변이 어렵습니다. 철근 콘크리트 구조, PC 구조 등 구조에 따른 차이, 착공 시점 주변 공사 진입로 등 여건에 따른 차이, 주변 시공사 기존 현장 유무에 따른 차이, 기술력 차이, 민원 등 다양한 여건에 따라 달라집니다. 공사 기간은 파일·토공사, 골조 공사, 마감 공사 각 단계의 예상 기간을 합산하여 전체 공기를 산출하며, 현장 여건에 따라 산정 공기에 약 5% 정도를 가산하여 여유를 두는 것이 권장됩니다.

Q 부동산 매각 업무의 절차와 프로세스는 어떻게 되나요?

A 부동산 자산 매각 업무는 일반적으로 다음과 같은 절차로 진행됩니다. 내부 검토 및 매각 의사 결정 → 매각 주관사(부동산 자문사 또는 중개 법인) 선정 → 매수자 대상 마케팅(물건 정보 제공 및 홍보) → 입찰 제안서 접수 및 우선 협상자 선정 → 조건 협상 및 매매 계약 체결 그리고 대금 정산·소유권 이전순으로 마무리됩니다.

Q 토지 임대차 계약 시 검토할 특약 조항을 알려 주세요.

A 토지 임대차 계약을 맺을 때에는 향후 분쟁 예방을 위해 몇 가지 특약 조항을 추가하는 것이 좋습니다. 대표적으로 임대 기간 종료 시 원상 복구 및 폐기물 처리 의무(임차인이 시설물 철거와 잔존 폐기물 치움을 책임진다는 조항)를 명시해야 합니다. 또한 도로 점용 등에 관한 협의 특약을 두어, 대지 진출입을 위해 공용 도로를 점용한 부분이 있다면 임대차 종료 전에 관련 인허가 서류 정리를 임차인이 완료하도록 규정합니다. 이와 함께 환경 오염 방지 조항을 추가하여 임차인의 영업 행위로 토양이나 하수가 오염될 경우 임차인이 이를 정화하고 부담금을 납부하도록 해야 합니다. 그 밖에도 화재 보험 가입 의무와 임대차 기간 중 토지 매각 시 임차인 우선 매수권 부여 등을 특약으로 넣어 임차인의 권익과 책임 범위를 명확히 해 둘 필요가 있습니다.

Q 철거 감리비 산정 방식은 어떻게 되나요?

A 건축물 철거 공사의 감리 비용은 해당 철거 공사비를 기준으로 산정하며, 일반 건축 공사 감리와 마찬가지로 국토교통부 고시 건설 기술 용역 대가 기준에 명시된 요율표를 적용합니다. 구체적으로 철거 공사비 규모에 따라 정해진 비율(%)을 곱하여 감리비를 계산하는 방식입니다. 예를 들어 감리 대상 철거 공사비가 작으면 요율이 높고, 공사비가 커질수록 요율이 낮아지도록 책정되어, 보통 철거 공사비의 2~5% 내외에서 감리비가 결정됩니다. 다만 난이도나 현장 여건에 따라 실비 정액 가산 방식 등으로 조정될 수 있습니다.

Q 증권사는 직접 대출이 가능할까요?

A 증권사는 여신 라이센스가 없어서 직접 대출이 불가능합니다. 다만, 자기 자본 3원 이상의 충분한 인력과 시스템 구축 평가를 받은 증권사는 종합 금융 투자사 사업자 라이센스로 대출이 가능합니다. 메리츠증권, 삼성증권, 한국투자증권 등 8개사가 등록되어 있습니다. 여신 라이센스의 종류는 은행, 저축 은행, 여신 전문 금융 업체, 보험사, 기타 금융 기관이 있습니다.

Q REIT/REF/PFV/SPC 비교해서 알려 주세요.

A REITs(리츠): 부동산 투자 회사법에 따른 부동산 투자 회사로서 국토교통부 인가를 받아 설립하는 부동산 간접 투자 회사입니다. 일반적으로 자기 자본의 10배까지 부채 조달이 가능하며, 이익의 90% 이상을 배당하면 법인세가 면제되는 세제 혜택이 있습니다.
REF(부동산 펀드): 자본 시장법에 따른 부동산 집합 투자 기구(펀드)입니다. 자산운용사가 펀드를 설정·운용하고, 투자 대상은 부동산 실물이나 부동산 관련 증권 등으로 리츠에 비해 다양합니다. 다만 레버리지 한도는 자기 자본의 약 2-4배로 제한되어 있고, 펀드 자체는 투자자들의 수익에 대해 비과세(투자자가 납세)되는 구조입니다.

PFV: 단일 부동산 개발 프로젝트 수행을 위해 설립하는 프로젝트 금융 회사입니다. 법인세법상 요건을 갖춰 금융감독원에 등록하면 설립할 수 있으며, 사업 완료 시 청산합니다. 차입 한도 제한이 없고 리츠와 마찬가지로 90% 이상 이익 배당 시 법인세가 면제됩니다.

SPC: 특정 목적을 위해 설립되는 특수 목적 법인의 총칭입니다. 주로 구조화 금융에서 사용되며, 적용 법령에 따라 여러 종류가 있습니다. 예를 들어 자산 유동화법에 따른 SPC는 부실 채권 인수 등 자산 유동화 목적에 특화되고 세제상 중간 과세 생략 등의 혜택이 있습니다. 반면 개발 사업을 위한 SPC는 주로 PFV 형태를 띠며, 또는 리츠·펀드와 결합되기도 합니다. 즉 SPC라는 용어는 목적에 따라 REIT·PFV 등을 포함하는 포괄적 개념입니다.

구분	REIT	REF	PFV	SPC
근거 법령	부동산 투자 회사법	자본 시장법	조세 특례 제한법	상법
형태	상법상 주식회사	신탁형 조합형(합자/익명 조합) 회사형(주식/유한/합지 회사)	상법상 주식회사	상법상 주식회사
최소 자본금	50억 원 (자기관리 70억 원)	신탁형: 해당 없음 회사형: 10억 원	50억 원	제한 없음
차입 한도	순자산의 최대 10배 (주총 특별 결의 시)	순자산의 최대 4배(집합 규약상 달리 정함 있을 때)	제한 없음	제한 없음
분양 가능 여부	가능	불가능	가능	가능
개발 제한	총자산의 30% 이내(개발 리츠 70% 이상)	제한 없음	제한 없음	제한 없음

지분 제한	1인 50% 미만 (예외 존재) 30% 이상 공모 의무(예외 존재)	2인 이상 사모형인 경우 일반 투자자: 49인 이하 전문 투자자: 100인 이하	금융 회사 등 5% 이상	제한 없음
법인세	배당 가능 이익 90% 이상 배당 시 소득 공제 (자기 관리 리츠 제외)	공모형 - 배당 가능 이익 90% 이상 배당 시 소득 공제	배당 가능 이익 90% 이상 배당 시 소득 공제 (일몰 연장 - 2025.12.31)	과세
취득세	감면 없음	감면 없음	감면 없음 (단, 민관 합동 펀드 내에서 PFV 취득세 50% 감면 조치 추진 중)	감면 없음
토지분 재산세	0.24~0.48% (사모 - 2020.6.1. 이전 취득분 경과 규정 존재) / 분리 과세 (공모)	0.24~0.48% (사모 - 2020.6.1. 이전 취득분 경과 규정 존재) / 분리 과세 (공모)	일반 세율	일반 세율
토지분 종합 부동산세	0.6~0.84% (사모 - 2020.6.1. 이전 취득분 경과 규정 존재) / 비과세(공모)	0.6~0.84% (사모 - 2020.6.1. 이전 취득분 경과 규정 존재) / 비과세(공모)	과세	과세

Q 시행사의 역할은 무엇인가요?

A 시행사는 단순한 기획자가 아니라, 사업의 총괄 책임자이자 실질적 의사 결정 주체입니다. 시행사는 토지 확보부터 인허가, 설계, 시공, 자금 조달, 분양, 준공 후 운영까지 전 과정을 지휘합니다. 설계사와 시공사는 연면적 기준으로 계약하는 경우가 많아, 연면적이 늘수록 수익이 증가하지만, 시행사는 분양이 불가능한 비효율적 면적이 증가하면 원가만 늘고 수익성이 악화됩니다. 이처럼 각 주체의 이해관계가 다르기 때문에 시행사는 유효 면적 극대화와 사업 수익 구조를 중심으로 설계부터 치밀하게 통제해야 합니다. 대형 회사 직원들이 시행사 대표와 같은 책임감을 가지고 일하기를 기대하긴 어렵습니다. 때문에 사업주는 모든 과정을 직접 챙기고, 기획·설계·계약·금융 등 각 분야의 지식을 갖춘 상태에서 판단하고 추진해야 합니다. 실제로 강의를 듣는 시행사 대표들 중에는 이러한 학습을 통해 수억 원의 손실을 예방한 사례가 다수 있으며, 이는 시행사의 전문성과 주도적 역량이 곧 사업의 성패를 좌우한다는 방증입니다.
시행 사업에서 가장 큰 손실은 무지로 인한 손실이며, 더 큰 문제는 손실이 발생한 사실조차 인지하지 못하는 경우가 많다는 점입니다. 시행사는 그 누구보다 많은 것을 알아야 하며, 끝까지 책임지는 주체입니다.

Q 관리형 토지 신탁 현장에서 HUG 모기지 신용 보증(MCG)을 활용하려면 위탁자가 주택 건설 사업자여야 하나요?

A 네, 원칙적으로 그렇습니다. 임대 사업자 자격만으로는 보증 이용이 불가하며, 주택 건설 사업자 등록이 필수 요건입니다. HUG 모기지 신용 보증은 주택 사업자가 금융 기관으로부터 건설 자금을 조달할 때 대출 원리금 상환을 보증해주는 제도로 신청자는 주택 건설 사업자로 등록된 자여야 합니다. 주택법 제7조에 따라 등록된 자만이 HUG의 건설 자금 보증 심사 요건을 충족할 수 있으며, 임대 사업자 등록만으로는 이를 대체할 수 없습니다. 관리형 토지 신탁 구조의 경우 위탁자가 보증을 신청하고자 한다면 반드시 주택 건설 사업자 등록이 필요합니다. HUG는 보증의 본질상 주택을 실제로 건설하여 분양 또는 매각함으로써 자금 회수가 가능한 구조를 전제로 하며, 단순 임대 목적으로 등록된 사업자는 이러한 자금 회수 리스크를 감당할 주체로 보지 않습니다.
다만, 수탁자인 신탁사 명의로 보증을 신청하거나, 시공사 또는 별도의 주택 건설 사업자와 공동 사업 시행 계약을 체결하여 실질적 사업 주체로 등재하거나, 위탁자가 직접 주택 건설 사업자로 등록한 후 보증을 신청하는 방식으로 구조를 보완하면 보증 활용이 가능할 수도 있습니다.

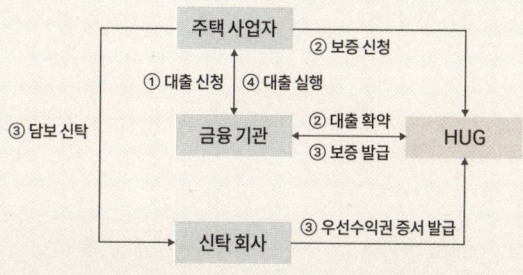

Q 분양가 상한제 지역에서 분양하려고 하는데, HUG 분양 보증을 받으려면 승인된 분양가가 필요하고, 분양가 상한제 심사를 받으려면 HUG 분양 보증서가 필요하다고 들었습니다. 이런 경우 어떤 절차부터 진행해야 하나요? 선후 관계가 헷갈립니다.

A 분양가 상한제 지역의 민간 분양 아파트에서는 말씀하신 것처럼 HUG 분양 보증과 지자체의 분양가 심사가 서로 연동되어 있어 선후 관계가 애매하게 느껴질 수 있습니다. 그러나 실무에서는 이 둘을 순차적으로가 아니라 병행 또는 조건부 방식으로 처리합니다. 먼저 지자체에 분양가 상한제 심사를 신청하는 것이 일반적인 출발점입니다. 이때 지자체는 HUG의 보증서를 요구하는 경우가 많지만, 실무적으로는 HUG 보증서 원본이 아니라 보증 신청 접수증, 조건부 보증서, 또는 가보증서를 제출하는 방식으로 대체할 수 있습니다. 즉, 지자체는 HUG 보증이 완전히 확정되지 않았더라도 HUG에 보증 신청이 접수되었고 일정 요건을 충족한다는 사실만 확인되면 심사를 진행해 주는 구조입니다.
반대로 HUG는 지자체로부터 최종 분양가가 확정되지 않았더라도, 해당 분양가로 보증 심사를 신청할 수 있도록 허용하고 있습니다. HUG는 신청 내용을 검토해 조건부 보증서나 가보증서, 또는 보증 가능 의견서를 먼저 발급해 주며, 이 서류는 지자체에 제출할 수 있는 충분한 자료로 인정받고 있습니다.
이러한 방식은 제도 간의 선순환적 충돌을 막기 위한 실무적 대응이며, 핵심은 지자체와 HUG 모두 확정이 아니라 심사 또는 접수 상태만으로도 일정 행정 절차를 진행할 수 있게 허용하고 있다는 점입니다. 따라서 실제로는 지자체 분양가 심사와 HUG 분양 보증 신청을 동시에 진행하면서 양측에서 요구하는 서류를 조건부 형태로 서로 제출하고 이후 확정된 분양가 기준에 따라 보증서를 최종 발급받는 방식으로 절차를 마무리합니다.

결론적으로 무엇을 먼저 해야 하는가에 집착하기보다는, HUG와 지자체 양쪽 모두와 사전 협의를 통해 조건부 자료를 제출하고 병행 절차로 진행하는 것이 실무적으로 올바른 접근입니다. HUG의 고시 기준, 지자체의 분양가 심사 위원회 운영 지침, 그리고 실제 행정 응대 경험이 모두 복합적으로 작용하므로, 반드시 두 기관의 요구 사항을 사전에 확인하고 유연하게 대처해야 합니다.

단계	주체 및 절차	주요 제출 서류 및 요건
Ⓐ 사업 계획 승인 완료	사업 주체(시행사) ⓢ 주택 사업 계획 승인 및 건축허가 등 사업 인허가를 받는다.	(선행 요건) 사업 부지 확보, 건축가 ※ 주택법상 착공 후 분양 가능 (일부 요건 하 착공 동시 분양 허용)
Ⓑ HUG 분양 보증 신청	사업주체 → HUG ⓢ 분양 보증 신청 접수. HUG의 고분양가 심사 및 보증 심사 진행.	• 제출: 사업 계획서, 분양 공고(안), 분양 가격 산출 내역, 인허가 서류, 공사·감리 계약서, 신탁 계약서 등 • 요건: HUG 내규의 보증 심사 충족 (시공사 신용, 분양가 적정성 등)
Ⓒ 지자체 분양가 심사 자료 준비	사업 주체 ⓢ 지자체에 제출할 분양가 심사 자료 작성.	• 준비: 택지비 감정 평가서, 공사비 및 가산비 증빙, 설계 도서 등 • 내부 결정: 희망 분양 가격 산정 (분양가 상한 기준 이내)
Ⓓ HUG 분양 보증 심사 완료	HUG ⓢ 심사 후 보증서 발급 결정.	• 산출: 보증 가능 분양가 수준 확정 (필요 시 사업 주체와 협의) • 산출: 보증 금액 및 보증 조건 통지
Ⓔ 분양가 심사 신청	사업 주체 → 지자체 ⓢ 분양 승인(입주자 모집 공고 승인) 신청 접수. 지자체 분양가 심사 절차 개시.	• 제출: 입주자 모집 공고안, 분양 보증서, 공정률 확인서 등 + • 분양가 심사 자료 일체 요건: 보증서 구비 및 신청 서류 완비해야 접수 가능
Ⓕ 지자체 분양가 심사 위원회	지자체 ⓢ 분양가 심사 위원회 개최, 분양 가격 승인안 의결.	• 검토: 제출된 원가 자료 및 주변 시세 등 검토 • 결정: 분양가 상한 금액 최종 산정 (평당 분양가 등)

G 분양가 승인 & 입주자 모집 공고 승인	지자체 ⊙ 분양 가격 확정 통보 및 입주자 모집 공고 승인서 발급.	• 기간: 신청 후 5일 이내 (상한제 적용 시 10일 이내) • 결정: 분양가 승인 조건 부여 가능 (필요 시 보완)	
H HUG 보증서 최종 확정	사업 주체 → HUG ⊙ 지자체 승인 분양가를 HUG에 통보, 보증서 내용 최종 확정.	• 조정: 승인가가 애초 보증 범위와 다르면 보증 조건 조정 • 발급: 분양 보증서 최종본 교부	
I 입주자 모집 공고 시행	사업 주체 ⊙ 승인받은 입주자 모집 공고문 공개, 청약 접수 시작.	• 공고: 신문, 인터넷 등에 입주자 모집 공고 게재 • 내용: 분양가(확정가), 공급 일정, 보증 기관명 등 표시(보증 조치 사실 명시)	

금융 / 도급 / 신탁 계약과 부동산 금융 역사

부동산 개발사업 시행원리

펴낸 날	2025년 6월 4일
저자	최필주
디자인·편집	서은영
책임 마케팅	최필주
펴낸 곳	드림디벨롭
출판 등록	제 2021-000046호
주소	김포시 김포한강9로 75번길 66 505호-F76
전화	010-5107-3800
이메일	feelv77@naver.com
ISBN	979-11-975778-8-8 13320

· 이 책은 저작권법에 따라 보호받는 저작물이므로 무단 전재와 무단 복제를 금하며,
  이 책의 내용을 사용하기 위해서는 일부라도 반드시 저작권자와 드림디벨롭의 서면 동의를 받아
  야 합니다.

· 잘못되거나 파손된 책은 구입한 서점에서 교환해 드립니다.

· 드림디벨롭은 독자 여러분의 아이디어와 원고 투고를 기다리고 있습니다.
  생각하시는 기획이나 원고를 책으로 만들고 싶으시다면 드림디벨롭의 문을 두드려 주세요.